新编
普通话教程
（修订本）

张进 冯丽 仲燚 主编

南京大学出版社

图书在版编目(CIP)数据

新编普通话教程 / 张进,冯丽,仲燚主编. —2版(修订本). —南京:南京大学出版社,2013.6(2020.1重印)
ISBN 978-7-305-06921-5

Ⅰ. ①新… Ⅱ. ①张…②冯…③仲… Ⅲ. ①普通话-教材 Ⅳ. ①H102

中国版本图书馆CIP数据核字(2013)第113540号

出 版 者	南京大学出版社		
社 址	南京市汉口路22号	邮 编	210093
网 址	http://www.NjupCo.com		
出 版 人	左 健		

书 名 新编普通话教程(修订本)
主 编 张 进 冯 丽 仲 燚
责任编辑 陈 松 黄隽翀 编辑热线 025-83596997

照 排 南京紫藤制版印务中心
印 刷 丹阳兴华印务有限公司
开 本 880×1230 1/32 印张8 字数216千
版 次 2013年9月第2版 2020年1月第7次印刷
ISBN 978-7-305-06921-5
定 价 21.00元

发行热线 025-83594756
电子邮箱 Press@NjupCo.com
     Sales@NjupCo.com(市场部)

* 版权所有,侵权必究
* 凡购买南大版图书,如有印装质量问题,请与所购图书销售部门联系调换

前　言

推广普通话是我国的基本语言政策,从1956年国务院发出《关于推广普通话的指示》以来,推广普通话的工作已经走过半个多世纪的历程。1982年,我国将推广普通话工作写进《中华人民共和国宪法》——"国家推广全国通用的普通话",明确了普通话的法律地位;1992年,国家把推普工作方针由原来的"大力提倡,重点推行,逐步普及"调整为"大力推行,积极普及,逐步提高";1997年,全国语言文字工作会议确定2010年以前在全国初步普及普通话的目标;1998年,经国务院批准,确定每年9月的第三周为全国推广普通话宣传周。2001年1月1日《中华人民共和国国家通用语言文字法》颁布施行,明确规定:"国家通用语言文字是普通话和规范汉字。""国家推广普通话,推行规范汉字。"进一步确立了普通话的法律地位和使用范围,提出了更高的要求。

文明、健康的语言环境是代表先进文化的必然要求。普通话是各级各类学校的教学用语和校园语言,学校也是推广、普及普通话的基础阵地。

为进一步提高推广普通话工作的制度化、规范化、科学化水平,提高师范类普通话课程的教学效果以及普通话水平测试的质量和效率,我们编写了《新编普通话实用教程》。这本新编教程以贯彻实施《普通话水平测试大纲》为目标,根据国家语委普通话培训测试中心编制的《普通话水平测试实施纲要》的要求,吸收了近年来各地在普通话教学、培训和测试工作中的经验和成果,围绕江苏各方言区人学习普通话的重点和难点而进行编写的。由于编者水平有限,书中难免有疏忽、错误之处,恳请读者批评指正。

本书编写和出版过程中,得到学院教务处和系(部)相关领导支持和帮助。教师教育系常志伟老师,2007级汉语言文学(师范)专业学生谈益、仓静、石娜、缪洁、汪菊、李颖和任欣等同学也付出了心血。在此一并表示衷心感谢!

编者
2010年3月

目 录

第一章 绪论 …… 1
一、普通话的定义 …… 1
二、江苏方言概况 …… 1
三、推广普通话的目的和意义 …… 3
四、普通话水平测试 …… 4
五、如何学习普通话 …… 11
思考与练习 …… 12

第二章 普通话语音基础知识 …… 13
一、语音的基本性质 …… 13
二、语音的基本属性 …… 13
三、语音的基本概念 …… 15
思考与练习 …… 18

第三章 普通话声母发音与方音辨正训练 …… 19
一、声母的构成 …… 19
二、辅音声母的分类 …… 20
三、声母的发音分析 …… 24
四、声母辨正与训练 …… 30
　　附录一　zh、ch、sh 和 z、c、s 对照辨音字表 …… 33
　　附录二　n、l 偏旁类推字对照表 …… 45
　　附录三　f 和 h 对照辨音字表 …… 49
五、声母发音综合训练 …… 55
思考与练习 …… 58

第四章 普通话韵母训练与方音辨正 …… 60
一、韵母的结构及特点 …… 60
二、韵母的分类 …… 60
三、韵母的发音分析 …… 62
四、韵母辨正与训练 …… 76

附录一　en 和 eng 对照辨音字表 ························ 78
　　　附录二　in 和 ing 对照辨音字表 ························ 80
　　　附录三　ün 和 iong 对照辨音字表 ······················· 81
　　　附录四　uen 和 ueng、ong 对照辨音字表 ················ 85
　　五、韵母发音综合训练 ·· 96
　　思考与练习 ·· 101

第五章　普通话声调与方音辨正训练 ······························ 102
　　一、声调的性质和作用 ······································· 102
　　二、普通话的调值、调类和调号 ····························· 103
　　三、声调辨正与训练 ··· 106
　　　附录　常用的古入声字今天在普通话中的声调 ·········· 109
　　四、声调发音综合训练 ······································· 110
　　思考与练习 ·· 115

第六章　普通话语流音变 ·· 117
　　一、什么是语流音变 ··· 117
　　二、音变现象及其音变规律 ·································· 117
　　　附录一　普通话水平测试用必读轻声词语表 ············· 125
　　　附录二　普通话水平测试用儿化词语表 ·················· 133
　　三、语流音变发音综合训练 ·································· 139
　　思考与练习 ·· 143

第七章　朗读 ·· 145
　　一、朗读概述 ··· 145
　　二、朗读的技巧 ··· 150
　　思考与练习 ·· 165

第八章　说话训练 ··· 167
　　一、什么是说话 ··· 167
　　二、普通话水平测试中的"说话" ···························· 171
　　三、说话训练的基本原则 ····································· 177
　　四、说话的基础训练 ··· 178
　　　附录一　普通话测试朗读作品 60 篇 ······················ 184
　　　附录二　普通话水平测试用话题 ························· 246
　　　附录三　普通话水平测试样卷(人工拟卷) ··············· 247

第一章
绪论

一、普通话的定义

1955年,中国科学院召开了"现代汉语规范问题学术会议",会议确定把汉民族的共同语称为普通话。所以,"普通话"中的"普通"二字,是"普遍通用"的意思,即在汉民族中普遍通用的语言。会后经各方研究,正式确定现代汉民族的共同语,即普通话就是以北京语音为标准音,以北方方言为基础方言,以典范的现代白话文著作为语法规范的现代汉民族共同语。

二、江苏方言概况

汉语方言是现代汉民族共同语(即普通话)在不同地域的地域性变体。它不是独立于汉语之外的另一种语言,而是从属于汉民族共同语的语言低级形式。

汉语是世界上使用人口最多的语言。由于我国人口较多,汉语的通行范围较广,方言比较复杂。为了学习和研究的需要,可以将现代汉语方言分为七大方言区,即北方方言区、吴方言区、湘方言区、赣方言区、闽方言区、粤方言区、客家方言区。方言之间的差异,主要表现在语音上,词汇次之,语法差别最小。所以我们这里所讲的普通话训练主要侧重于普通话的语音训练。各方言区的语音同普通话语音之间的差异往往存在着对应关系,体现出很强的系统性。

根据著名语言学家鲍明炜教授主编的《江苏省志·方言志》(南京大学出版社1998年12月第1版)所述,江苏省的方言可以分为"三区七片",即江淮方言区,又分扬淮片、南京片、通泰片;吴方言区,又分苏州片、常州片;北方方言区,又分徐州片、赣榆片。江苏的这三个方言区,大致上按流经江苏的长江、淮河(今为废黄河故道、苏北灌溉总渠)这两条大河把省境所分的三大块来划分:长江以南主要是吴方言,长江以北至淮河两岸主要是江淮方言,淮河以北约100公里以外是北方方言。由于江苏各方言区之间的边界交错复杂,边界线较长,边界线上的方言交互影响,再加上历史移民等众多因素,江苏方言呈现十分复杂的现象,甚至在一个县、一个乡里都存在着明显的语音差异。全省方言点有数十处之多。

现以《江苏省志·方言志》为据,简介江苏方言"三区七片"的大致情况如下:

(一)江淮方言区

本区包括42个市县和靖江市的部分乡村。本区语音有两大特点,一是保留了古代的入声声调,二是多数市县声母 n、l 不分。本区分为三片:

1. 南京片,包括南京、原江宁、句容、溧水(北片和县城新派)、原江浦、原六合6个市县。

2. 扬淮片,包括扬州、江都、高邮、宝应、仪征、镇江、扬中、淮阴、楚州、涟水、灌南、沭阳、泗阳、泗洪、洪泽、盱眙、金湖、连云港、东海、灌云、盐城、阜宁、建湖、响水、滨海、射阳共26个点。

3. 通泰片,包括南通、如皋、海安、如东、泰州、姜堰、泰兴、兴化、东台、大丰10个县市和靖江的部分农村。

(二)吴方言区

本区包括18个市县,语音上最大特点有三个,一是塞音、塞擦音声母三分,即清声母分为送气、不送气,同时保留同一部位的古全浊声母,如 [b]、[d];二是有较系统的文白读;三是有入声声调。本区分为两片:

1. 苏州片,包括苏州、吴县、吴江、太仓、昆山、常熟、无锡、锡山的全部和启东、海门、通州的启海话部分。

2. 常州片,包括常州、武进、江阴、张家港、宜兴、溧阳、金坛、丹阳、高淳的全部和靖江的大部分、溧水的南部,以及启东、海门、通州的通东话部分。

（三）北方方言区

本区包括8个市县，即徐州、丰县、沛县、邳州、睢宁、新沂、原宿迁和赣榆。前7个市县位于江苏西北角，赣榆位于江苏东北角，赣榆话在语音上与其他7市县有一些明显的差异。本区分为徐州片和赣榆片。

三、推广普通话的目的和意义

（一）推广普通话的目的

语言是人类最重要的交际工具，每一个国家、每一个民族都应该有自己的民族共同语，如果没有这种共同语，人们之间的交际、交流就会发生困难。汉民族的共同语就是普通话。我们今天推广、普及普通话的目的，并不是要人为地消灭方言，主要是为了进一步消除方言隔阂，减少不同方言区人们交际时的困难，进一步加强人们之间的交往与团结。目标是使方言区的人们既要会说方言，还要会说普通话。并不要求每个人的普通话都说得非常标准，也不要求公民在所有场合都必须讲普通话，只是在一些正式的公众场合、服务场所等讲普通话，在这方面国家有十分明确的要求。推广普通话的重点在学校和有关部门。对教师，尤其是中小学语文教师、青年教师的普通话水平要求相对高些。因为通过学校的教育和教师的示范，青少年儿童都能从小学习、掌握和使用普通话。学校这个主阵地使普通话得以向全社会推广。

（二）推广普通话的意义

推广普通话是我国的一项基本国策。它是一件关系到国家统一、人民团结、社会进步的大事，是建设高度民主、高度文明的社会主义强国不可缺少的一项措施。推广普通话有利于增强我国各民族、各地区人们之间的交流，维护国家统一，增强中华民族的凝聚力；有利于贯彻教育面向现代化、面向世界、面向未来的战略方针；有利于弘扬祖国的优秀传统文化和爱国主义精神，加强社会主义精神文明建设；有利于促进中华文化在全世界的传播与交流。

四、普通话水平测试

（一）测试的性质、目的

普通话水平测试(PUTONGHUA SHUIPING CESHI,缩写为PSC)是在教育部、国家语言文字工作委员会的领导下,根据《普通话水平测试大纲》规定的统一标准和要求,在全国范围内开展的一项测试。

普通话水平测试测查应试人的普通话规范程度、熟练程度,认定其普通话水平等级,属于标准参照性考试。它为应试人提供普通话水平等级证书,是应试人的使用单位对其普通话水平进行评价的依据。

（二）测试的内容、范围

普通话水平测试的内容包括普通话语音、词汇和语法。

普通话水平测试的范围是国家测试机构编制的《普通话水平测试用普通话词语表》、《普通话水平测试用普通话与方言词语对照表》、《普通话水平测试用普通话与方言常见语法差异对照表》、《普通话水平测试用朗读作品》、《普通话水平测试用话题》。

（三）测试的方式、项目和等级划分

普通话水平测试以口试方式进行。江苏省测试项目有四项:读单音节字词,读多音节词语,朗读短文和命题说话。总分100分。

等级划分:普通话水平等级分为一级、二级、三级,一级最高,每一级中又分甲等和乙等两个等次。

一级甲等(简称"一甲"):97分以上(含97分)

朗读和自由交谈时,语音标准,词语、语法正确无误,语调自然,表达流畅。

一级乙等(简称"一乙"):92分～96.9分

朗读和自由交谈时,语音标准,词语、语法正确无误,语调自然,表达流畅。偶然有字音、字调失误。

二级甲等(简称"二甲"):87分～91.9分

朗读和自由交谈时,声韵调发音基本标准,语调自然,表达流畅。少数难点音(平翘舌音、前后鼻尾音、边鼻音等)有时出现失误。词语、语法极少有误。

二级乙等(简称"二乙"):80分～86.9分

朗读和自由交谈时,个别调值不准,声韵母发音有不到位现象,难点音(平翘舌音、前后鼻尾音、边鼻音、送气不送气音、fu-hu、j-z、i-ü不分,保留浊塞音和浊塞擦音,丢介音,复韵母单音化等)失误较多。方言语调不明显。有使用方言词、方言语法的情况。

三级甲等(简称"三甲"):70分~79.9分

朗读和自由交谈时,声韵母发音失误较多,难点音超出常见范围,声调调值多不准。方言语调较明显。词语、语法有失误。

三级乙等(简称"三乙"):60分~69.9分

朗读和自由交谈时,声韵调发音失误多,方言音特征突出。方言语调明显。词语、语法失误较多。外地人听其谈话有听不懂的情况。

(四)测试试卷的构成及评分

试卷包括四个组成部分,满分为100分。

1. 读单音节字词:100个音节,限时3.5分钟,共10分。

(1) 语音错误(含漏读音节),每个音节扣0.1分。

(2) 语音缺陷,每个音节扣0.05分。

(3) 超时1分钟以内扣0.5分,超时1分钟以上(含1分钟)扣1分。

2. 读多音节词语:总计100个音节,限时2.5分钟,共20分。

(1) 语音错误(含漏读音节),每个音节扣0.2分。

(2) 语音缺陷,每个音节扣0.1分。

(3) 超时1分钟以内扣0.5分,超时1分钟以上(含1分钟)扣1分。

3. 朗读短文:朗读一段总计为400个音节的文章,限时4分钟,共30分。

(1) 语音错误,每个音节扣0.1分。

(2) 声母或韵母的系统性语音缺陷,视程度扣0.5分、1分。

(3) 语调偏误,视程度扣0.5分、1分、2分。

(4) 停连不当,视程度扣0.5分、1分、2分。

(5) 朗读不流畅,视程度扣0.5分、1分、2分。

(6) 超时扣1分。

4. 命题说话：根据抽定的话题说一段话，限时 3 分钟，共 40 分。

(1) 语音标准程度 25 分。

(2) 词汇、语法规范程度 10 分。

(3) 自然流畅程度 5 分。

(五) 普通话测试流程

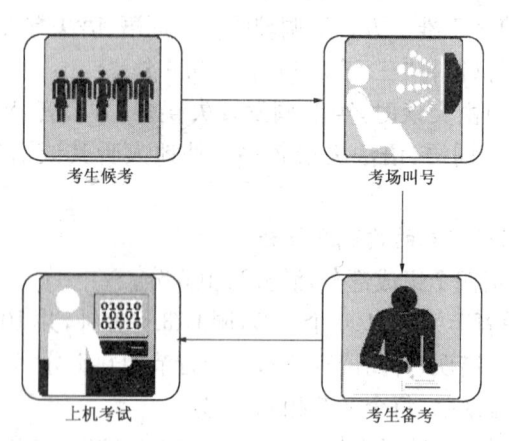

考生候考　　考场叫号

上机考试　　考生备考

测试过程：

1. 佩戴耳机

正确佩戴好耳麦，麦克风应在左侧，调整麦克风至距嘴巴 2～3 厘米的位置，避免麦克与面部接触，测试时手不要触摸麦克。

2. 输入准考证号

请正确输入您的准考证号,准考证号的前几位系统已经自动给出,您只需要输入最后四位即可,点击"进入"按钮。

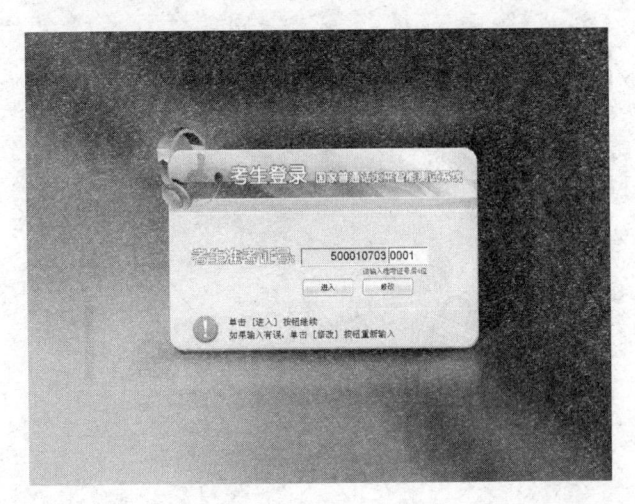

3. 信息确认

计算机屏幕自动显示考生报名信息,考生进行确认。如准考证号和姓名无误,点击"确认";如信息存在问题,点击"返回"重新输入。

4. 试音

根据提示,考生以适中音量朗读计算机屏幕显示的句子,如:我叫×××,我的准考证号是××××。

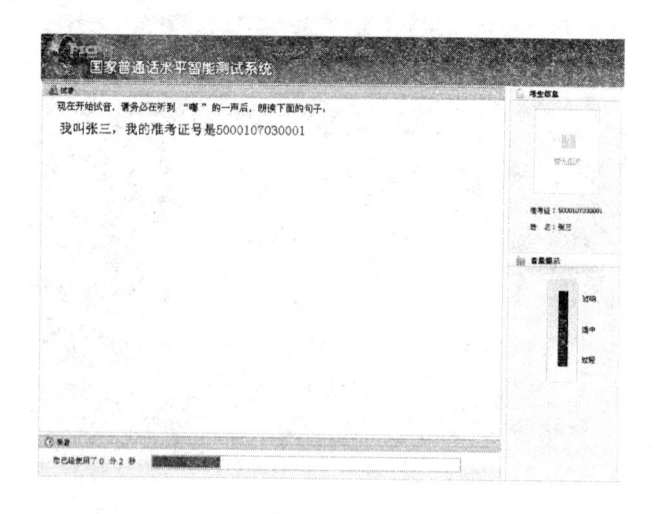

5. 测试——第一题

考生根据语音提示开始考试,第一题考完,考生无须等待,直接点击"下一题"进入第二题测试。

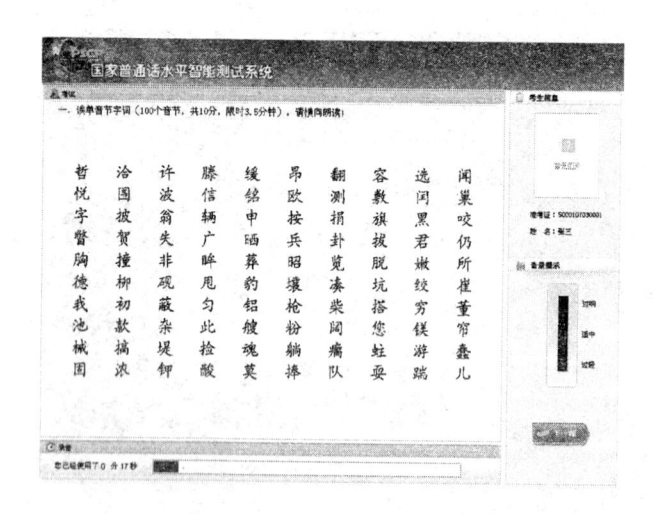

6. 测试——第二题

考生根据语音提示开始考试,第二题考完,考生无须等待,直接点击"下一题"进入第三题测试。

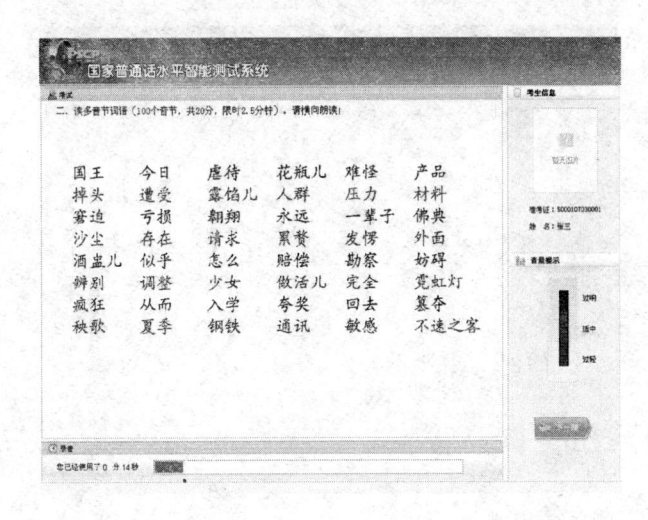

7. 测试——第三题

考生根据语音提示开始考试,第三题考完,考生无须等待,直接点击"下一题"进入第四题测试。

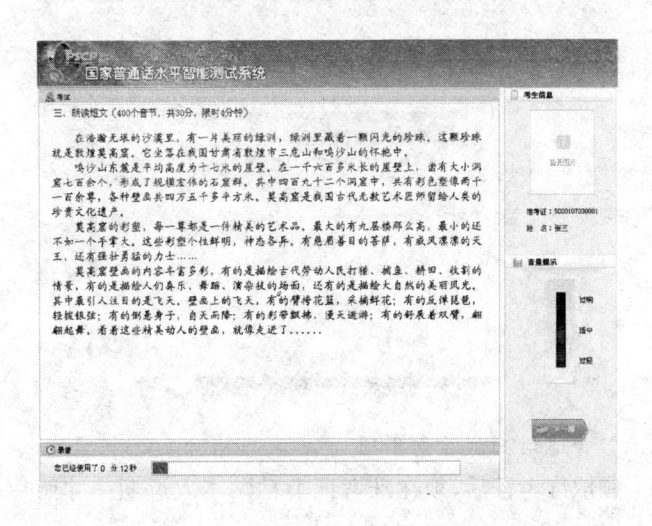

8. 测试——第四题

考生根据语音提示开始考试,根据屏幕下方的时间说满三分钟。

9. 测试结束

第四题满三分钟后,系统自动提交试卷。考生即可离开考场。

(六)普通话测试注意事项

1. 领取准考证后,须在准考证上粘贴本人近期一寸照片一张,并根据准考证上的考试时间携带身份证或学生证提前15分钟到现代教育中心候测。未粘贴照片或未携带证件或迟到5分钟及以上者均不得参加考试。

2. 进入备考室，须关闭通讯工具，按指定顺序依次坐好，并记住自己的座位号。

3. 进入备考室，先将准考证、身份证置于桌上备查，再看试卷（正反两面都有试题）。准备期间，考生不得擅自离开，不得在试卷上做标记，不得将试卷带出备考室。

4. 进入测试室，须持准考证、身份证，并根据备考室的座位号对号入座，不得将其他物品带入测试室，室内要保持安静，不得喧哗、嬉笑，如有问题须向监考老师举手示意。

5. 读第一项单音节字词和第二项多音节字词，建议用鼠标指着读，以免漏字、漏词或漏行。如漏字、漏词只可回读一次，且以第二次为准；漏行时则不可以回读。测试过程中，不要说与测试内容无关的话，以免影响自己的考试成绩。

6. 第四项说话。话题在屏幕显示后，请从两个话题中任选一个，读出题目，并立即说话。此时显示屏下方计时条已开始计时，直到计时条走完方可终止说话。

7. 考试结束后，须将准考证交给工作人员，安静离场，考生不得再返回备考室和测试室。

五、如何学习普通话

普通话学习是需要多听多练的一项技能学习。在学习过程中要注意总结掌握技能习得的方法规律。多听，在听的过程中训练自己的听辨能力；多说，在说的过程中训练自己的音辨能力。通过听说练习的结合，在教师的指导纠正下反复模仿，掌握正确的读音。

在学习过程中还必须了解普通话语音知识、方言与普通话的对应规律，依据教材进行语音辨正、对比练习。这样才能较快地提高普通话水平。

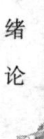

【思考与练习】

1. 什么是现代汉民族的共同语,即普通话?
2. 汉语方言大致可以分为哪几大方言区?你的家乡话属于哪一种方言?与普通话相比主要有哪些不同?
3. 谈谈如何学好普通话。

第二章
普通话语音基础知识

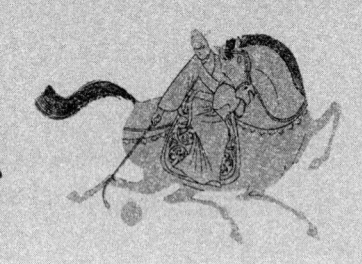

一、语音的基本性质

自然界里有各种各样的声音,风声、雨声、水流声、鸟叫声以及人所发出的呼噜声、呵欠声……这些声音千变万化,各不相同,但这些都不是语音,因为他们没有任何意义。

语音,是指人类通过发音器官发出来的、负载着一定语言意义的、用来进行社会交际的声音。语音与其他声音的区别主要有三点:第一,它是由人的发音器官发出的;第二,它负载着一定的意义内容;第三,其作用是用于社会交际。

语言是人类最重要的交际工具,而语言符号是语音和语意的结合体。语音是语言的物质外壳,语意是语言的内容,两者缺一不可。语言只有通过语音才能传递信息进行交际。没有语音这个物质外壳,意义就无法传递,语言也就不能成为交际工具。

二、语音的基本属性

（一）语音的物理属性

语音是一种声音,它和我们所听到的各种自然界的声音一样,都是由于物体的振动引起周围空气粒子的振动,形成音波,传到我们的听觉器官——耳朵的结果。

所以,语音和自然界的任何一种声音一样具有相同的物理属性,是音高、音强、音长、音色的统一体。任何一个实际的语音单位,都是这四个要素的统一体。

1. 音高,即声音的高低,取决于发音体振动的频率。语音的音高同声带的长短、厚薄、松紧有关。男女老少声带的长短不一样,音高就不一样;同一个人抬高嗓门时,要拉紧声带,使声带振动的频率增高。声调的不同主要是音高不同,在汉语普通话中有区别意义的作用。

2. 音强(声音的强弱)取决于发音体振动幅度的大小,同说话时用力的大小有关。音强在汉语普通话中有区别意义的作用。如:地道、孙子、利害。

3. 音长(声音的长短)取决于发音体振动持续时间的久暂。音长在汉语中没有区别意义的作用,在英语中有区别意义的作用。如:ship\sheep、feet\fit、pool\pull。

4. 音色(声音的个性、特色,也叫音质),是指一个声音区别于其他声音的最本质的特征。

发音体不同:二胡(丝弦和金属弦)
发音方法不同:琵琶和小提琴 ｝音色不同
共鸣器不同:二胡和京胡

就语音而言,人与人之间的发音体、共鸣腔的形状都不尽相同,所以人与人之间的音质各不相同。

(二)语音的生理属性

语音的生理属性指语音是由人的发音器官发出来的,语音单位的差别是由发音器官的不同而造成的。

根据发音器官在语音形成中的作用,人类的发音器官可以分成三个部分:提供发音原动力的肺;作为发音体的喉头和声带;作为共鸣器的口腔、鼻腔和咽腔。

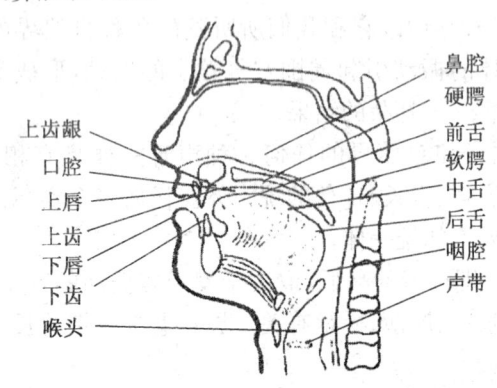

(三)语音的社会属性

语音的社会属性指语音具有的社会性质。语音都是含有一定意义,作为意义的载体在不同的语言和方言中起交际作用的,这就决定了语音具有社会属性。这也是语音区别于自然界其他声音的最根本的性质。如:狗叫声在不同的语言社会里,它不会有太大的变化。

同一个意义在不同的语言社会里所使用的语音不一样。如:书、你好等。

同样的语音形式在不同的语言社区里,表示的意义也不相同。

语音的社会属性还表现在语音的系统性上。不同的语言或方言有着不同的语音系统。从物理属性和生理属性看不同的音,在有的语言或方言中可能认为是相同的。如:江淮方言的 n\l、中原官话原宿迁方言的 h\f 等。

三、语音的基本概念

(一)音节、音素、音位

1. 音节

音节就是指我们在运用语言进行交流的过程中人们在听感上最容易感觉到的最小语音片段。每发一个音节,发音器官的肌肉(主要是喉头的肌肉)就紧张一次,先增强后减弱,发音器官肌肉的紧张从增强到减弱的一个过程就是一个音节。在汉语中一个汉字通常代表一个音节,如"宿迁职业技术学院"就由 8 个音节组成。但也有特殊的情况就是用两个汉字来表示一个音节,如花儿(huār)。像这种情况比较少,仅限于儿化韵中。所以一般说来,一个汉字表示一个音节。

那么,我们从听感上自然感觉到的一个一个的最小的语音片段是不是最小的语音单位呢?为了进一步学习和研究的需要,还应对它进行进一步的切分,切分出更小的语音单位——音素。

2. 音素

音素是构成音节的最小的语音单位,它是根据音质的不同切分出来的最小的语音单位。音质的不同取决于发音体、发音方法、共鸣腔的形状。总的来说,是根据语音的物理属性和生理属性切分出来的最小的语音单位。

根据发音特点的不同可以将所有的音素分为两类:元音和辅音。

(1) 元音

元音是人们发音时从肺部呼出的气流振动声带,并且气流在声道内不受任何阻碍而形成的音素。汉语拼音普通话中有10个单元音。舌面元音7个:a\o\e\i\u\ü\ê;舌尖元音2个:zi、ci、si 中的 －i和 zhi、chi、shi、ri 中的－i;卷舌元音1个:er。

(2) 辅音

辅音是人们发音时从肺部呼出的气流在声道内受阻碍而形成的音素。受阻的部位叫发音部位。构成阻碍和解除阻碍的方法叫发音方法。

汉语普通话辅音按发音部位可以分为7类:

① 双唇音(b、p、m)由上唇和下唇阻塞气流而形成。

② 唇齿音(f)由上齿和下唇接近阻碍气流而形成。

③ 舌间前音(z、c、s) 由舌尖抵住或接近齿背阻碍气流而形成。

④ 舌尖中音(d、t、n、l) 由舌尖抵住上齿龈阻碍气流而形成。

⑤ 舌尖后音(zh、ch、sh、r) 由舌尖抵住或接近硬腭前部阻碍气流而形成。

⑥ 舌面音(j、q、x)由舌面前部抵住或接近硬腭阻碍气流而形成,又叫"舌面前音"。

⑦ 舌根音(g、k、h、ng)由舌面后部(舌根)抵住或接近软腭阻碍气流而形成,又叫"舌面后音"。

从成阻和除阻的方式看辅音可分为5类:塞音、擦音、塞擦音、鼻音、边音。

① 塞音(b、p、d、t、g、k)发音时,发音部位形成闭塞,软腭上升,堵塞鼻腔的通路,气流冲破阻碍,迸裂而出,爆发成声。

② 擦音(f、h、x、sh、r、s)发音时,发音部位接近,留下窄缝,软腭上升,堵塞鼻腔的通路,气流从窄缝中挤出,摩擦成声。

③ 塞擦音(j、q、zh、ch、z、c)先破裂,后摩擦,结合成一个音。

④ 鼻音(m、n、ng)发音时,口腔中的发音部位完全闭塞,软腭下降,打开鼻腔通路,气流振动声带,从鼻腔通过发音。

⑤ 边音(l)发音时,舌尖与上齿龈接触,但舌头的两边仍留有空隙,同时软腭上升,阻塞鼻腔的通路,气流振动声带,从舌头的两边或一边通过。

3. 音位

音位是根据语音的社会功能划分出来的语言单位,它是指在特定语言或方言中能够区别词的语音形式进而区别词的意义的最小的语音单位。

音素是从音质的角度划分出来的最小的语音单位。人们能够发出的音素有很多,全世界五千多种语言中所归纳出来的音素大概有200个左右。这200多个音素并不是所有的语言都在使用,每一种语言或方言只从中选取了一部分构成了自己的语音系统。如:汉语普通话中选取了30多个音素,英语中选取了40个左右的音素。

即便是同一个音素,在不同的语言或方言中所起的作用与其他音素之间的关系也是不同的。如:英语和汉语中的"b"。相同音素之间的差异在有的语言或方言中它们听起来很敏感,是两个截然不同的音素。但在有的语言或方言中它们听起来不敏感,感觉很相似,没有什么不同。如:n\l不分的方言区和汉语普通话中对它们的区分。音位就是对一种语言或方言中人们在听感上感觉区别很敏感的,能够区别词的语音形式的音素的归纳和概括。那么人们在听感上感觉不敏感的,感觉很相似的音素就归纳为一个音位。

音素和音位都是同一个语音系统中最小的语音单位,音素是从语音的自然属性——音色的角度划分出来的最小的语言单位,音位则是从语音的社会属性划分出来的最小的语音单位。

(二)声母、韵母、声调

汉语传统的语音学,从分析音节结构的角度把音节分成声母、韵母、声调三部分。

1. 声母

声母是指在汉语拼音普通话中位于音节开头的部分,主要由辅音构成。在汉语拼音普通话中,共有22个声母,声母主要由辅音构成(汉语拼音普通话中共有22个辅音音素,其中21个可以作辅音声母),再加上1个零声母。如:宿迁(sùqiān)中的"s\q"就是声母。如果一个音节开头没有辅音声母,如:安(ān),这个音节就是零声母音节。

2. 韵母

在汉语普通话音节中,声母后面的部分叫韵母,普通话中共有39个韵母。如:"chǎo、zhuāng"中的"ao、uang"。

韵母主要由元音构成,在普通话韵母里,能够充当韵母的构成成分的辅音只有"n"和"ng"两个鼻辅音。如:a、ao、iao、an、ang。

3. 声调

声调是汉语普通话音节的重要组成部分之一,是指依附在音节上具有区别意义作用的音高变化。如:tang"汤、糖、躺、烫"之间的区别。

【思考与练习】

1. 语音与自然界的声音有什么不同?
2. 简述普通话的声母与辅音的关系。
3. 简述普通话的韵母与元音的关系。
4. 简述音位与音素的区别与联系。

第三章

普通话声母发音与方音辨正训练

普通话语音系统共有 22 个声母,其中辅音声母 21 个,零声母 1 个。

一、声母的构成

（一）辅音声母

普通话中有 21 个辅音声母,都是分别由 1 个辅音音素充当的。普通话中没有复辅音,更没有复辅音声母,zh、ch、sh 这 3 个声母只是书写形式上用双字母表示,它们仍是单辅音;用作带鼻音韵母韵尾的 ng 也是用双字母表示的 1 个单辅音。

（二）零声母

零声母是指声母的零形式,即汉字音节开头的不是辅音成分,而是元音。

实验语音学证明,零声母也是一种声母,是特定的、具有辅音特点的起始方式。普通话的零声母可以分成两类:开口呼零声母和非开口呼零声母。非开口呼零声母是指除开口呼以外的齐齿呼、合口呼、撮口呼零声母音节的起始方式。在汉语拼音拼式中,用隔音字母 y、w 来表示:y 代表齐齿呼、撮口呼韵母的零声母音节的零声母,w 代表合口呼韵母的零声母音节的零声母。在实际发音中,它们作为音节的起始部分都有轻微的摩擦,齐齿呼韵母的零声母音节是半元音[j],撮口呼韵母的零声母音节是半元音[ɥ],合口呼韵母的零声母音节是半元音[w]或唇齿通音[ʋ]。

开口呼零声母汉语拼音没有用字母表示。其实,开口呼韵母的零声母音节起始部分也有轻微的辅音形式存在,只是不经过专门的语音训练,人们一般感觉不到,而且这轻微的辅音形式不具有辨义作用,也就从略不计了。

二、辅音声母的分类

普通话中 21 个辅音声母,它们的不同音色是由发音部位和发音方法的不同决定的。因此,可以按照发音部位和发音方法进行分类。

(一)按发音部位分类

辅音声母的发音部位是指声母发音时,阻碍气流通过的部位。按声母的发音部位分类,普通话的 21 个辅音声母可以分为三大类七小类:(见声母发音部位示意图)

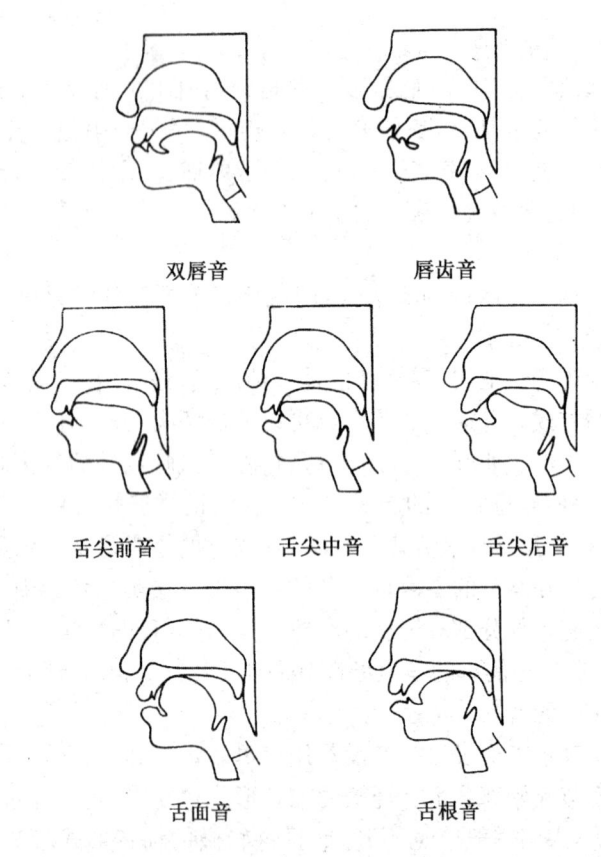

双唇音　　　　　　唇齿音

舌尖前音　　　舌尖中音　　　舌尖后音

舌面音　　　　　　舌根音

1. 唇音:以下唇为主动器官发出的音,普通话又细分为两类。

(1) 双唇音(b、p、m)：由上唇和下唇形成阻碍发出的音。

(2) 唇齿音(f)：由上齿和下唇形成阻碍发出的音。

2. 舌尖音：以舌尖为主动器官发出的音，普通话又细分为三类。

(1) 舌尖前音(z、c、s)：由舌尖抵住或接近上齿背形成阻碍发出的音(也叫平舌音)。

(2) 舌尖中音(d、t、n、l)：由舌尖抵住上齿龈形成阻碍发出的音。

(3) 舌尖后音(zh、ch、sh、r)：由舌尖抵住或接近硬腭前部形成阻碍发出的音(也叫翘舌音)。

3. 舌面音：以舌面为主动器官发出的音，普通话又细分为两类。

(1) 舌面前音(j、q、x)：由舌面前部抵住或接近硬腭前部形成阻碍发出的音(也叫舌面音)。

(2) 舌面后音(g、k、h)：由舌面后部隆起抵住或接近软腭形成阻碍发出的音(也叫舌根音)。

(二) 按发音方法分类

辅音声母的发音方法是指声母发音时形成阻碍和解除阻碍的方式。辅音声母的发音过程一般分为三个阶段：成阻——持阻——除阻。声母的发音方法还应包括气流的缓与急，气流的通道是口腔还是鼻腔以及声带颤动与否等因素。根据不同的条件，普通话辅音声母可以分成不同的类别。

1. 看成阻和除阻的方式

根据形成阻碍和解除阻碍的方式不同，可以把普通话声母分为以下五类：

(1) 塞音(b、p、d、t、g、k)：成阻时发音部位完全形成闭塞；持阻时气流积蓄在阻碍的部位之后；除阻时受阻碍部位突然解除阻塞，使积蓄的气流透出，爆发成声。

(2) 擦音(f、h、x、sh、s、r)：成阻时发音部位之间接近，形成适度的间隙；持阻时，气流从窄缝中间挤出摩擦成声；除阻时，发音结束。

(3) 塞擦音(j、q、zh、ch、z、c)：是以"塞音"开始，以"擦音"结束。

由于"塞"和"擦"是同部位的,因而,"塞音"的除阻阶段和"擦音"的成阻阶段融为一体,两者结合得很紧密。

(4) 鼻音(m、n):成阻时发音部位完全闭塞,封闭口腔通路;持阻时,软腭下垂,打开鼻腔通路,声带振动,气流到达口腔和鼻腔,气流在口腔受到阻碍,由鼻腔透出成声;除阻时口腔阻碍解除。鼻音实际上是鼻腔和口腔双重共鸣形成的。鼻腔是不可调节的发音器官,不同音质的鼻音是由于发音时在口腔的不同部位阻碍,造成不同的口腔共鸣状态而形成的。

(5) 边音(l):成阻时舌尖和上齿龈稍后的部位接触,使口腔中间的通道阻塞;持阻时软腭和小舌上升,堵住通往鼻腔的气流,声带振动,气流从舌头两边与上腭两侧、两颊内侧形成的夹缝中通过而成声;除阻时,发音结束。

2. 看气流的缓急

辅音声母发音时,气流在口腔要受到发音部位明显的阻碍,与元音相比,一般气流较强,但辅音之间相比,又有缓急之分。根据这个条件,人们将塞音与塞擦音中气流速度较急较快的称为送气音,反之,称为不送气音。

(1) 送气音:塞音、塞擦音发音时,由于除阻后声门大开,气流送出速度比较快和持久,在声门以及声门以上某个狭窄部位造成摩擦,这样发出的音就叫送气音。普通话中有 6 个:p、t、k、q、ch、c。

(2) 不送气音:指塞音、塞擦音发音时没有明显送气特征,又同送气音形成对立的音。普通话中也有 6 个:b、d、g、j、zh、z。

3. 看气流的通道

这主要指除阻时气流从口腔还是鼻腔出来。根据这个条件,辅音声母又可以分成两类。

(1) 口音:发音时,软腭与小舌上抬,将通往鼻腔的通道堵塞,让气流从口腔通过而形成的音叫口音。普通话 21 个辅音声母中有 19 个是口音。

(2) 鼻音:发音时,软腭与小舌下垂,鼻腔通道打开,气流从鼻腔通过而形成的音叫鼻音。普通话中共有 3 个鼻音:m、n、ng,其中 m、

n是声母,n还有一个用法,就是也可以做前鼻音韵母的韵尾,而ng只做后鼻音韵母的韵尾。鼻音也是一种塞音,因为发音时口腔中的相应发音部位要形成阻塞,阻挡气流通过。

4. 看声带的颤动与否

从总体上讲,辅音是噪音,发音时声带一般不颤动,不能形成有周期性变化的音波,但也有一部分辅音发音时声带颤动,具有半乐音性质。根据这个条件,普通话辅音声母又可以分成两类。

(1) 清辅音:发音时,声门打开,声带不颤动发出来的音是清辅音(又叫不带音)。普通话的 21 个辅音声母中有 17 个是清辅音:b、p、f、d、t、g、k、h、j、q、x、zh、ch、sh、z、c、s。

(2) 浊辅音:发音时,声门闭合,声带颤动发出来的音是浊辅音(又叫带音)。普通话中共有 5 个浊辅音:m、n、l、r、ng,其中,前 4 个可做声母,ng 只做后鼻音韵母的韵尾。但有些方言中把它作为声母出现在音节开头。

综合上述分类,可以列出普通话声母发音部位和发音方法总表。

发音方法 发音部位	塞音		塞擦音		擦音		鼻音	边音
	清音		清音		清音	浊音	浊音	浊音
	不送气	送气	不送气	送气				
双唇音	b	p					m	
唇齿音					f			
舌尖前音			z	c	s			
舌尖中音	d	t					n	l
舌尖后音			zh	ch	sh	r		
舌面音			j	q	x			
舌根音	g	k			h			

三、声母的发音分析

(一)唇音的发音分析

1. 双唇音的发音

b(玻)　双唇、不送气、清、塞音(双唇音、不送气音、清音、塞音,以下类推)

发音时,双唇闭合,同时软腭上升,关闭鼻腔通道;声带不颤动;气流到达双唇后蓄气;凭借积蓄在口腔中的气流突然打开双唇,爆发成声。例如"辨别 biànbié"的声母 b。

【词语练读】

把柄　百般　报表　褒贬　蚌埠　标兵　辨别　卑鄙
宝贝　遍布　冰雹　版本　背包　奔波　膀臂　颁布

p(坡)　双唇、送气、清、塞音

成阻与除阻和 b 相同。不同的是解除阻碍时,声门开启,从肺部呼出一股较强的气流,从被解除阻碍的部位爆发成声。例如"乒乓 pīngpāng"的声母 p。

【词语练读】

枇杷　澎湃　批判　偏旁　匹配　品牌　翩翩　琵琶
铺平　拼盘　爬坡　偏颇　评判　皮袍　排炮　批评

m(摸)　双唇、浊、鼻音

发音时,双唇闭合,软腭下垂,打开鼻腔通道;气流颤动声带,同时到达口腔和鼻腔;气流在口腔中受到双唇的阻碍,便从鼻腔透出形成鼻音。例如"美满 měimǎn"的声母 m。

【词语练读】

埋没　买卖　麦芒　眉毛　盲目　美名　秘密　命脉
牧民　明眸　渺茫　木棉　蒙昧　弥漫　茂密　面貌

2. 唇齿音的发音

f(佛)　唇齿、清、擦音

发音时,下唇向上门齿靠拢,形成间隙;软腭上升,关闭鼻腔通道;声带不颤动;气流从唇齿形成的缝隙间摩擦通过而成声。例如"风范 fēngfàn"的声母 f。

【词语练读】

发奋　芬芳　仿佛　夫妇　肺腑　伏法　纷繁　方法
丰富　福分　放飞　翻覆　非凡　反复　吩咐　防范

(二) 舌尖音发音分析

1. 舌尖前音的发音

z(资)　舌尖前、不送气、清、塞擦音

发音时,舌尖抵住上门齿背,形成阻碍;同时软腭上升,关闭鼻腔通道;声带不颤动;在阻塞的部位后积蓄气流;突然解除阻塞时,在原阻塞的部位之间保持适度的间隙,使气流从间隙中透出而成声。例如"祖宗 zǔzōng"的声母 z。

【词语练读】

最早　藏族　总则　走卒　自在　粽子　祖宗　自尊
造作　枣子　脏字　再造　在座　崽子　咂嘴　曾祖

c(雌)　舌尖前、送气、清、塞擦音

成阻阶段和 z 相同。不同的是在突然解除阻塞时,声门开启,从肺部呼出一股较强的气流在原阻塞的间隙之间透出而成声。例如"猜测 cāicè"的声母 c。

【词语练读】

猜测　残存　仓促　草丛　苍翠　参差　从此　层次
匆促　粗糙　摧残　寸草　匆匆　催促　璀璨　措辞

s(思)　舌尖前、清、擦音

发音时,舌尖接近上门齿背,形成间隙,同时软腭上升,关闭鼻腔通道;声带不颤动;气流从阻塞部位的间隙中摩擦通过而成声。例如"三思 sānsī"的声母 s。

【词语练读】

洒扫　思索　色素　三思　松散　搜索　速算　诉讼
随俗　撕碎　酥松　四散　瑟瑟　四岁　飒飒　僧俗

2. 舌尖中音的发音

d(得)　舌尖中、不送气、清、塞音

发音时,舌尖抵住上齿龈,形成阻碍;软腭上升,关闭鼻腔通道;声带不颤动;气流到达口腔后蓄气,而后突然解除阻塞,让气流爆出成声。例如"大胆 dàdǎn"的声母 d。

【词语练读】

单独　等待　搭档　带动　嘀嗒　颠倒　跌宕　蹲点
调动　当代　到底　断定　地点　订单　道德　电灯

t(特)　舌尖中、送气、清、塞音

成阻与除阻和 d 相同。只是除阻时声门开启,从肺部呼出一股较强的气流,从被解除阻塞的部位爆发成声。例如"推托 tuītuō"的声母 t。

【词语练读】

探讨　谈吐　坍塌　淘汰　体坛　听筒　图腾　推脱
团体　体贴　疼痛　挑剔　拖沓　屯田　妥帖　通天

n(讷)　舌尖中、浊、鼻音

发音时,舌尖抵住上齿龈,形成阻碍;软腭下垂,打开鼻腔通道;气流颤动声带;到达口腔的气流受到阻塞便从鼻腔透出形成鼻音。例如"牛奶 niúnǎi"的声母 n。

【词语练读】

奶奶　奶娘　男女　难能　奶牛　能耐　泥淖　袅袅
女奴　牛腩　念念　袅娜　恼怒　妞妞　牛奶　农奴

l(勒)　舌尖中、浊、边音

发音时,舌尖抵住上齿龈的后部,阻塞气流从口腔中通过的通道;软腭上升,关闭鼻腔通道;气流颤动声带;到达口腔的气流从舌头与两颊内侧形成的空隙通过成声。例如"罗列 luóliè"的声母 l。

【词语练读】

来临　拉拢　力量　老练　理疗　伶俐　领略　玲珑
料理　留恋　琉璃　履历　罗列　劳累　利率　理论

3. 舌尖后音的发音

zh(知)　舌尖后、不送气、清、塞擦音

发音时,舌尖翘起,抵住硬腭前端,形成阻碍;同时软腭上升,关闭鼻腔通道;声带不颤动;在形成阻碍的部位后积蓄气流。突然解除阻碍时,在原形成阻碍的部位之间保持适当的间隙,使气流从中透出而成声。例如"真正 zhēnzhèng"的声母 zh。

【词语练读】

珍珠　褶皱　真正　郑重　忠贞　专注　战争　周折
政治　主旨　驻扎　症状　真挚　蜘蛛　茁壮　终止

ch(吃)　舌尖后、送气、清、塞擦音

成阻阶段和 zh 相同。不同的是突然解除阻碍时,声门开启,从肺部呼出一股较强的气流,在阻塞部位的间隙中透出,摩擦成声。例如"长城 chángchéng"的声母 ch。

【词语练读】

车床　长城　超产　惆怅　乘除　赤诚　唇齿　出差
穿插　传唱　愁肠　出丑　叉车　戳穿　超长　铲除

sh(诗)　舌尖后、清、擦音

发音时,舌尖翘起,接近硬腭前端,形成适度的间隙;同时软腭上升,关闭鼻腔通道;声带不颤动;气流从阻塞部位的间隙中摩擦通过而成声。例如"山水 shānshuǐ"的声母 sh。

【词语练读】

山水　闪烁　赏识　申述　审视　实施　时尚　省市
生疏　舒适　熟睡　首饰　束手　硕士　施舍　膳食

r(日)　舌尖后、浊、擦音

发音部位与 sh 相同。不同的是声带颤动,摩擦较轻。如"容忍 róngrěn"的声母 r。

【词语练读】

嚷嚷　扰攘　仁人　忍让　仍然　容忍　柔弱　软弱
忍辱　荏苒　如若　闰日　人人　柔润　柔韧　融融

(三) 舌面音发音分析

1. 舌面前音的发音

j(基)　舌面前、不送气、清、塞擦音

发音时,舌尖抵住下门齿背,使舌面前紧贴硬腭前部,形成阻碍;软腭上升,关闭鼻腔通道;声带不颤动;在阻碍的部位后积蓄气流;突然解除阻塞时,在原形成闭塞的部位之间保持适度的间隙,使气流从间隙中透出,摩擦成声。例如"境界 jìngjiè"的声母 j。

【词语练读】

寂静　击剑　积极　基金　即将　计较　季节　家境
讲解　交际　结晶　荆棘　军舰　竭尽　拘谨　解决

q(欺)　舌面前、送气、清、塞擦音

成阻阶段和 j 相同。不同的是当舌面与硬腭前部分离并形成适度间隙时,声门开启,从肺部呼出一股较强的气流,在阻塞部位的间隙中透出,摩擦成声。例如"千秋 qiānqiū"的声母 q。

【词语练读】

齐全　祈求　崎岖　气枪　千秋　亲戚　全球　请求
情趣　乔迁　亲情　蜷曲　确切　侵权　窃取　亲切

x(希)　舌面前、清、擦音

发音时,舌尖抵住下门齿背,使舌面前接近硬腭前部,形成适度的间隙;软腭上升,关闭鼻腔通道;声带不颤动;气流从舌面与硬腭形成的间隙中摩擦通过而成声。例如"形象 xíngxiàng"的声母 x。

【词语练读】

习性　形象　狭小　选修　喜讯　纤细　鲜血　现象
闲暇　详细　湘绣　想象　兴许　校训　虚心　血型

2. 舌面后音的发音

g(哥)　舌面后、不送气、清、塞音

发音时,舌面后部隆起抵住软腭,形成阻碍;软腭上升,关闭鼻腔通道;声带不颤动;气流在形成阻碍的部位后积蓄;而后突然解除阻碍,让气流爆发成声。例如"改革 gǎigé"的声母 g。

【词语练读】

改革　干戈　感官　钢管　杠杆　高歌　梗概　公告
高贵　骨干　广告　光顾　灌溉　故宫　规格　巩固

k(科)　舌面后、送气、清、塞音

成阻与除阻和 g 相同。不同的是除阻阶段声门开启,从肺部呼出一股较强的气流,从被解除阻塞的部位爆发成声。例如"宽阔 kuānkuò"的声母 k。

【词语练读】

开课　坎坷　苛刻　开垦　开阔　可靠　旷课　亏空
困苦　慷慨　可口　苦口　开矿　空旷　框框　克扣

h(喝)　舌面后、清、擦音

发音时,舌面后部隆起接近软腭,形成间隙;软腭上升,关闭鼻腔通路;声带不颤动;气流从形成的间隙中透出,摩擦成声。例如"欢呼 huānhū"的声母 h。

【词语练读】

花卉　憨厚　含糊　绘画　欢呼　后悔　呼喊　互惠
汇合　淮海　挥霍　混合　火候　祸害　浩瀚　缓和

四、声母辨正与训练

普通话语音系统中许多声母在各地方言中均有出入,只是表现情况不完全相同,总括起来看,江苏方言主要有以下几方面问题:舌尖前音 z、c、s 与舌尖后音 zh、ch、sh 不分(即通常所说的平翘舌不分);鼻音 n 与边音 l 不分;舌尖后浊擦音 r 与舌尖中浊边音 l 不分;唇齿音 f 与舌面后音(舌根音)h 不分。另外,还有少数舌面音 j、q、x 与舌根音 g、k、h 不分,与舌尖前音 z、c、s 不分,与舌尖后音 zh、ch、sh 不分等。

(一)分清舌尖前音 z、c、s 与舌尖后音 zh、ch、sh

这是江苏方言区人学习普通话在声母方面最主要的难点。江苏大部分地区只有舌尖前音(即平舌音)z、c、s,没有舌尖后音(即翘舌音)zh、ch、sh、r。只有北方方言区,江淮方言区中北部的连云港、东海、灌云、沭阳、泗阳和西南部的南京、原江宁、原江浦、原六合,以及吴方言区的无锡、张家港、常熟有翘舌音,但这些地方带有翘舌音的字比普通话少,发音也跟普通话不一样。连云港、灌云、灌南等地则把平舌音念成翘舌音。南京、徐州、宿迁等地虽有平翘舌的分别,但包含的字与普通话不完全相同。要分清 zh、ch、sh 与 z、c、s,主要要做到以下两点:

第一,找准发音部位,学会正确地发音。没有翘舌音的方言区固然要认真学,掌握其发音要领,有翘舌音的方言区因为具体的发音跟普通话不一样,也要注意学好普通话的翘舌音。可以采用比较辨音的方法从发音部位上进行区别。

这两组声母的发音区别是由发音部位造成的,因而辨正方法首先是找准各自的发音部位:舌尖前音 z、c、s 的发音部位是舌尖和上门齿背,而舌尖后音 zh、ch、sh 的发音部位是舌尖前部和硬腭的前端

(舌尖向前平伸，顶住上门齿背)　　(舌尖上翘，抵住硬腭前部)

(见图)。人们习惯上把舌尖后音称为翘舌音，认为是舌尖翘起对准硬腭前端所发出的音，其实是一种误会。从 X 光摄影看，发这组声母时，舌头全身平伸，舌头前部翘起，用舌叶部分和硬腭紧贴或接近，舌两边略卷起和上齿相接，舌中部呈现出不太宽的空隙。方言区的人要多多体会练习这种舌部动作。

第二，要分清并记住哪些字是 zh、ch、sh 声母，哪些字是 z、c、s 声母。具体可以采用下列几种方法：

(1) 利用声旁进行类推。现代汉字有 90% 左右是形声字，就声旁功能来讲，同声旁构成的几个字，其声音大多是相同的或大致相近的，因此，利用形声字声旁表音的特点，根据声旁进行推导辨正，举其一个，遍及其余。如"长"，无论读"cháng"还是读"zhǎng"，都是舌尖后音声母，以"长"为声旁构成的形声字都是舌尖后音声母。例如："怅、苌、伥"声母为 ch，"张、帐、账、胀"声母为 zh。再如"兹"的声母是舌尖前音 z，以"兹"为声旁的形声字声母基本上是舌尖前音。例如："滋、孳、嵫、慈、磁、糍、鹚"。因此，平时可多记住一些平舌音或翘舌音的简单的常用汉字，如"子、司、曾、才、仓、卒、寸、次、斯、崔"，以这些字作声旁的形声字多数读平舌音；以"占、中、长、正、昌、申、率、辰、主、真"这些字作声旁的形声字多数读翘舌音。

但要注意，这个规律也有少数例外的。有的字声旁是翘舌音却读为平舌音，如"钻、昨、咋、作、暂、惭、脏、赃"等；有的字声旁是平舌音却读为翘舌音，如"创、肘、豺、债、柴、崻、瘦、诗"等。

(2) 运用声韵母拼合规律记忆。假如按照声韵母全排列来说,现代汉语普通话的音节总数应该是 39(韵)× 22(声〈含零声母〉)＝858(音节),但实际音节却只有 406 个(通常叫 400 个基本音节),也就是说,音节的组成与分布是有选择、有规律的,这种规律叫做声韵配合规律。利用它,也能有效地纠正一部分不规范音节(方言音)。

如在普通话中,舌尖前音声母 z、c、s 不拼 ua、uai、uang 这三个韵母,而舌尖后音 zh、ch、sh 则可拼,像"抓、爪、揣、装、壮、踹、拽、窗、闯、刷、耍、摔、双"等字方言读音大多要改读为舌尖后音声母;舌尖后音声母 sh 不拼 ong 这个韵母,而舌尖前音声母 s 则与之相拼。如(song)"松、送、诵、颂、宋、嵩、耸、怂、讼、悚"。

(3) 采用记少不记多的方法加强记忆。在普通话常用字范围内,舌尖前音 z、c、s 声母的字少(262 个),而舌尖后音 zh、ch、sh 声母的字多(624 个)。大体是 3∶7 的比例。可以根据舌尖前音字数少的特点,采用记少不记多的办法来记音。(参见附录一　zh、ch、sh 和 z、c、s 对照辨音字表)

普通话里有些韵母既跟舌尖前音相拼,也跟舌尖后音相拼,但是与舌尖前音相拼的字很少。因此,可以采用"只记少数,根据少数来推知多数"的方法记忆。下面舌尖前音的音节只包含少量的常用字,记住这些舌尖前音的常用字可以帮助分辨大量的舌尖后音字。例如:

z　　怎　　zh　真针阵镇震枕振斟珍甄砧臻贞珍圳疹
c　　擦嚓　ch　查插叉茶差岔搽察茬诧姹汊碴刹杈
c　　层曾　ch　成城诚乘撑称盛呈程秤惩承逞骋丞瞠
s　　森　　sh　身申伸深审神婶甚渗肾沈绅呻什慎娠
s　　僧　　sh　声省剩生升绳胜盛圣甥牲笙渑

(4) 利用 d、t 帮助判断。语音是发展的,方言与普通话语音的差异,各方言间的差异可以从语音发展的源流上找到原因和答案,这也是可以用来矫正方音的好办法。以 zh、ch、sh 的判定为例,音韵学研究发现,上古汉语中没有舌尖后音声母,zh、ch、sh 一部分汉字的读音是中古以后由 d、t 内部演化而来的。现代汉语舌尖后音的形

声字,许多字的声旁仍与d、t有关。例如:
　　d——终 绽 澄 坠 滞 蝉 初 税
　　t——社 蛇 始 幢 纯 瞠 治 撞

附录一　zh、ch、sh 和 z、c、s 对照辨音字表

说明:表中的①②③④分别指阴平、阳平、上声、去声四种声调。黑体字是代表字,记住它可以类推许多同偏旁的字。

声母 例字 韵母	zh	z
a	① **扎**驻~渣　② 闸铡扎挣~札信~　③ 眨 ④ 乍诈炸榨蚱栅	① 扎包~匝　② 杂砸
e	① 遮　② **折**哲辙　③ 者　④ 蔗浙这	② 泽择责则
u	① 朱珠株蛛诸猪　② 竹烛逐　③ 主煮嘱　④ 住驻注柱蛀贮祝铸筑著箸	① 租　② 族卒 ③ 组阻祖
-i	① 之芝支枝肢知蜘汁只织脂　② **直**值植殖侄执职　③ 止址趾旨指纸只　④ 至致室志治质帜挚掷秩置滞制智稚痔	① **兹**滋孳姿咨**资孜**龇 缁辎　③ **子**仔籽梓滓 紫　④ 字自恣渍
ai	① 摘斋　② 宅　③ 窄　④ 寨债	① 灾哉栽　③ 宰载 ④ 再在载~重
ei		② 贼
ao	① 昭招朝　② 着　③ 找爪沼 ④ 召照赵兆罩	① 遭糟　② 凿　③ 早 枣澡　④ 造皂灶噪燥
ou	① 州洲舟周粥　② 轴　③ 帚肘 ④ 宙昼咒骤皱	① 邹　③ 走　④ 奏揍
ua	① 抓	
uo	① 桌捉拙　② 卓着酌灼浊镯啄琢	① 作~坊　② 昨　③ 左 ④ 坐座作柞祚做

续 表

韵母\例字\声母	zh	z
ui	① 追锥　④ 缀赘坠	③ 嘴　④ 最罪醉
an	① 沾毡粘　③ 盏展斩　④ 占战站栈绽蘸	① 簪　② 咱　③ 攒　④ 赞暂
en	① 贞侦帧祯桢真　③ 诊疹枕缜　④ 振震阵镇	③ 怎
ang	① 张章彰樟　③ 长涨掌　④ 丈仗杖帐涨障瘴	① 赃脏肮~　④ 葬藏脏
eng	① 正~月征争挣峥筝　③ 整拯　④ 正证政症郑	① 曾憎增缯　④ 赠
ong	① 中钟盅忠衷终　③ 肿种~子　④ 中打~仲种~植重众	① 宗综棕踪鬃　③ 总　④ 纵粽
uan	① 专砖　③ 转　④ 传转~椅撰篆赚	① 钻　③ 纂　④ 钻~石
un	③ 准	① 尊遵
uang	① 庄桩装妆　④ 壮状撞	

韵母\例字\声母	ch	c
a	① 叉杈插差~别　② 茶搽查察　③ 衩　④ 岔诧差~劲	① 擦嚓
e	① 车　③ 扯　④ 彻撤掣	④ 册策厕侧测恻
u	① 出初　② 除厨橱锄蹰刍雏　③ 楚础杵储处~分　④ 畜触蓄处	① 粗　④ 卒仓~猝促醋簇

续表

声母 例字 韵母	ch	c
-i	① 吃痴嗤 ② **池弛**迟持匙 ③ 尺齿耻侈豉 ④ 斥炽翅赤叱	① 疵差参~ ② 雌辞词祠瓷慈磁 ③ **此** ④ 次伺刺赐
ai	① 差拆钗 ② 柴豺	① 猜 ② 才财材裁 ③ 采彩睬 ④ 菜蔡
ao	① 抄钞超 ② **朝**潮嘲巢 ③ 吵炒	① 操糙 ② **曹**漕嘈槽 ③ 草
ou	① 抽 ② 仇畴筹踌**绸**稠酬愁 ③ 瞅丑 ④ 臭	④ 凑
uo	① 踔戳 ② 绰~号惙啜辍	① 搓蹉撮 ④ 措错挫锉
uai	③ 揣 ④ 踹	
ui	① 吹炊 ② **垂**捶锤棰	① 崔催摧 ④ 萃悴淬瘁翠粹脆
an	① 搀掺 ② 禅蝉谗馋潺缠蟾 ③ 产铲阐 ④ 忏颤	① 餐**参** ② 蚕残惭 ③ 惨 ④ 灿
en	① 琛嗔 ② 辰宸晨忱陈臣 ④ 趁衬称相~	① 参~差 ② 岑
ang	① 昌猖娼伥 ② 常嫦尝偿场肠**长** ③ 厂场敞氅 ④ 倡唱畅怅	① 仓苍沧舱 ② 藏
eng	① 撑 ② 成诚城盛~水呈程承乘澄橙惩 ③ 逞骋 ④ 秤	② 曾层 ④ 蹭
ong	① 充冲舂 ② 重虫崇 ③ 宠	① 匆葱囱聪 ② 从丛淙
uan	① 川穿 ② 船传椽 ③ 喘 ④ 串钏	① 蹿 ④ 窜篡

续表

声母 例字 韵母	ch	c
un	① **春椿** ② 唇纯淳醇 ③ 蠢	① 村 ② 存 ③ 忖 ④ 寸
uang	① 窗疮创~伤 ② 床 ③ 闯 ④ 创~造	

声母 例字 韵母	sh	s
a	① 沙纱砂痧杀杉 ③ 傻 ④ 煞厦大~	① 撒 ③ 洒撒~种 ④ 卅萨飒
e	① 奢赊 ② 舌蛇 ③ 舍 ④ 社舍射麝设摄涉赦	④ 色瑟啬涩塞
u	① 书梳疏蔬殊**叔**淑输抒纾舒枢 ② **孰**塾赎 ③ 暑署薯曙鼠数属黍 ④ 树竖术述束漱恕数	① 苏酥 ② 俗 ④ **素**塑诉肃粟宿速
-i	① 尸师狮失施诗湿**虱** ② 十什拾石时识实食蚀 ③ **史**使驶始屎矢 ④ 世势誓逝市示事是视室适饰士仕氏恃**式**试拭轼弑	① 司私思斯丝鸶 ③ 死 ④ 四肆似寺
ai	① 筛 ④ 晒	① 腮鳃塞 ④ 塞要~赛
ao	① 捎梢艄烧 ② 勺芍杓韶 ③ 少 ④ 少哨绍邵	① 臊骚搔 ③ 扫嫂 ④ 扫臊害~
ou	① 收 ② 熟 ③ 手首守 ④ 受授寿售兽瘦	① 溲馊嗖搜飕艘 ③ 叟擞 ④ 嗽
ua	① 刷 ③ 耍	
uo	① 说 ④ 硕烁朔	① 缩娑莎梭唆 ③ 所锁琐索

续 表

声母 例字 韵母	sh	s
uai	① 衰 ③ 甩 ④ 帅率蟀	
ui	② 谁 ③ 水 ④ 税睡	① 虽尿 ② 绥隋随 ③ 髓 ④ 岁碎穗遂 隧燧
an	① 山舢衫删姗珊栅跚 ③ 闪陕 ④ 扇善缮膳擅赡	① 三叁 ② 伞散~文 ④ 散
en	① 申伸呻身深参人~ ② 神 ③ 沈审婶 ④ 慎肾甚渗	① 森
ang	① 商墒伤 ③ 垧晌赏上~声 ④ 上尚	① 桑丧~事 ③ 嗓 ④ 丧
eng	① 生牲笙甥升声 ② 绳 ③ 省 ④ 圣胜盛剩	① 僧
ong		① 松 ③ 耸悚 ④ 送宋颂诵
uan	① 拴栓 ④ 涮	① 酸 ④ 算蒜
un	④ 顺	① 孙 ③ 笋损
uang	① 双霜 ③ 爽	

【辨正训练】

1. 声母和词语练习

zh—ch 忠诚 重创 战场 章程 咫尺 展翅 著称 征程 涨潮 衷肠

ch—zh 称职 诚挚 初中 超支 船只 纯正 池沼 叱咤 沉重 春装

zh—z 知足 准则 种子 著作 沼泽 壮族 职责 振作 赈灾 追踪

z—zh 总之 杂志 增长 资助 作者 宗旨 尊重 组织

	罪状	栽种						
ch—c	纯粹	成材	船舱	尺寸	储藏	唱词	揣测	陈醋
	除草	差错						
c—ch	财产	操场	彩绸	辞呈	促成	菜场	餐车	仓储
	操持	刺穿						
sh—s	深思	生死	绳索	上司	神色	世俗	深邃	誓死
	收缩	输送						
s—sh	松树	宿舍	所属	随身	素食	损失	诉说	算术
	四声	琐事						
zh—c	政策	致辞	榨菜	仲裁	主次	贮藏	贞操	至此
	中餐	珍藏						
c—zh	挫折	粗壮	瓷砖	才智	村庄	采摘	辞职	词缀
	参战	财政						
zh—s	竹笋	住所	追溯	周岁	折算	长孙	正色	转送
	珠算	治丧						
s—zh	四周	素质	四肢	苏州	诉状	死战	扫帚	送终
	算账	随之						
ch—z	称赞	尺子	承载	出走	迟早	出资	吹奏	充足
	创造	穿凿						
z—ch	组成	早晨	资产	嘴唇	自称	增产	造成	在场
	赞成	最初						
ch—s	沉思	场所	出色	传诵	穿梭	春色	春笋	拆散
	称颂	抄送						
s—ch	丝绸	速成	搜查	四处	扫除	赛车	思潮	色差
	宋朝	四川						
sh—z	师资	擅自	实在	肾脏	数字	上座	十足	识字
	水灾	士卒						
z—sh	姿势	葬身	增设	钻石	枣树	杂耍	总数	自守
	早熟	棕树						
sh—c	收藏	水草	生存	蔬菜	赏赐	手册	树丛	上策
	神采	诗词						

c—sh　才识　草率　测试　挫伤　次数　慈善　操守　丛书　措施　磋商

2. 对比辨音练习

主力——阻力　支援——资源　照旧——造就
札记——杂技　找到——早稻　超重——操纵
木柴——木材　推迟——推辞　鱼翅——鱼刺
诗人——私人　香椿——乡村　商业——桑叶
收集——搜集　山脚——三角　树苗——素描
师长——司长　秩序——自序　摘花——栽花
近视——近似　珠子——租子　输油——酥油
仿照——仿造　终止——宗旨　初步——粗布
争光——增光　乱吵——乱草　树立——肃立
事实——四十

3. 朗读练习

◇ 三山撑四水,四水绕三山。三山四水春常在,四水三山四时春。

◇ 日照香炉生紫烟,遥看瀑布挂前川。飞流直下三千尺,疑是银河落九天。

(李白《望庐山瀑布》)

◇ 历史使人聪颖;诗句使人诙谐;数学使人精确;自然哲学使人深邃;道德使人庄重;逻辑和修辞使人善辩。

4. 绕口令练习

(1) 四是四,十是十,十四是十四,四十是四十。要想说对十,舌头别伸直。要想说对四,舌头碰牙齿。要想说对四和十,多多练习十和四。

(2) 史老师,讲时事,常学时事长知识。时事学习看报纸,报纸登的是时事。常看报纸要多思,心里装着天下事。

(3) 认识从实践始,实践出真知。知道就是知道,不知道就是不知道。不要知道说不知道,也不要不知道装知道,老老实实,实事求是,一定要做不折不扣的真知道。

(4) 我说四个石狮子,他说十个纸狮子。石狮子是死狮子,四个石狮子不能嘶;纸狮子也是死狮子,十个纸狮子也不能嘶。狮子嘶,撕狮子,死狮子,狮子尸。

5. 翘舌音记忆口诀

实践始终出真知,知识硕果铸神圣。
直率忠贞创灼见,专心致志事善成。
诗社章程谁主筹,山石水池春之声。
史书注释串指示,川中超产朝上升。
战士受伤守阵地,州帅视察祝寿辰。
申楚陕蜀赡斋食,招生尝试吃睡省。
只争朝夕树风尚,姗姗来迟众文章。
乘车追逐纯嗜好,施刹扯闸斥冲闯。
崇叔涉暑摘除肾,树杈折枝是手杖。
挣扎出室喘深重,顺势抽针斩竹床。
彻底查债传振动,稍要不慎准闪失。
市场昌盛少收税,正式执政说整治。
住宅舒适珍珠饰,大厦爽晒昼夜赤。
衬衫陈设找长处,时装展示数这世。
支持厨师吹杀猪,舍身捉兽铡双尸。
制止助手擅掌勺,烧柴拾纸孰称耻。
甩炸沉舟属充傻,唇霜输咒赦周岔。
束刷生虫甚瘦窄,抒扇术贬怂宙霎。

(二)分清 r 声母的字和 l 声母的字

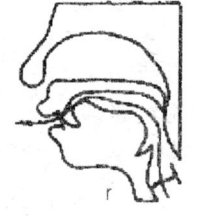

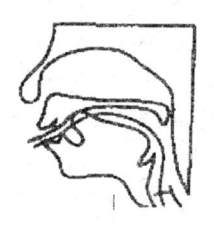

没有 zh、ch、sh 的方言区多数没有 r 声母,普通话中读 r 声母的字,在这些方言中里往往读各种与 r 很不一样的声母,因此这些方言区的人都不会发 r。盐城、扬州等地区的方言表现得更明显,在方言使用中,几乎将所有带 r 声母的字误读为 l 声母。吴语区的无锡、常熟、张家港虽然有 r,但实际发音跟普通话的 r

不完全相同,所以也要学会发准普通话中的r声母。r和l发音部位比较接近,而且都是浊辅音,音色比较近似。要分清这两个声母首先要摆正它们的发音部位:l是舌尖中阻音,发音时,舌尖接触的位置要比r略前一点;而r是舌尖后阻音,发音时,舌尖要向上翘,舌尖略向后移。练习发r时,可以先发一个清音声母sh,气流不断,发音部位不变,加上声带颤动的动作,就可以发出一个浊擦音r了。发音时要注意,舌头不要太硬,舌肌不要太紧张,摩擦不要过重,舌尖要轻巧、灵活。

另外,还要知道普通话中哪些字是r声母,哪些字是l声母。就是有r声母的方言区,如南京、徐州等地,具体包含的字也跟普通话不一样,要注意辨别。可以采用以下几种方法:

(1)利用形声字声旁类推。例如:"嚷"的声母是r,由此推知,"壤、嚷、瓤、穰、攘"等字的声母都是r;"壬"的声母是r,"任、妊、衽、饪"的声母也是r;"容"的声母是r,"溶、蓉、榕、熔"的声母都是r。

(2)r声母的字不多,在普通话3500常用字中只有58个,我们还可以采用个别记忆的方法。在把基本音节读准的同时对应找出它们所包含的四声字。这些基本音节和所包含的四声字是:

　　ran 然燃染冉　　rang 嚷瓤攘让壤　　rao 饶扰娆绕　　re 惹热
　　ren 人任(姓任)忍认韧纫任(任务)　　reng 仍扔　　ri 日
　　rong 容溶熔蓉榕绒融荣戎冗茸　　rou 肉柔揉蹂
　　ru 如入儒乳汝蠕辱褥　　rui 瑞蕊锐睿　　run 闰润　　ruo 若弱偌

(3)根据声韵拼合关系辨记。江苏有些方言中还存在着把少数r声母的字误读为零声母的现象。要克服这种现象,可以根据声韵拼合关系进行辨记。例如"容、荣、融、绒"等字在方言里大多读零声母,但在普通话里,零声母音节yong中没有阳平声调的字,这些字都读róng,不读yóng;"人、忍、刃"(韵母都是en)"然、染、燃、冉"(韵母都是an)等字的声母在方言往往读len、yin等其他各种普通话没有的声母,在普通话里这些字的声母都是r。

【辨正训练】

1.声母和词语练习

r—r　仍然　嚷嚷　融入　柔弱　忍辱　濡染　人人　如若

忍让　柔软

r—l　燃料　热量　日历　热恋　锐利　染料　热泪　蹂躏　热力　热流

l—r　礼让　历任　利润　例如　落日　利刃　丽人　老弱　令人　朗润

2. 对比辨音练习

如火——炉火　出入——出路　肉馅——露馅
峥嵘——蒸笼　不热——不乐　让头——浪头
天然——天蓝　冗长——垄长　柔道——楼道
软蛋——卵蛋　荣华——龙华　湿润——诗论
瓜瓤——瓜郎　乳汁——卤汁　褥子——路子
衰弱——摔落
日历——毅力　白人——白银　仍旧——营救
点燃——点烟　扰乱——昏乱　肉手——右手
退让——退样　热乎——业户　染病——眼病
润笔——运笔　惹人——野人　如下——余下

3. 朗读练习

◇ 白日依山尽,黄河入海流。欲穷千里目,更上一层楼。

(王之涣《登鹳雀楼》)

◇ 绒衣暖又软,褥子软又暖,身边热又暖,心里乐又欢。老农知冷暖,热泪话当年。麻袋加火笼,难忍风雪天,劳累连饥寒,度日如度年。若忘当年苦,哪知今日甜。

◇ 歌德的诗句刻写着睿智的人生,拜伦的诗句呼唤着奋斗的热情。

◇ 在历史上,国家间经常发生对抗,好男儿戎装卫国。国家的荣誉往往需要以自己的生命去换取。

4. 绕口令练习

(1) 日头热,晒人肉,晒得心里好难受。晒人肉,好难受,晒得头上直冒油。

(2) 烈日炎炎热如火,昨日热今日仍然热,一日比一日热,白日热,夜里仍然热,安然对天热,天热人不热。

(3) 夏日无日日亦热,冬日有日日亦寒,春日日出天渐暖,晒衣晒被晒褥单,秋日天高复云淡,遥看红日迫西山。

(三) 分清鼻音n与l边音

n和l在普通话里有严格的区分,但在江苏的江淮方言中n和l大都存在不同程度的混淆。这是这些地区人学习普通话的又一难点。难在既辨不清音,也发不准音。所以在训练时,首先要训练听辨能力,然后练习发音,掌握了它们的发音之后,再去记哪些字是声母n,哪些字是声母l。

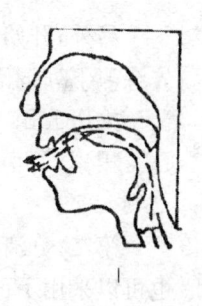

第一,从发音上区分。发准这两个声母的关键:一是控制软腭的升降;二是把握好舌头在口腔中的状况。发n时,须软腭和小舌下垂,打开鼻腔通道,让气流从鼻腔中透出;发l时,须软腭和小舌上升,堵塞通往鼻腔的通道,让气流从口腔的舌头两边透出。另外,发这两个声母时,舌头在口腔中的状况也不完全相同。发n时,舌尖抵住上齿龈,舌身放开,舌面铺平,将舌的两侧跟上腭的两侧形成弧形闭合以封闭口腔的通道;发l时,舌尖抵住上齿龈偏后的部位,舌身收紧、收窄,中部下凹,让舌头两侧留出空隙作为气流的通道。鼻音n是一个全浊音,可以发得重一点,浊一点。这里我们可以利用前一个音节韵尾是n(前鼻辅音)的双音节词语引导练习发鼻音。例如:

新年 xīn nián	温暖 wēn nuǎn	搬弄 bān nòng
本能 běn néng	艰难 jiān nán	信念 xìn niàn
电钮 diàn niǔ	观念 guān niàn	愤怒 fèn nù
忍耐 rěn nài	酝酿 yùn niàng	仙女 xiān nǚ

边音l是次浊音,与鼻音比较,可以发得轻一点。还要体会软腭的上升,我们可以借助加衬音的办法来体会软腭的提升。例如:

```
ga-la    ga-le    ga-lai    la-la-li-la    la-la-lia-la
ga-la    ga-le    ga-lai    la-la-lie-la   la-la-liao-la
ka-la    ka-le    ka-lei    la-la-liu-la   la-la-lüe-la
```

另外,开始练习发边音 l 时,要避免用韵尾是鼻音的音节,可以先练习下列词语:

来历 láilì　　流露 liúlù　　料理 liàolǐ　　利率 lìlù　　落泪 luòlèi
累累 lěilěi　　拉力 lālì　　来了 lále　　流利 liúlì　　理疗 lǐliáo

第二,分清记住哪些字是 n 声母,哪些字是 l 声母。分辨 n 和 l 也可以采用下面的方法:

(1) 偏旁类推。记住一些读 n 声母的字,以这些字(偏旁)作声旁的形声字多读鼻音声母 n,如"尼、宁、南、那、乃、奈、农、女"等。当然也有少数例外的,如"娘、酿"声旁是 l 声母,却读 n 声母。(参见附录二　n、l 偏旁类推字对照表)

(2) 根据韵拼合规律记忆。韵母 ou、ia、uen 只和 l 拼,不和 n 拼,因此"楼、漏、搂、俩、论、伦"等十几个字,可以放心读声母 l;韵母 e、ü、ei、iao、ang、eng、in、iang、uan 和声母 n、l 都拼,但和 n 拼的字很少,只要记住"呢、女、馁、内、鸟、尿、囊、能、您、娘、酿、暖"等十几个字的声母是鼻音 n,这部分韵母的其余六七十个字就可放心读声母 l 了。

(3) 记少不记多的方法。《现代汉语常用字表》中共有 367 个读 n 和 l 的字,其中,读 n 声母的字只有 85 个,占总数的 23%。所以可以先记住这 85 个字,剩下的就是读声母 l 的字了。同样也可以运用鼻音音节与边音音节相对应着帮助记忆。例如:

nǚ 女　　　　　　lü 绿吕率旅铝律虑驴屡侣履缕滤氯
nín 您　　　　　　lin 林拎临琳淋磷邻磷赁凛吝鳞蔺
náng 囊　　　　　lang 狼朗浪郎廊琅榔啷螂
nuǎn 暖　　　　　luan 卵乱鸾銮栾峦挛

附录二　n、l偏旁类推字对照表

（一）l声母

剌—lǎ 喇；là 剌,辣,瘌

腊—là 腊,蜡；liè 猎

赖—lài 赖,癞,籁；lǎn 懒

兰—lán 兰,拦,栏；làn 烂

蓝—lán 蓝,篮；làn 滥

览—lǎn 览,揽,缆,榄

劳—lāo 捞；láo 劳,痨；lào 涝

乐—lè 乐；lì 砾

雷—léi 雷,镭；lěi 蕾；lèi 擂

垒—lěi 垒

累—lèi 累；luó 骡,螺

里—lí 厘,狸；lǐ 里,理,鲤；liàng 量

利—lí 梨,犁；lì 利,俐,痢

离—lí 离,篱,璃

立—lì 立,粒,笠；lā 拉,垃,啦

厉—lì 厉,励

力—lì 力,荔；liè 劣；lèi 肋；lè 勒

历—lì 历,沥

连—lián 连,莲；liàn 链

廉—lián 廉,濂,镰

脸—liǎn 敛,脸；liàn 殓

炼—liàn 练,炼

恋—liàn 恋；luán 孪,鸾,栾,滦,峦,挛

良—liáng 良,粮；láng 郎,廊,狼,琅,榔,螂；lǎng 朗；làng 浪

梁—liáng 梁,粱

凉—liáng 凉；liàng 谅,晾；lüè 掠

两—liǎng 两,俩(伎俩)；liàng 辆；liǎ 俩

列—liě 咧；liè 列,裂,烈；lì 例

林—lín 林,淋,琳,霖；lán 婪

鳞—lín 嶙,璘,磷,鳞,麟,辚,遴,辚

令—líng 伶,玲,铃,羚,聆,蛉,零,龄;lǐng 岭,领;lìng 令;lěng 冷;lín 邻;lián 怜

菱—líng 凌,陵,菱;léng 棱

留—liū 溜;liú 留,馏,榴,瘤

流—liú 流,琉,硫

柳—liǔ 柳;liáo 聊

龙—lóng 龙,咙,聋,笼;lǒng 陇,垄,拢

隆—lóng 隆,窿,癃

娄—lóu 娄,喽,楼;lǒu 搂,篓;lǚ 缕,屡

卢—lú 卢,泸,颅,轳

户—lú 庐,芦,炉;lǘ 驴

鲁—lǔ 鲁,橹

录—lù 录,禄,碌;lǜ 绿,氯

鹿—lù 鹿,辘,麓

路—lù 路,鹭,露,潞,璐

戮—lù 戮;liáo 寥;liǎo 蓼;liào 廖

仑—lūn 抡;lún 仑,伦,沦,囵,轮;lùn 论

罗—luó 罗,逻,萝,锣,箩

洛—luò 洛,落,络,骆;lüè 略;lào 烙,酪

吕—lǚ 闾,梠;lǚ 吕,侣,铝

虑—lǜ 虑,滤

(二) n 声母

那—nǎ 哪;nà 那,娜;nuó 挪

乃—nǎi 乃,奶

奈—nài 奈;nà 捺

南—nán 南,喃,楠;nǎn 蝻,腩

脑—nǎo 恼,瑙,脑

内—nèi 内;nè 讷;nà 呐,衲,钠

尼—nī 妮;ní 尼,泥,呢

倪—ní 倪,霓

捏—niē 捏;niè 涅

聂—niè 聂,蹑

念—niǎn 捻;niàn 念

宁—níng 宁,拧,咛,狞,柠;nìng 宁(～可),泞

纽—niū 妞;niǔ 扭,纽,钮

农—nóng 农,浓,脓

奴—nú 奴,孥,驽;nǔ 努,弩;nù 怒

诺—nuò 诺;nì 匿

懦—nuò 懦,糯

虐—nüè 虐,疟

【辨正训练】

1. 声母和词语练习

n—n 恼怒 男女 牛奶 忸怩 袅娜 能耐 泥泞 牛腩 女奴 泥淖

l—l 力量 淋漓 留恋 笼络 嘹亮 轮流 零落 履历 罗列 理论

n—l 暖流 努力 能量 年历 奶酪 内力 纳凉 逆流 奴隶 女篮

l—n 冷暖 来年 烂泥 老年 粮农 老牛 凌虐 留念 落难 理念

2. 对比辨音练习

脑子——老子 男女——褴褛 闹灾——涝灾

无奈——无赖 难住——拦住 囊中——郎中

浓重——隆重 大娘——大梁 年代——连带

留念——留恋 泥巴——篱笆 女客——旅客

南京——蓝鲸 牛劲——流尽 腻子——例子

鸟雀——了却

3. 朗读练习

◇ 绿蚁新醅酒,红泥小火炉。晚来天欲雪,能饮一杯无?

(白居易《问刘十九》)

◇ 没有一片绿叶,没有一缕炊烟,没有一粒泥土,没有一丝花

香,只有水的世界,云的海洋。

4. 绕口令练习

(1) 念一念,练一练,l、n 的发音要分辨。l 是边音软腭升,n 是鼻音舌靠前。你来念,我来练,不怕苦,不畏难,齐努力,攻难关。

(2) 老兰努力学跨栏,栏高老兰跨栏难,难跨难不倒拧老兰,老兰真是好儿男。

(3) 老龙恼怒闹老农,老农恼怒闹老龙,龙怒龙恼农更怒,龙闹农怒龙怕农。

(四) 分清唇齿音 f 和舌面后音 h

f 和 h 在江苏的部分方言里有混淆的现象,表现最明显的为北方方言的宿城、宿豫及周边地区。另外吴语区的苏州话则把部分 f 声母的字读成 h 声母字。要分辨好这两个音,主要是要掌握它们的正确发音。f 和 h 都是清擦音,发音方法相同,不同的是在发音部位上。发 f 时,下唇内缘接近上齿,口形是闭拢的,嘴角向左右两边略微展开,舌面后部不能抬高;发 h 时,舌面后部抬起接近软腭与硬腭的交界处,要注意唇齿部位不能接触。

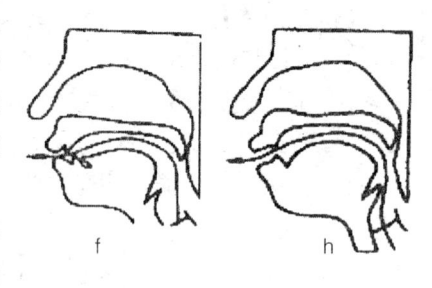

方言区的人要克服 f 和 h 混淆的现象,难点是在分辨哪些是 f 声母的字,哪些是 h 声母的字上。以下几种方法可以帮助辨记:

(1) 利用形声字声旁进行类推

例如:f 声母　　方—放房防纺芳访仿坊妨肪彷

分—分粉份氛芬纷酚汾忿玢盼

h 声母　　化—花华哗桦铧货骅吡柸鲄

奂—唤涣焕痪换

(2) 利用汉字声旁判断

声旁声母为 g、k、j 或声旁是以 i、u、ü 开头的字,其声母为 h。

例如:g—滑槐哄红狐晃恍

k—混馄
　　　j—浑荤挥
　　　i、u、ü—贿讳皇缓
　声旁声母为 b 的字，其声母为 f。如：肥否愤赴费罘偾鲼。
　(3) 采用 f 和 h 对照单边记忆法(参见附录三　f 和 h 对照辨音字表)
　　方言中易错的 f—h 音节的八组对比音：
　　　　fa—hua　　fo—huo　　fu—hu　　fei—hui
　　　　fan—huan　fen—hun　fang—huang　feng—hong
　以其中一组为例，按照普通话声韵拼合规律，记住少数一边，即可推出另一边较多的汉字声母读音。

　　例：　　　fen　　　　　　　hun
　　第一声　分芬纷酚吩氛　　　昏荤婚
　　第二声　坟汾焚　　　　　　浑魂混馄
　　第三声　粉
　　第四声　分份忿奋愤粪　　　混

附录三　f 和 h 对照辨音字表

f	h
fā 发 fá 伐阀筏乏罚 fǎ 法砝 fà 发头~	huā 花哗 huá 华铧滑划 huà 化画话划桦
fó 佛	huō 豁 huó 活 huǒ 火伙 huò 货或惑获祸霍
fū 夫 fú 扶芙幅福辐伏袱拂俘符 fǔ 府俯腐斧釜甫辅 fù 付附咐父复腹傅缚赴副富妇负赋	hū 乎呼忽惚 hú 胡湖葫瑚蝴糊狐弧壶斛 hǔ 虎唬琥浒 hù 户沪护互
	huái 怀淮槐徊 huài 坏

续 表

f	h
fēi 非菲绯啡扉蜚霏	huī 灰恢挥辉徽
féi 肥淝	huí 回茴蛔
fěi 匪菲诽悱斐	huǐ 悔毁
fèi 吠沸费痱废肺	huì 会绘烩贿卉惠蕙彗慧秽汇讳
fān 番翻帆	huān 欢獾
fán 凡矾烦蕃繁樊	huán 还环寰
fǎn 反返	huǎn 缓
fàn 饭贩犯范泛	huàn 换唤涣患幻宦
fēn 分吩芬纷	hūn 昏婚荤
fén 坟焚	hún 浑魂
fěn 粉	
fèn 分份奋粪愤	hùn 混
fāng 方坊芳	huāng 荒慌
fáng 防妨房肪	huáng 皇凤惶蝗黄潢璜簧
fǎng 访仿纺	huǎng 晃幌恍谎
fàng 放	huàng 晃滉
fēng 风沨枫疯丰峰锋蜂封	hōng 哄烘轰
féng 逢缝冯	hóng 红虹弘泓宏洪
fěng 讽	hǒng 哄骗
fèng 凤奉缝裂~	hòng 哄起~

【辨正训练】

1. 声母和词语练习

f—f 发放 芬芳 发疯 纷繁 犯法 防范 非凡 分发 佛法 奋发

h—h 浑厚 绘画 黄昏 辉煌 挥霍 毁坏 回话 黄花 悔恨 花卉

f—h 防护 飞蝗 反悔 返回 发火 风华 腐化 绯红 防洪 复活

h—f 花房 化肥 焕发 恢复 回访 海防 荒废 回复 挥发 伙房

2. 对比辨音练习

开花——开发　缓冲——反冲　环视——凡是
欢腾——翻腾　华丽——乏力　护士——腐蚀
花生——发生　工会——公费　传呼——船夫
晃荡——放荡　毁谤——诽谤　辉煌——飞蝗
绘画——废话　荒原——方圆　花展——发展
婚前——分钱

3. 朗读练习

◇ 谁言寸草心,报得三春晖。
◇ 春蚕到死丝方尽,蜡炬成灰泪始干。
◇ 春眠不觉晓,处处闻啼鸟。夜来风雨声,花落知多少。

（孟浩然《春晓》）

◇ 我们家的后园有半亩空地,母亲说:"让它荒着怪可惜的。你们那么爱吃花生,就开辟出来种花生吧。"我们姐弟几个都很高兴,买种,翻地,播种,浇水,没过几个月,居然收获了。

4. 绕口令练习

(1) 黑是黑,灰是灰,黑不是灰,灰不是黑,煤是黑,石是灰,烧过变成灰,石涂上墨变了黑。

(2) 粉红墙上画凤凰,凤凰画在粉红墙。红凤凰,花凤凰,黄凤凰,粉凤凰,好似天上飞着两对真凤凰。

(3) 我们要学理化,他们要学理发。理化不是理发,理化理发要分清,学会理化却不会理发,学会理发也不懂理化。

(4) 商场里面卖混纺,红混纺,黄混纺,粉混纺,红粉混纺,黄粉混纺,黄红混纺,红粉混纺最畅销。

（五）分清声母为 z、c、s(zh、ch、sh)与 j、q、x 的字

1. z、c、s 和 j、q、x

普通话声母 j、q、x 是舌面音。容易出现的问题是:发音部位靠前,接近舌尖前音 z、c、s。在一些分"尖音"和"团音"的方言里,常常在齐齿呼(以 i 开头的韵母)、撮口呼(以 ü 开头的韵母)前面既可以拼声母 j、q、x(团音),也可以拼声母 z、c、s(尖音)。而普通话在齐齿

呼、撮口呼前面只拼j、q、x,不拼z、c、s(只有团音,没有尖音)。方言发音常出现部位靠前,甚至把j、q、x发成z、c、s的现象,尤其女性人数明显居多。

要纠正这种现象,不仅要注意区分舌面前音j、q、x与舌尖前音z、c、s在发音部位上的不同,还要学会利用声韵拼合的规律来分辨汉字音节。即在普通话语音系统里,齐齿呼、撮口呼的韵母只同舌面前音j、q、x相拼,不同舌尖前音z、c、s相拼。也就是说,普通话中,i、ü前的声母只可能是j、q、x,而不可能是z、c、s。

2. zh、ch、sh 和 j、q、x

普通话中念zh、ch、sh声母的一部分字,在江淮一些方言中念成了j、q、x声母。这些地区的人须记住哪些j、q、x声母的字应改成zh、ch、sh。可以用偏旁类推的方法帮助分辨和记忆,例如:以"折、占、詹、展、善、者、单、才、采"字作声旁的字,普通话的声母一般都是zh、ch、sh或z、c、s。还可以利用方言与普通话语音对应关系帮助记忆。例如:

普通话	方言	例字
zhan	jian	粘展盏瞻毡站詹斩
zhe	jie	这者蛰遮浙辙哲褶
chan	qian	忏搀阐馋缠产蝉掺
che	qie(qi)	车扯彻撤掣澈坼
shan	xian	闪扇苫善珊删擅煽
she	xi	社设舌舍蛇摄射涉

【辨正训练】

1. 声母和词语练习

j—z

机组　杰作　急躁　救灾　佳作　尽早　夹杂　捐赠　抉择

q—c

取材　清脆　潜藏　情操　钱财　青菜　起草　凄惨　青草

x—s

潇洒　相似　细碎　羞涩　逊色　闲散　血色　选送　消散

j—zh

紧张　几种　集中　驾照　价值　借助　举止　机智　记者
q—ch
清楚　齐齿　驱除　虔诚　起初　起床　骑车　牵扯　清澈
x—sh
形式　欣赏　显示　学术　现实　小舌　叙述　虚实　休书

2. 对比辨读练习

(1) z、c、s—j、q、x

资格——及格　死角——洗脚　词汇——棋会
伺候——气候　四十——细席　私下——西夏
祖国——举国　字画——计划　四包——细胞
脏话——僵化　扫雪——小雪　资本——基本
族长——局长　桑叶——香叶　此处——启处
怎么——紧么

(2) zh、ch、sh—j、q、x

制度——嫉妒　纸条——几条　白痴——白漆
师范——稀饭　迟到——齐到　事实——细席
酬劳——囚牢　周到——揪到　少数——小婿
船头——拳头　祝福——巨幅　苦子——蝎子
大使——大喜　竹子——橘子　专款——捐款
射击——泄气

3. 朗读练习

◇ 这是新型的家用吸尘器,欢迎您选购。

◇ 这里没有国际象棋,请到西面的体育用品专柜问一问。

◇ 一个大问题一直盘踞在我脑袋里:世界杯怎么会有如此巨大的吸引力?除去足球本身的魅力之外,还有什么超乎其上而更伟大的东西?

4. 绕口令练习

(1) 七加一,七减一,加完减完等于几?七加一,七减一,加完减完等于七。

(2) 七巷一个漆匠,西巷一个锡匠,七巷漆匠偷了西巷锡匠的锡,西巷锡匠偷了七巷漆匠的漆。

(3) 小芹手脚灵,轻手擒蜻蜓。小青人精明,天天学钢琴。擒蜻蜓,趁天晴,小芹晴天擒住大蜻蜓。学钢琴,趁年轻,小青精益求精练本领。

(六) 零声母和辅音声母

零声母即没有辅音的声母,普通话零声母字与许多方言零声母音节的范围不一致。主要表现为以下几种情况:

(1) 普通话由 a、o、e 开头的零声母字,有些方言加上了辅音 n[n]或 ng[ŋ]。

(2) 普通话由 y 开头的零声母字,方言念成 n[n]或 l[l]。

(3) 普通话以 w 开头的零声母字,方言有的念成辅音 v[v],有的念成 m[m]。

(4) 普通话中有辅音声母的音节在方言中往往丢失了声母,念成了零声母。

针对上述情况,练习时既要熟读零声母音节的词语,弄清零声母音节的范围,又要注意元音的发音特点,读准零声母,改变发音习惯。

【辨正训练】

1. 开口呼韵母零声母音节练习,注意音节开头没有明显的辅音
按照　矮小　哀求　黯然　翱翔　奥运　案件　肮脏　凹凸
恩爱　欧洲　婀娜　讹诈　恶心　懊恼　呕吐　安逸　拗口

2. 合口呼韵母零声母音节练习,注意音节开头是圆唇元音[u]
挖潜　瓦解　外语　弯曲　网络　歪斜　完成　汪洋　玩具
文化　问答　瓦瓮　晚餐　伟大　伪造　卧室　舞蹈　误会

3. 朗读练习

◇ 鹅、鹅、鹅,曲项向天歌。白毛浮绿水,红掌拨清波。

(骆宾王《咏鹅》)

◇ 这使我们都很惊奇,这又怪又丑的石头,原来是天上的啊!它补过天,在天上发过热,闪过光,我们的先祖或许仰望过它,它给了他们光明、向往、憧憬;而它落下来了,在污土里,荒草里,一躺就是几百年了!

4. 绕口令练习

坡上立着一只鹅,坡下就是一条河。宽宽的河,肥肥的鹅,鹅要过河,河要渡鹅。不知是鹅过河,还是河渡鹅。

五、声母发音综合训练

训练目标

熟悉普通话声母的作用与分类;掌握每个声母的发音部位和发音方法,并能准确拼合;比较和辨析方言声母与普通话声母在发音方面的主要区别。

训练材料

练习(一)朗读下列四音节词语,注意每个词语第一个音节的发音。

1. 双唇音:b、p、m

包罗万象	跋山涉水	闭关自守	匹夫有责
抛砖引玉	普天同庆	埋头苦干	美不胜收
萍水相逢	马到成功	民富国强	披星戴月

2. 唇齿音:f

发扬光大	反复无常	防患未然	风平浪静
风尘仆仆	飞扬跋扈	翻来覆去	风吹草动
分秒必争	飞沙走石	风起云涌	繁花似锦

3. 舌尖中音:d、t、n、l

大公无私	多快好省	点石成金	顶天立地
同甘共苦	铁证如山	南腔北调	怒火中烧
炉火纯青	难能可贵	两全其美	老当益壮

4. 舌根音:g、k、h

歌功颂德	感人肺腑	高歌猛进	纲举目张
开源节流	康庄大道	可歌可泣	空前绝后
含沙射影	豪情壮志	宽大为怀	和平共处

5. 舌面音:j、q、x

| 价廉物美 | 炯炯有神 | 近水楼台 | 奇耻大辱 |
| 气吞山河 | 恰如其分 | 前功尽弃 | 先声夺人 |

相敬如宾　　洗耳恭听　　千载难逢　　驾轻就熟

6. 舌尖后音：zh、ch、sh、r

争先恐后　　咫尺天涯　　触类旁通　　承前启后
赤胆忠心　　实事求是　　神采奕奕　　燃眉之急
日落西山　　史无前例　　畅所欲言　　如鱼得水

7. 舌尖前音：z、c、s

罪魁祸首　　自暴自弃　　字里行间　　沧海桑田
草木皆兵　　才疏学浅　　四面楚歌　　此起彼伏
司空见惯　　寸步难行　　俗不可耐　　四通八达

练习（二）声母发音比较。

1. 体会各类声母发音部位的区别

b、p—z、c—d、t—zh、ch—j、q—g、k；l—r；
f—s—x—h；m—n；f—h；sh—s；s—x

2. 体会各类声母发音方法的区别

b、d、g—j、zh、z；p、t、k—q、ch、s；p—f；k—h；
q—x；ch—sh；c—s；n—l；sh—r；
b—p；d—t；g—k；j—q；zh—ch；z—c

练习（三）朗读下列词语，掌握零声母的拼写特点。

阿姨 āyí　　扼要 èyào　　欧阳 ōuyáng　　洋溢 yángyì
延误 yánwù　　夜晚 yèwǎn　　医药 yīyào　　威严 wēiyán
语言 yǔyán　　冤枉 yuānwang　　预约 yùyuē　　抑郁 yìyù
偶尔 ǒu'ěr　　幼儿 yòu'ér　　营运 yíngyùn

练习（四）读绕口令，练习声母的发音。

八 百 标 兵　　(b、p)

八百标兵奔北坡，北坡八百炮兵炮。
标兵怕碰炮兵炮，炮兵怕把标兵碰。

打 特 盗　　(d、t)

调到敌岛打特盗，特盗太习投短刀。
挡推顶打短刀掉，踏盗得刀盗打倒。

哥 怪 沟　　　　　　　　　　(g、k)

哥挎瓜筐过宽沟,过沟筐漏瓜滚沟。
隔沟挎筐瓜筐扣,瓜滚筐空哥怪沟。

黑、灰化肥　　　　　　　　(h、f)

黑化肥发灰,灰化肥发黑;
黑化肥发灰会挥发,灰化肥挥发会发黑;
黑化肥挥发发灰会花飞,灰化肥挥发发黑会飞花。

牛郎恋刘娘　　　　　　　　(n、l)

牛郎年年恋刘娘,刘娘连连念牛郎;
牛郎恋刘娘,刘娘念牛郎,郎恋娘来娘念郎。

稀 奇　　　　　　　　　　(j、q、x)

稀奇稀奇真稀奇,麻雀踩死老母鸡,
蚂蚁身长三尺六,八十岁的老头儿躺在摇篮里。

辨 读　　　(z、zh;c、ch;s、sh;n、l)

找到不念早到,遭到不念早稻,
乱草不念乱吵,制造不念自造,
收不念搜,牛不念刘,
无奈别念无赖,恼羞别说成老朽。

练习(五)诗文朗读,注意声母的发音。

黄鹤楼送孟浩然之广陵
李 白

故人西辞黄鹤楼,烟花三月下扬州。
孤帆远影碧空尽,唯见长江天际流。

望　岳

杜　甫

岱宗夫如何,齐鲁青未了。
造化钟神秀,阴阳割昏晓。
荡胸生层云,决眦入归鸟。
会当凌绝顶,一览众山小。

乡　愁

余光中

小时候　乡愁是一枚小小的邮票　我在这头　母亲在那头
长大后　乡愁是一张窄窄的船票　我在这头　新娘在那头
后来啊　乡愁是一方矮矮的坟墓　我在外头　母亲在里头
而现在　乡愁是一湾浅浅的海峡　我在这头　大陆在那头

练习(六)歌词朗读练习,用唱歌的吐字体会声母的发音。

同 一 首 歌

鲜花曾告诉我你怎样走过,大地知道你心中的每一个角落,
甜蜜的梦啊！谁都不会错过,终于迎来今天这欢聚时刻。
星光洒满了所有的童年,风雨走遍了世间的角落,
同样的感受给了我们同样的渴望,同样的欢乐给了我们同一首歌。

水千条山万座我们曾走过,每一次相逢和笑脸都彼此铭刻,
在阳光灿烂,欢乐的日子里,我们手拉手啊,想说的太多。
阳光想渗透所有的语言,春天把友好的故事传说,
同样的感受给了我们同样的渴望,同样的欢乐给了我们同一首歌。

【思考与练习】

1. 什么是"发音部位"？什么是"发音方法"？

2. 根据提供的条件写出声母。
(1) 双唇送气清塞音（   ）
(2) 舌面不送气清塞擦音（   ）
(3) 舌尖后清擦音（   ）
(4) 舌根送气清塞音（   ）
(5) 舌尖中浊边音（   ）

3. 给下列词语标注声母。
把柄　番茄　澎湃　美好　饱满　矛盾　漫画　随时
转赠　繁华　嫩绿　距离　歌曲　发展　求知　知足

4. 下面是一首声母诗，二十一个字，代表二十一个声母。请将它们的声母标在汉字上面，反复吟诵。

采　桑

春日起每早，采桑惊啼鸟。
风过扑鼻香，花开落，知多少。

第四章

普通话韵母训练与方音辨正

韵母是汉字音节中声母后面的部分,它是汉字音节中最主要,也是必不可少的组成部分。汉语普通话中共有 39 个韵母。

一、韵母的结构及特点

普通话韵母的主要成分是元音。韵母的结构可以分为韵头、韵腹、韵尾三个部分。

韵头由高元音 i、u、ü 充当,它的发音轻而短,只表示复元音韵母发音的起点,一发就滑向另一个元音。如 ia、ua、üe、iao、uan 中的 i、u、ü。韵头介于声母和韵腹之间,所以又叫介音或介母。

韵腹是韵母的主干,比起韵头、韵尾来,口腔开度最大、声音最响亮,所以也叫主要元音。它一般由 a、o、e、ê、i、u、ü、-i(前)、-i(后)、er 10 个元音充当。

韵尾又叫尾音,是韵腹后面的音素。由元音 i、u、(o)或鼻辅音 n、ng 充当。

韵母中只有一个元音时,这个元音就是韵腹;有 2 个或 3 个元音时,开口度最大、声音最响亮的元音是韵腹。韵腹前面的元音是韵头,后面的元音或辅音是韵尾。韵腹是韵母的主要成分,一个韵母可以没有韵头或韵尾,但是不可以没有韵腹。

二、韵母的分类

韵母的分类通常按两个标准:一是按韵母发音时口形特点分类,一是按韵母内部结构特点分类。

(一)按韵母发音时口形特点分类

根据这个标准,普通话韵母可以分为四类,又叫"四呼":

(1) 开口呼韵母(不是 i、u、ü，也不是以 i、u、ü 开头的韵母)

普通话中共有 16 个：a、o、e、ê、er、-i(前)、-i(后)、ai、ei、ao、ou、an、en、ang、eng、ong。

(2) 齐齿呼韵母(i 或以 i 开头的韵母)

普通话中共有 10 个：i、ia、ie、iao、iou、ian、in、iang、ing、iong。

(3) 合口呼韵母(u 或以 u 开头的韵母)

普通话中共有 9 个：u、ua、uo、uai、uei、uan、uen、uang、ueng。

(4) 撮口呼韵母(ü 或以 ü 开头的韵母)

普通话中共有 4 个：ü、üe、üan、ün。

(二) 按韵母内部结构特点分类

根据这个标准，普通话韵母可以分为三类：

(1) 单韵母，由一个元音音素构成的韵母，又叫单元音韵母。普通话中共有 10 个：a、o、e、ê、i、u、ü、-i(前)、-i(后)、er。

(2) 复韵母，由两个或三个元音结合构成的韵母，又叫复元音韵母。普通话中共有 13 个：ai、ei、ao、ou、ia、ie、ua、uo、üe、iao、iou、uai、uei。

(3) 鼻韵母，由元音加鼻辅-n 或-ng 作韵尾构成的韵母，又叫鼻音尾韵母。普通话中共有 16 个：an、ian、uan、üan、en、in、uen、ün、ang、iang、uang、eng、ing、ueng、ong、iong。

根据普通话韵母的结构特点和发音时口形特点，可将普通话 39 个韵母列入以下一览表：

普通话韵母总表

按结构分 \ 按口形分	开口呼	齐齿呼	合口呼	撮口呼
单韵母	-i(前)、-i(后)	i	u	ü
	a	ia	ua	
	o		uo	
	e			

续 表

按结构分 \ 按口形分	开口呼	齐齿呼	合口呼	撮口呼
单韵母	ê	ie		üe
	er			
复韵母	ai		uai	
	ei		uei	
	ao	iao		
	ou	iou		
鼻韵母	an	ian	uan	üan
	en	in	uen	ün
	ang	iang	uang	
	eng	ing	ueng	
	ong	iong		

三、韵母的发音分析（根据韵母结构特点）

（一）单元音韵母发音分析

单元音韵母是由单元音充当的，其发音特点是在整个发音过程中，口腔共鸣器的形状始终保持不变。若有改变，所发出来的就不是纯正的单一元音。

普通话中共有 10 个单元音韵母：a、o、e、ê、i、u、ü、-i(前)、-i(后)、er。它们的发音主要取决于舌位及唇形两个条件。

"舌位"是指发音时舌面隆起部位的最高点，也就是形成元音最突出的舌的部位。确定舌位，一要看它的高低，二要看它

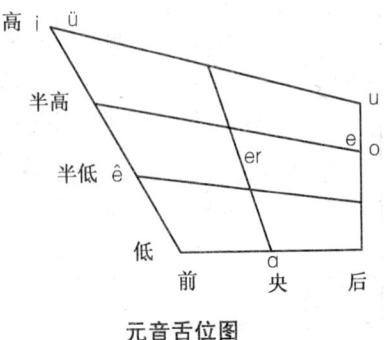

元音舌位图

的前后。舌位的高低分为高、半高、半低、低四等。舌位的前后分为前、央、后三种。主要元音舌位如下：

高：i、u、ü　　　　前：i、ü、ê
半高：o、e　　　　 央：a
半低：ê　　　　　　后：u、o、e
低：a

"唇形"是指发音时双唇的形状，是圆还是不圆，以及口腔开度的大小。一般地讲，舌位的高低与唇形的开合成反比。舌位越高，口腔的开度越小；舌位越低，口腔的开度越大。主要元音的唇形及口腔开度如下：

圆唇：o、u、ü　　　不圆唇：a、e、ê、i
闭：i、u、ü　　　　半闭：o、e
半开：ê　　　　　　开：a

a的舌位图　　　a的唇形图

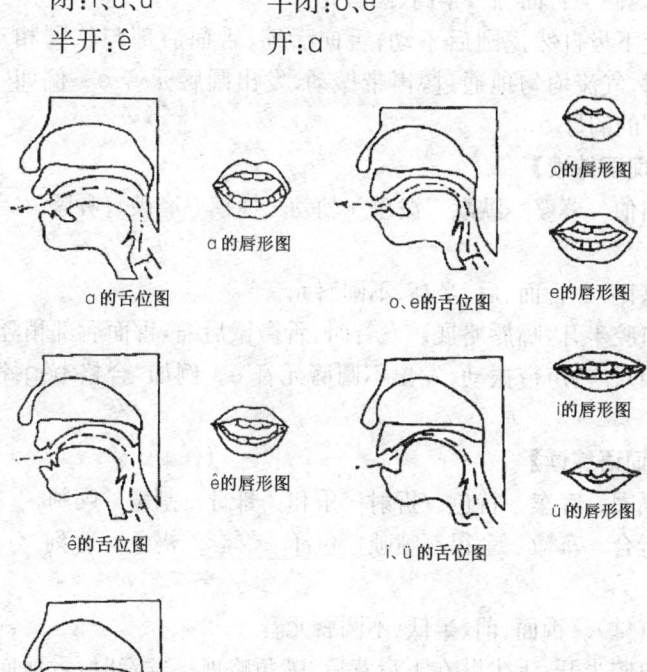

o、e的舌位图　　o的唇形图　　e的唇形图

ê的舌位图　　　ê的唇形图

i、ü的舌位图　　i的唇形图　　ü的唇形图

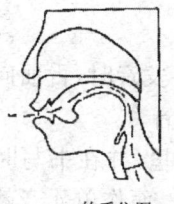

u的舌位图 　　　u的唇形图

下面具体介绍每个韵母的发音。
1. 舌面元音的发音

a(阿)　舌面、央、低、不圆唇元音(舌面音、央元音、低元音,以下类推)

嘴自然张开,舌尖微离下齿背,舌部自然放松在口腔的最低处。发音时,气流均匀地流出,声带颤动,发出不圆唇元音 a。例如"发达 fādá"的韵母 a。

【词语练读】

妈妈　奋拉　打靶　马达　蛤蟆　喇叭　拉萨　沙发
刹那　哪怕　哈达　发达　打岔　咔嚓　砝码

o(喔)　舌面、后、半高、圆唇元音

上下齿自然拢圆后不动,舌向后缩,舌面后部与软腭相对应。发音时,气流均匀地通过,声带振动,发出圆唇元音 o。例如"薄膜 bómó"的韵母 o。

【词语练读】

伯伯　婆婆　默默　泼墨　勃勃　摸摸　磨破　喔喔

e(鹅)　舌面、后、半高、不圆唇元音

口腔半开,嘴唇略展。发音时,舌微微后缩,舌面后部稍隆起与软腭相对应,声带振动,发出不圆唇元音 e。例如"合格 hégé"的韵母 e。

【词语练读】

隔阂　客车　特色　折射　乐和　哥哥　割舍　呵呵
折合　车辙　舍得　啧啧　色泽　瑟瑟　褐色　苛刻

ê(欸)　舌面、前、半低、不圆唇元音

口腔半开,舌尖贴在下齿背后,嘴角略展。发音时,舌面向前挺起与硬腭相对应,气流振动声带,发出不圆唇元音 ê。

ê 通常出现在普通话的复元音韵母 ie、üe 里,并在书写时省去上面的附加符号"ˆ"(例词参见复韵母 ie、üe)。而作单元音韵母时不与任何辅音声母相拼,只能构成零声母音节,并且在普通话中只有"欸"(又作"诶")字读这个韵母,一般只作叹词用,可有四个声调,分别表达不同的意义:

ê(阴平)　也可读 ēi,表示招呼:~,你快来!
ê(阳平)　也可读 éi,表示惊讶:~,他怎么走了!
ê(上声)　也可读 ěi,表示不以为然:~,你这话可不对!
ê(去声)　也可读 èi,表示应答或同意:~,我这就去!

i(衣)　舌面、前、高、不圆唇元音
嘴微张,唇向两侧展开呈扁平形,舌尖轻抵下齿背后。发音时,舌面前部挺起与硬腭前端形成较窄缝隙,气流从缝隙中通过,声带振动,发出不圆唇元音 i。例如"笔记 bǐjì"中的韵母 i。

【词语练读】

激励　基地　记忆　霹雳　习题　鼻涕　比例　笔迹
披靡　秘密　体力　立体　低级　机器　意义　依稀

u(屋)　舌面、后、高、圆唇元音
双唇拢成小圆形,并向前微撮。发音时,舌略向后缩,舌面后部与软腭相对应,声带振动,气流均匀通过,发出圆唇元音 u。例如"读物 dúwù"的韵母 u。

【词语练读】

补助　辜负　瀑布　入伍　疏忽　幅度　辅助　路途
露珠　徒步　祝福　图书　哭诉　鼓舞　服务　束缚

ü(迂)　舌面、前、高、圆唇元音
双唇向前撮成小圆,舌尖抵在下齿背后。发音时,舌面前部略挺起与硬腭前端形成缝隙,声带振动,气流均匀通过,发出圆唇元音 ü。例如"区域 qūyù"的韵母 ü。

【词语练读】

聚居　须臾　序曲　语序　居于　女婿　豫剧　玉宇
吕剧　区域　须臾　缕缕　渔具　絮语　曲率　屈居

2. 舌尖元音的发音

-i(前)　舌尖、前、高、不圆唇元音

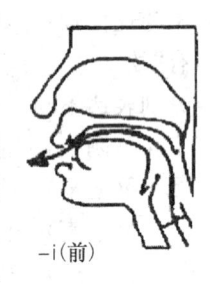

嘴微张,展唇呈扁平形。舌尖贴在下齿背后,其后部挺起与上齿龈形成缝隙。发音时,声带振动,气流均匀通过。这个韵母不能独立运用,它只出现在舌尖前阻声母 z、c、s 的后面,因而可将 z、c、s 的发音拉长,拉长的部分即是-i(前)的读音。例如"自私 zìsī"的韵母-i(前)。

【词语练读】

字词　私自　此次　次子　孜孜　刺字　自此　恣肆

-i(后)　舌尖、后、高、不圆唇元音

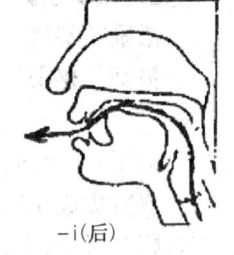

嘴微张,唇略展,舌尖抬起与硬腭前端形成缝隙。发音时,声带振动,气流从缝隙中通过。这个韵母不能独立运用,它只出现在舌尖后阻声母 zh、ch、sh、r 的后面,因而可将 zh、ch、sh、r 的发音拉长,拉长的部分即是-i(后)的读音。例如"支持 zhīchí"的韵母-i(后)。

【词语练读】

实施　知识　制止　值日　试制　只是
咫尺　时事　事实　实质　志士　史诗
失职　逝世　致使　日食

3. 卷舌元音的发音

er(儿)　卷舌、央、中、不圆唇元音

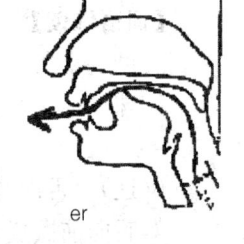

嘴微张,舌前部抬起,舌尖向后略卷与硬腭形成缝隙,发音时,声带振动,发出卷舌元音 er。这是普通话中很有特色的一个元音。例如"而、二"的韵母 er。

【词语练读】

而且　儿歌　耳朵　二胡　二十　钓饵　儿童　耳机
耳鸣　贰百　儿化　而立　儿女　耳环　遐迩　二哥

（二）复元音韵母发音分析

复韵母是由两个或三个元音组成的韵母,其发音的显著特点是从一个元音的发音状况快速向另一个元音的发音状况过渡,舌位的高低前后、口腔的开闭、唇形的圆展,都是逐渐变动的,不是突变的、跳动的,中间应该有一串过渡音;同时气流不中断,中间没有明显的界限,发的音围绕一个中心形成一个整体。各元音的发音响度与时值不同。韵腹是韵母构成的主要成分,发音时间最长,响度最大,而韵头和韵尾发音时间较短,且韵尾发音较含混。

普通话中共有 13 个复元音韵母。根据韵腹在韵母中的位置,可把它们分为三类:

(1) 前响复韵母,韵腹居于韵母前部的复元音韵母。普通话中有 4 个:ai、ei、ao、ou;

(2) 中响复韵母,韵腹居于韵母中部的复元音韵母。普通话中有 4 个:uai、uei、iao、iou;

(3) 后响复韵母,韵腹居于韵母后部的复元音韵母。普通话中有 5 个:ia、ie、üe、ua、uo。

1. 前响复韵母的发音

前响复韵母发音的共同特点是元音舌位都是由低向高滑动,发前个元音后立刻滑向后个的元音,开头的元音音素发音响亮清晰,时间较长,收尾的元音音素发音轻短模糊,音值不太固定,只表示舌位滑动的方向。

ai（哀）

口腔自然张开,舌尖抵住下齿背,舌面由前 a 的低位向前 i 的高位移动隆起,双唇由开变半关。发出前响复合音 ai。例如"爱戴 àidài"的韵母 ai。

【词语练读】

采摘　海带　开采　拍卖　灾害　买卖　拆台　彩排
带来　掰开　开赛　太太　开斋　白菜　摆开　彩带

ei(欸)

双唇微展,舌尖抵住下齿背,舌面由前央 e 的低位向接近 i 的高位移动隆起,口腔开度变小,发出前响复合音 ei。例如"蓓蕾 bèilěi"的韵母 ei。

【词语练读】

肥美　妹妹　配备　贝类　非得　黑煤　给谁　北非
贼眉　北美　黑妹　飞贼　累累　霏霏　背煤　肥贼

ao(凹)

双唇自然张开,舌头后缩,舌面后部由低 a 向后高 o 的方向抬起,双唇由开形拢成圆形,发出前响复合音 ao。例如"懊恼 àonǎo"的韵母 ao。

【词语练读】

操劳　高潮　骚扰　逃跑　早操　报告　号召　祷告
劳保　草帽　高傲　牢骚　抛锚　犒劳　稻草　高考

ou(欧)

双唇拢成圆形,舌头后缩,舌面后部由 o 位向后高 u 的方向抬起,双唇收拢,由大圆变成小圆,发出前响复合音 ou。ou 韵的 o 比单元音 o 韵舌位高得多,也稍偏央。例如"喉头 hóutóu"的韵母 ou。

【词语练读】

口头　守候　收购　筹谋　叩首　瘦肉　丑陋　漏斗
兜售　欧洲　走兽　豆蔻　佝偻　抖擞　收受　斗殴

2. 中响复韵母的发音

中响复韵母发音的共同特点是元音舌位由高向低滑动,再从低向高滑动。开头的元音音素发音不响亮而且短促,只表示舌位滑动的开始,在音节里,特别是零声母音节里常伴有轻微的摩擦。中间的元音音素发音响亮清晰。收尾的元音音素发音轻短模糊,音值不太固定,只表示舌位滑动的方向。

iao(腰)

嘴微张,唇略展,舌位由前高元音 i 向后低元音 a 的方向抬起,接着再向后高元音o的方向抬起。口形同时由一个展到开再到合的过程,最后圆唇合到o形上,发出中响复合音iao。例如"巧妙qiǎomiào"的韵母iao。

【词语练读】

吊销　疗效　调料　逍遥　苗条　飘渺　料峭　秒表
小巧　窈窕　笑料　叫嚣　调教　萧条　娇小　教条

iou(优)

嘴微张,唇略展,舌位由前高元音i处,向后低元音o移动,紧接着再向后高元音u的方向抬起。唇形由展变圆,最后成撮状,发出中响复合音iou。例如"优秀yōuxiù"的韵母iou。

【词语练读】

久留　求救　绣球　悠久　牛油　有救　舅舅　旧友
秋游　久留　牛柳　妞妞　咎由　咻咻　流油　琉球

uai(歪)

双唇撮住,略展,舌位由后高元音u向前低元音a方向移动,接着再向前高元音i的方向抬起。双唇打开,最后再变成展形,发出中响复合音uai。例如"怀揣huáichuāi"的韵母uai。

【词语练读】

外快　踹开　乖乖　摔坏　外快　外踝　拽歪　快甩

uei(威)

双唇撮住,舌位由后高元音u开始,向前低元音e方向移动,接着迅速抬起到前高元音i处。唇形同时由撮状变成展形,发出中响复合音uei。例如"荟萃huìcuì"的韵母uei。《汉语拼音方案》规定,iou、uei两个韵母和辅音声母相拼时,受声母与声调的影响,中间的元音(韵腹e)弱化,分别写作iu、ui。例如"牛"写作niú,不作nióu;"归"写作guī,不作guēi。

【词语练读】

垂危　归队　悔罪　追悔　推诿　愧对　退回　魁伟

追随 未遂 水位 罪魁 溃退 回归 摧毁 尾随

3. 后响复韵母的发音

后响复韵母发音的共同特点是元音舌位由高向低滑动,收尾的元音发音响亮清晰,在韵母中处于韵腹地位,因此舌位移动的终点是确定的。而开头的元音都是高元音 i-u-ü,由于它们处于韵头位置,发音不太响亮而且比较短促,只表示舌位滑动的方向。这些韵头在音节里特别是零声母音节里常伴有轻微的摩擦。

ia(呀)

嘴微张,唇略展,舌位由 i 向低元音 a 移动,即舌面前部先隆起在 i 的位置上,然后向央低 a 的方向滑动落下,口腔开度由窄变宽,发出后响复合音 ia。例如"假牙 jiǎyá"的韵母 ia。

【词语练读】

恰恰 压价 下家 家家 雅佳 加压 贾家 鸭架

ie(耶)

嘴微张,唇略展,舌尖抵在下齿背后,舌面前部先隆起在 i 的位置上,然后向 ê 的低位落下,它的落程比 ia 小。口腔开度由窄变宽,发出后响复合音 ie。例如"结业 jiéyè"的韵母 ie。

【词语练读】

贴切 铁屑 谢谢 爹爹 鞋业 窃窃 趔趄 节烈

ua(蛙)

双唇撮圆,舌头向后微缩,舌面后部先隆起在后高 u 的位置上,然后向央低 a 的方向落下,双唇张开,口腔开度变大发出后响复合音 ua。例如"画画 huàhuà"的韵母 ua。

【词语练读】

挂花 耍滑 娃娃 花袜 挂画 哇哇 抓抓 呱呱

uo(窝)

双唇拢成圆形,舌头向后微缩,舌面后部先微隆在后高 u 的位置上,然后向后低 o 的位置落下,双唇扩开,口形由小圆变成大圆,发出后响复合音uo。例如"脱落 tuōluò"的韵母 uo。

【词语练读】

错落　硕果　阔绰　骆驼　哆嗦　过错　懦弱　蹉跎
咄咄　做作　火锅　窝火　着落　活捉　落座　堕落

üe(约)

撮双唇,舌尖轻抵在下齿背后,舌面前部隆起在高元音 ü 的位置上,然后向前中元音 ê 的方向落下,双唇随之打开,发出后响复合音 üe。例如"雀跃 quèyuè"的韵母 üe。

【词语练读】

约略　雪月　决绝　戏谑　血液　的确　虎穴　雪糕

(三)鼻韵母的发音分析

鼻韵母指带有鼻辅音的韵母,又叫做鼻音尾韵母,其发音特点在于共有两个气流通道:一是口腔,二是鼻腔。但不能同时让气流通过,需要分两步走:发元音时,软腭和小舌上抬,封闭鼻腔通道,让气流从口腔出来;发鼻辅音韵尾时,软腭和小舌下垂,打开鼻腔通道,让气流从鼻腔出来。发准鼻韵母的关键就在于鼻辅音韵尾收音时,口腔的发音部位一定要将气流的通道完全堵塞,否则发出来的就是鼻化元音。这是一种发音错误。另外,带鼻音韵母中的元音同后面的鼻辅音韵尾之间不是生硬地拼合,没有明显的界限,而是发音时,由元音的发音状态向鼻辅音发音状态自然过渡,鼻音色彩逐渐增加,最后口腔的发音部位完全阻塞,形成纯粹的鼻辅音。

作为韵尾的鼻辅音－n、－ng 与作为声母的鼻辅音－n、－ng 发音发音是有区别的:鼻辅音声母发音时,有成阻、持阻和除阻三个阶段,持阻和除阻阶段都发音;而鼻辅音韵尾发音时,持阻阶段发音,除阻阶段不发音,这样形成的音叫唯闭音。鼻韵母的发音不是以鼻辅音为主,而是以元音为主,元音清晰响亮,鼻辅音重在做出发音状态,发音不太明显。

普通话中共有 16 个带鼻音韵母。根据鼻辅音韵尾的不同,可把它们分为两类:

(1) 前鼻音韵母,带舌尖鼻辅音韵尾－n 的韵母。普通话中共有 8 个:an、en、in、ün、ian、uan、üan、uen。(韵尾－n 的发音部位比声母 n－的位置略微靠后,一般是舌面前部向硬腭接触)

(2) 后鼻音韵母,带舌根鼻辅音韵尾－ng 的韵母。普通话中共有 8 个:ang、eng、ing、ong、iang、uang、ueng、iong。(－ng 是舌面后、浊、鼻音,在普通话中只作韵尾不作声母)

这两类鼻韵母的发音区别在于韵尾鼻辅音的发音部位不同,前鼻音韵尾的发音部位是舌面前部与硬腭前端;后鼻音韵尾的发音部位是舌根与软腭(见下图)。

(－n、－ng 发音示范图)

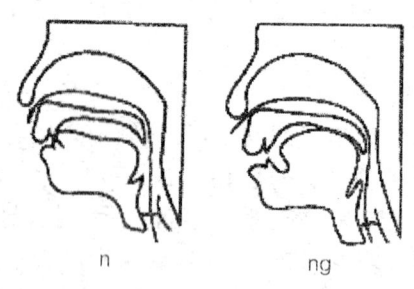

1. 前鼻音韵母的发音

an(安)

舌尖抵在下齿背后,嘴张开,舌位从央低 a 位抬起,最后舌面前部与硬腭前端接触阻塞气流,使声音和气息从鼻腔通过,发出前鼻尾复合音 an。例如"赞叹 zàntàn"的韵母 an。

【词语练读】

| 斑斓 | 参战 | 反感 | 烂漫 | 谈判 | 坦然 | 翻案 | 橄榄 |
| 难堪 | 湛蓝 | 赞叹 | 胆寒 | 懒汉 | 盘缠 | 贪婪 | 展览 |

en(恩)

口微张,舌尖抵在下齿背后,舌位由央 e 开始。发音时,舌面前部抬起与硬腭前端贴住,阻塞气流使之从鼻腔通过,发出前鼻尾复合音 en。例如"认真 rènzhēn"的韵母 en。

【词语练读】

根本　门诊　人参　深沉　振奋　恩人　身份　审慎
粉尘　愤恨　妊娠　本分　分针　人们　振奋　深圳

in(因)

口微张,双唇略展,舌尖抵在下齿背后,舌面前部从高元音 i 处,略抬起贴在硬腭前端,阻塞气流使之从鼻腔通过,发出前鼻尾复合音 in。例如"拼音 pīnyīn"的韵母 in。

【词语练读】

濒临　尽心　亲近　贫民　辛勤　信心　音频　金银
音信　引进　近邻　殷勤　民心　仅仅　频频　姻亲

ün(晕)

先撮双唇,舌尖抵在下齿背后,发音从前高元音 ü 开始,舌面前部略抬起贴在硬腭前端,阻塞气流使其从鼻腔流出,双唇略开,发出前鼻尾复合音 ün。例如"均匀 jūnyún"的韵母 ün。

【词语练读】

军训　芸芸　熏晕　薰薰　军运　军勋　云云　训训

ian(烟)

舌尖抵在下齿背后,舌面位由前高元音 i 处向半低元音 a 处(实际是前 a)落下,紧接着舌尖带动舌面前部抬起与上齿龈接触,阻塞气流,使声音和气息从鼻腔通过,发出前鼻尾复合音 ian。例如"前天 qiántiān"的韵母 ian。

【词语练读】

艰险　简便　连篇　浅显　田间　变迁　惦念　连绵
联翩　前沿　沿线　演练　天险　检点　眼睑　棉签

uan(弯)

双唇先撮圆,舌头后缩,舌位由后高元音 u 向前低元音 a 方向落下,接着舌尖再向前上方抬起,贴近上齿龈,使声音归至前鼻音 n 处。双唇同时有一个从合变开再变略展的动作,发出前鼻尾复合音

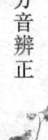

uan。例如"婉转 wǎnzhuǎn"的韵母 uan。

【词语练读】

贯穿　软缎　酸软　专款　传唤　换算　乱钻　玩玩
宦官　端碗　万贯　专断　转换　乱窜　弯弯　转弯

üan（冤）

先撮双唇，舌尖抵在下齿背后，舌面前部挺起在 ü 处，接着向前半低元音 a 位(ê)落下，随之再迅速抬起与上齿龈接触，阻塞气流使之从鼻腔通过。双唇由撮状放开呈略展形，发出前鼻尾复合韵母 üan。例如"源泉 yuánquán"的韵母 üan。

【词语练读】

渊源　全权　轩辕　泉源　涓涓　圆圈　圈圈　全员

uen（温）

双唇撮起，舌位由后高元音 u 开始，向央元音 e 方向移动，舌面前部迅速抬起与上齿龈接触，阻塞气流，使之从鼻腔通过，双唇由圆唇变略为展，发出前鼻尾复合音 uen。汉语拼音方案规定，韵母 uen 和辅音声母相拼时，受声母和声调的影响，中间的元音(韵腹 e)产生弱化。写作 un。例如"昆仑"写作 kūnlún，不作 kuēnluén。

【词语练读】

温存　温顺　论文　馄饨　谆谆　伦敦　春笋　滚轮
滚滚　混沌　温润　困顿　蠢蠢　稳准　昏昏　尊顺

2. 后鼻音韵母的发音

ang（肮）

口自然张开，舌位先处于低元音 a 位，发音时，舌根向后上方抬起与软腭接触，阻塞气流使之从鼻腔通过，发出后鼻尾复合音 ang。例如"苍茫 cāngmáng"的韵母 ang。

【词语练读】

帮忙　当场　刚刚　商场　党章　沧桑　放荡　银铛
行当　厂房　商行　烫伤　方糖　账房　蟑螂　上当

eng（"亨"的韵母）

口自然张开,发音时,舌面自然放在央元音 e 位。然后,舌根抬起,向后运动与软腭接触,阻塞气流使之从鼻腔通过,发出后鼻尾复合音 eng。例如"丰盛 fēngshèng"的韵母 eng。

【词语练读】

承蒙　更正　萌生　声称　冷风　逞能　吭声　鹏程
征程　省城　整风　猛增　风筝　升腾　丰登　丰盛

ing(英)

双唇微展,舌尖先抵在下齿背后,舌面前部挺起在前高元音 i 处。发音时,舌头后缩,舌根向后高方向抬起与软腭接触,使声音归至 ng 处,发出后鼻尾复合音 ing。例如"经营 jīngyíng"的韵母 ing。

【词语练读】

叮咛　命令　评定　清静　禀性　定型　零星　英灵
兵营　倾听　轻盈　清醒　精明　影星　清明　性情

ong("轰"的韵母)

圆唇,舌头后缩,舌位比后半高元音 o 略高,近于 u。发音时,舌根再向后抬起与软腭接触,使声音归至 ng 处,发出后鼻尾复合音 ong。例如"隆重 lóngzhòng"的韵母 ong。

【词语练读】

共同　轰动　空洞　通融　从容　轰隆　恐龙　浓重
弄懂　洪钟　笼统　溶洞　瞳孔　纵容　隆冬　公众

iang(央)

嘴微张,唇略展。舌尖抵在下齿背后,舌面前部挺起在前高元音 i 处。发音时,舌向移动,经过后低元音 a 位,最后舌根与软腭接触,阻塞气流使之从鼻腔通过,发出后鼻尾复合音 iang。例如"长江 chángjiāng"的韵母 iang。

【词语练读】

响亮　踉跄　想象　强项　娘娘　湘江　亮相　洋相
将养　向阳　枪响　奖项　洋枪　痒痒　两箱　洋姜

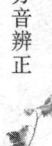

uang(汪)

双唇撮住,舌位从后高元音 u 向低元音 a 方向落下,紧接着舌根抬起与软腭接触,阻塞气流使之从鼻腔通过。双唇同时张开,发出后鼻尾复合音 uang。例如"状况 zhuàngkuàng"的韵母 uang。

【词语练读】

狂妄　双簧　装潢　幢幢　闯王　网状　矿床　框框
窗框　双双　黄庄　忘光　双亡　往往　装框　惶惶

ueng(翁)

双唇撮住,舌位由后高元音 u 向央元音 e 方向落下,紧接着舌根抬起与软腭接触,使声音归至 ng 处。双唇由撮状自然放开,发出后鼻尾复合音 ueng。在普通话里,韵母 ueng 只有一种零声母的音节形式 weng。例如"嗡嗡 wēngwēng"。

【词语练读】

水瓮　主人翁　老翁　瓮声　蓊郁　蕹菜　渔翁　酒瓮

iong(拥)

此韵母的韵头虽是展唇元音 i,但是由于它受韵腹圆唇元音 o 的影响,展唇幅度不大,几乎接近 ü,动作较小。舌尖抵在下齿背后,舌面前部挺起在前高元音 i 处。发音时,舌头后缩,舌面后部抬高,紧接着舌根继续抬起与软腭接触,使声音归至 ng 处,发出后鼻尾复合音 iong。传统汉语语音学把 iong 归属撮口呼,动程较小。例如"汹涌 xiōngyǒng"的韵母 iong。

【词语练读】

炯炯　穷凶　熊熊　用功　臃肿　怂恿　苍穹　应用
中庸　雄风　勇猛　匈奴　佣工　雍容　佣兵　汹汹

四、韵母辨正与训练

(一)分清前鼻音-n与后鼻音-ng

这是江苏人学说普通话在韵母方面遇到的最主要的难题。

首先要学会准确地发出-n与-ng这两个不同的音。方言区人在学习发音时应注意两点：一是二者的发音方法是相同，不同的主要是在发音部位上，即舌尖抵住上齿龈形成阻塞的是－n；而舌根抵住软腭而形成阻塞的是－ng。二是在具体发一个鼻韵母时，从元音状态过渡到辅音状态的发音过程要清楚，收尾的音必须到达阻塞部位。这里，我们可以运用后字引衬法来带动舌位归音：

　　－n—在前鼻音韵母字的后面，加一个由 d、t、n、l 作声母的音节，两字连读。（因发音部位基本相同[舌尖中音]，后字可引衬前字的前鼻辅音韵尾带动舌尖到达阻塞部位）

　　例如：看—哪　分—流　新—年　拼—读　村—头　温—暖

　　－ng—在后鼻音韵母字的后面，加一个由 g、k、h 作声母的音节，两字连读。（因发音部位相同[舌根音]，后字可引衬前字的后鼻辅音韵尾带动舌根到达阻塞部位）

　　例如：灵—感　攻—克　送—过　灯—火　伤—感　张—弓

　　其次，要学会利用方言中已有的发音来带动学习不会发或发不准的一些音。前、后鼻韵母不分的现象在方言中是比较普遍的现象，但在各方言中表现有所不同，有的是发前鼻音困难，有的是发后鼻音困难，还有的是前、后鼻音的字混淆。普通话的两个鼻辅音韵尾：－n、－ng，它们所构成的七对对比音（即 an—ang、en—eng、in—ing、ün—iong、ian—iang、uan—uang、uen—ueng）在方言中不分的现象各有侧重。比如，吴方言区 an 和 ang 发音上基本没有问题，而要重点注意区分 en 和 eng、in 和 ing 两组；它们和方言中已熟练运用的 an 和 ang 对应所不同的只是起头元音的舌位和唇形，而后面逐渐形成辅音色彩的阻塞部位是完全相同的；江淮方言除了上述两组外，还有 an 和 ang、ün 和 iong 等不分；北方方言主要要注意区分 in 和 ing。因此，江苏各方言中并不是所有的前、后鼻韵母都不分，要学会用方言中能够区分的某组对应音去发音体会容易混淆的一些对应音。

　　另外，在正确发音的基础上，还要知道普通话中哪些字是－n 韵尾，哪些字是－ng 韵尾。可以采用下列一些方法加强记忆和分辨：

1. 利用形声字的声旁类推方法帮助记忆

例如：申(－n)—神伸呻绅婶审砷胂渖妽坤

　　　登(－ng)—澄憕蹬噔镫嶝橙凳瞪蹬

当然，运用这种类推的方法，同样像声母中所运用的那样，有些汉字经过演化后已失去原有声旁的作用，要记住少数例外的字。

例如：宾(－n)—滨鬓缤殡镔摈傧膑槟（"槟"又念作 bīng)

　　　令(－ng)—领铃玲岭龄伶苓羚（"邻"念作 lín；"拎"念作 līn)

2. 利用普通话声韵拼合规律来区分记忆（只需记少数汉字）

声母 z、c、s、d、t、n、l 不能和韵母 uang 构成音节。如"钻、攒、蹿、窜、蒜、算、酸、纂、端、段、断、锻、缎、短、湍、团、暖、乱、孪、卵"等字的韵母一定是 uan。

d、t、n、l 不能和韵母 en 构成音节（"嫩 nèn"字除外）。如"灯、邓、等、腾、疼、能、棱、冷、楞"的韵母一定是 eng。

声母 d、t、n 不能和韵母 in 构成音节（"您 nín"字除外）。如"丁、顶、鼎、听、亭、挺、宁、拧"的韵母一定是 ing。

3. 利用方言和普通话语音的对应规律来分辨

有些方言（如吴语），凡声母是 b、p、m、f，韵母可以任意读 en 或 eng 的字，它们的普通话韵母绝大多数是 en 或 uen（极少数例外字如"烹"pēng、萌 méng、梦 mèng)。如"本、喷、门、分、闻"的韵母都是 en 或 uen。

附录一　en 和 eng 对照辨音字表

说明：表中的①②③④分别指阴平、阳平、上声、去声四种声调。

声母 例字 韵母	en	eng
∅	①恩　④摁	①鞥
b	①奔贲　③本苯　④笨	①崩绷　②甭　③绷 ④迸蹦泵

续 表

例字 声母 韵母	en	eng
p	① 喷　② 盆　④ 喷	① 烹　② 朋棚硼鹏彭澎膨　③ 捧　④ 碰
m	① 闷　② 门们扪　④ 闷焖	① 蒙　② 萌盟蒙濛檬朦曚艨　③ 猛锰蜢艋蠓　④ 梦孟
f	① 分芬纷吩氛酚　② 坟焚汾　③ 粉　④ 分份忿奋粪愤	① 风枫疯峰烽蜂锋丰封　② 逢缝冯　③ 讽　④ 奉俸凤缝
d	④ 扽	① 登灯　③ 等　④ 邓凳磴镫瞪
t		② 疼腾誊滕藤
n	④ 嫩	② 能
l		② 棱　③ 冷　④ 愣
g	① 根跟　② 哏　④ 艮	① 耕庚赓羹更　③ 耿埂哽绠梗鲠　④ 更
k	③ 肯啃垦恳　④ 裉	① 坑
h	② 痕　③ 很狠　④ 恨	① 亨哼　② 横衡恒　④ 横
zh	① 真贞侦桢桢针珍胗斟　③ 诊疹枕缜　④ 振赈震镇阵	① 争峥狰铮等睁正怔征症蒸　③ 整拯　④ 正政证症郑诤
ch	① 嗔抻　② 辰宸晨沉忱陈臣尘　③ 碜　④ 衬趁称相~	① 称撑　② 成城诚盛承呈程惩澄橙乘丞　③ 逞骋　④ 秤
sh	① 申伸呻绅砷身深娠　② 神　③ 沈审婶　④ 甚葚慎肾渗蜃	① 生牲笙甥升声　② 绳　③ 省　④ 胜圣盛剩
r	② 人仁壬　③ 忍荏　④ 任纫妊衽认刃纫韧轫	① 扔　② 仍

续 表

声母 例字 韵母	en	eng
z	③怎	①曾增憎缯 ④赠
c	①参 ②岑	②曾嶒层 ④蹭
s	①森	①僧

附录二 in 和 ing 对照辨音字表

声母 例字 韵母	in	ing
∅	①因洇茵姻氤殷音阴荫 ②垠银龈吟寅淫鄞 ③引蚓隐瘾饮尹 ④印荫	①英瑛媖锳应莺膺鹰婴缨樱嘤樱鹦罂 ②荧莹营萤蝇盈迎赢 ③影颖 ④映硬应
b	①宾傧滨缤槟镔彬 ④摈殡鬓	①兵冰 ③丙柄炳秉饼禀 ④病并
p	①拼 ②贫频嫔 ③品 ④聘	①乒 ②平评坪苹枰萍屏瓶凭
m	②民 ③敏皿闽悯泯	②名茗铭明鸣冥溟暝瞑螟 ③酩 ④命
d		①丁叮仃钉疔盯 ③顶鼎 ④定锭碇腚订
t		①听厅汀 ②亭停婷廷庭蜓霆 ③挺艇铤梃

续 表

声母韵母 例字	in	ing
n	② 您	② 宁咛狞柠凝 ③ 拧 ④ 宁泞佞
l	② 林淋琳霖邻粼潾遴嶙辚磷鳞麟 ③ 凛廪檩 ④ 吝赁蔺	② 灵伶泠苓瓴聆翎玲铃蛉零龄凌陵菱绫棱 ③ 岭领 ④ 另令
j	① 今衿矜斤巾金津襟筋 ③ 紧锦仅谨馑瑾槿 ④ 妗尽烬浕劲觐近晋缙禁噤浸	① 京惊鲸茎泾经菁睛精晶荆兢梗 ③ 景颈井警儆 ④ 敬竞竟境镜净靖静径劲胫痉
q	① 衾亲侵钦 ② 芩琴芹秦禽擒噙勤 ③ 寝 ④ 沁	① 氢轻青清蜻倾卿 ② 情晴擎 ③ 顷请 ④ 庆亲
x	① 忻昕炘欣新薪辛莘锌心馨 ④ 信衅	① 星猩腥兴 ② 形刑邢型行 ③ 省醒 ④ 幸姓性杏兴

附录三 ün 和 iong 对照辨音字表

声母韵母 例字	ün	iong
∅	① 晕 ② 云匀 ③ 允陨 ④ 运酝晕孕韵熨蕴	① 佣拥庸 ② 永泳咏勇涌蛹踊 ④ 用
j	① 均君军菌 ④ 菌俊骏浚峻竣	③ 窘迥
q	② 群裙	② 穷琼
x	① 熏勋 ② 旬询循巡寻 ④ 驯训讯迅汛殉逊	① 兄凶匈汹胸 ② 熊雄

【辨正训练】

1. 强化发音练习

（1）-n 韵尾的发音练习

舌面前部抵住上齿龈形成阻碍,阻挡气流从口腔通过,让气流从鼻腔通过发-n。

结合韵母发音练习

an—ian—uan—üan　　en—in—uen—ün

（2）-ng 韵尾的发音练习

舌身后缩,舌面后部抬起,贴近软腭,软腭下降,打开鼻腔通道,紧接着舌根与软腭接触,封闭鼻腔通道,让气流从鼻腔透出,形成鼻音-ng。

结合韵母发音练习

ang—iang—uang　eng—ing—ueng　ong—iong

2. 单音节对比练习

an—ang

安—肮　班—帮　盼—胖　蛮—忙

翻—放　甘—钢　然—瓤　参—仓

ian—iang

烟—央　莲—粮　黏—娘　捡—讲

鲜—香　牵—腔　线—像　剑—浆

uan—uang

观—光　欢—荒　砖—装　拴—双

湾—汪　穿—窗　缓—恍　管—广

en—eng

本—甭　盆—朋　闷—蒙　根—耕

陈—程　人—仍　森—僧　分—风

in—ing

亲—清　宾—兵　民—明　贫—萍

您—宁　金—精　新—星　荫—硬

ün—iong

群—穷　熏—凶　寻—雄　晕—拥

运—用 允—永 巡—熊 允—涌

3. 词语对比音练习

an—ang

安放 暗藏 繁忙 反常 山羊
玩赏 返航 担当 站岗 胆囊

ang—an

昂然 畅谈 钢板 浪漫 商贩
党团 防范 杠杆 抗旱 伤感

en—eng

奔腾 门生 深层 人称 文风
人生 门缝 真正 真诚 认生

eng—en

生根 征文 正门 缝纫 恒温
能人 憎恨 胜任 省份 成本

in—ing

进行 民警 品行 银杏 心境
聘请 尽兴 新兵 隐情 禁令

ing—in

病因 精品 倾心 听信 行进
清音 挺进 迎亲 倾心 并进

4. 双音节词语对比辨读练习

an—ang

开饭—开放 竿子—缸子 施展—师长 泛滥—放浪
粘贴—张贴 三竖—桑树 花篮—花廊 反问—访问

ian—iang

鲜花—香花 简历—奖励 坚硬—僵硬 老年—老娘
试验—式样 燕子—样子 廉价—粮价 仙姑—香菇

uan—uang

专车—装车 手腕—守望 船上—床上 机关—激光
晚年—往年 金环—金黄 不欢—不慌 缓解—黄姐

en--eng
诊治—整治　深思—生丝　陈旧—成就　瓜分—刮风
真理—争理　沉积—乘机　人参—人生　清真—清蒸

in--ing
新建—兴建　因循—英雄　信服—幸福　频繁—平凡
人民—人名　您好—拧好　来宾—来兵　亲身—轻生

ün--iong
运费—用费　晕倒—拥倒　因循—英雄　运力—用力
寻衅—雄性　薰鸡—胸肌　人群—人穷　勋章—胸章

5. 朗读练习

◇ 清明时节雨纷纷,路上行人欲断魂。借问酒家何处有,牧童遥指杏花村。

(杜牧《清明》)

◇ 咬定青山不放松,立根原在破岩中。千磨万击还坚劲,任尔东西南北风。

(郑燮《竹石》)

◇ 人生最宝贵的是生命,生命属于我们只有一次。一个人的生命应当是这样度过的,当他回首往事的时候,他不因虚度年华而悔恨,也不因碌碌无为而羞耻——这样,在他临死的时候他就能够说:"我整个的生命和精力,都已献给了世界上最壮丽的事业——为人类解放而斗争。"

(奥斯特洛夫斯基《钢铁是怎样炼成的》)

6. 绕口令练习

(1) 洞庭湖上一根藤,青青藤条挂金铃,风吹藤动金铃响,风停藤静铃不鸣。

(2) 姓陈,不能说姓程;姓程,也不能说姓陈。禾木是程,耳东是陈。如果陈、程不分,就会认错了人。

(3) 天津和北京,"津"、"京"两个音:"津"是前鼻音,"京"是后鼻音。如果分不清,请您认真听。

(二) 防止把 eng、ueng 韵母读成 ong

江苏三大方言中都有将部分汉字音节是 eng 韵母的字,以及普通话里的零声母 ueng 韵母音节的字换读成 ong 的。例如:"梦想"读成"mòngxiǎng"、"耕地"读成"gōngdì"、"主人翁"读成"zhǔrén'ōng",这都是错误的。实际上,这几个韵母的发音差异比较大,很容易分辨,要改变这种不准确的发音并非难事。第一,发音时要注意每个韵母起头元音的口形,有扁唇和圆唇之分;第二,记住声韵拼合规律:① 普通话声母中的唇音 b、p、m、f 不能和韵母 ong 构成音节,凡错读为 bong、pong、mong、fong 的音节,它们的韵母都应该是 eng;② 在普通话里,ong 是不能构成零声母音节的,而 ueng 只能构成零声母音节,且只有很少的几个常用字"翁、瓮、嗡、蓊、雍"。

附录四 uen 和 ueng、ong 对照辨音字表

说明:表中的①②③④分别指阴平、阳平、上声、去声四种声调。

1. (零声母) uen 和 ueng 对照辨音字表

声母 例字 韵母	uen(wen)	ueng(weng)
∅	① 温瘟 ② 文纹蚊闻 ③ 稳吻紊 ④ 问	① 翁嗡 ④ 瓮蕹

2. uen(un) 和 ong 对照辨音字表

声母 例字 韵母	uen(un)	ong
d	① 敦墩蹲吨 ③ 盹迍 ④ 炖钝顿囤盾遁	① 冬东 ③ 董懂 ④ 洞恫侗冻栋动
t	① 吞 ② 屯臀 ④ 褪	① 通 ② 同桐铜童潼瞳 ③ 筒桶捅 ④ 痛

续 表

韵母 例字 声母	uen(un)	ong
l	①抡 ②仑沦纶轮伦 ④论	②隆窿龙咙聋笼 ③拢垄陇 ④弄
g	③滚辊 ④棍	①工功攻公蚣弓躬供恭宫 ③拱巩汞 ④共贡供
k	①昆坤 ③捆 ④困	①空 ③孔恐 ④空控
h	①昏婚荤 ②魂浑 ④混	①烘哄轰 ②红虹宏洪鸿弘 ③哄 ④讧哄
zh	①谆 ③准	①中忠盅钟衷终 ③肿种 ④中仲种重众
ch	①春椿 ②唇纯淳醇 ④蠢	①冲忡充春 ②虫重崇 ③宠 ④冲铳
sh	③吮 ④顺舜瞬	
r	④闰润	②容溶蓉榕熔绒荣融茸
z	①尊遵 ③撙	①宗综棕踪鬃 ③总 ④纵粽
c	①村皴 ②存 ③忖 ④寸	①囱匆葱聪 ②从丛淙
s	①孙 ③损笋榫	①松嵩 ③怂耸竦 ④宋送颂讼诵

【辨正训练】

1. 音节和词语练习

beng 蹦跳 bèngtiào　绷带 bēngdài　崩溃 bēngkuì
　　 甭说 béngshuō　迸裂 bèngliè　水泵 shuǐbèng
　　 蚌埠 bèngbù　绷直 bēngzhí
peng 烹饪 pēngrèn　抨击 pēngjī　蓬勃 péngbó
　　 朋友 péngyou　膨胀 péngzhàng　澎湃 péngpài
　　 鹏程 péngchéng　碰撞 pèngzhuàng

meng	萌芽 méngyá	蒙骗 mēngpiàn	猛烈 měngliè
	蒙古 Měnggǔ	梦幻 mènghuàn	牛虻 niúméng
	盟约 méngyuē	懵懂 měngdǒng	
feng	锋芒 fēngmáng	讽刺 fěngcì	逢迎 féngyíng
	风筝 fēngzheng	凤凰 fènghuáng	缝纫 féngrèn
	丰盛 fēngshèng	奉承 fèngcheng	
weng	渔翁 yúwēng	蓊郁 wěngyù	嗡嗡 wēngwēng
	蕹菜 wèngcài		

2. 词语对比音练习

eng—ong

郑重　正宗　赠送　腾空　蓬松　成功
等同　耕种　冷冻　称颂　能动

ong—eng

重逢　同等　统称　痛风　同盟　红灯
空等　龙灯　通称　工整　东风

3. 朗读练习

◇ 枯藤老树昏鸦，小桥流水人家，古道西风瘦马。夕阳西下，断肠人在天涯。

(马致远《天净沙·秋思》)

◇ 死后元知万事空，但悲不见九州同。王师北定中原日，家祭无忘告乃翁。

(陆游《示儿》)

◇ 他扎的风筝不只体型好看，色彩艳丽，放飞得高远，还在风筝上绷一叶用蒲苇削成的膜片，经风一吹，发出"嗡嗡"的声响，仿佛是风筝的歌唱，在蓝天下播扬，给开阔的天地增添了无尽的韵味，给驰荡的童心带来几分疯狂。

4. 绕口令练习

(1) 一条裤子七道缝，横缝上面缝竖缝，缝了横缝缝竖缝，缝了竖缝缝横缝。

(2) 老翁卖酒老翁买，老翁买酒老翁卖。

(三)分清单元音韵母和复元音韵母

江苏的各方言中均有将单元音韵母和复元音韵母音节混读的现象,其表现为:

1. 单元音韵母误读成复元音韵母
字例:鹅、饿、隔、客、特、色、则、乐、河、棵、烛、母、幕、亩、读、塑

2. 复元音韵母误读成单元音韵母(或发音动程不足)
字例:活、别、灭、姐、节、偶、洲、欧、走、浊、桌、捉、昨、我、国

要进行纠正,须注意两点:一是要分清普通话与方言在单元音韵母和复元音韵母所包含的汉字音节范围上有哪些异同,知道哪些音节须要改读;二是要注意掌握单元音韵母与复元音韵母的发音特征,即单元音发音口形、舌位始终保持不变。复元音韵母发音要有一个由前个元音的口形、舌位向后个元音口形、舌位自然滑动的发音动程,做到发音准确,音值饱满。

【辨正训练】

1. 音节和词语练习

e	白鹅 bái'é	软腭 ruǎn'è	作恶 zuò'è	额外 éwài
	蛾子 ézi			
ge	割舍 gēshě	格式 géshì	阁楼 gélóu	个体 gètǐ
	各自 gèzì			
ke	科学 kēxué	颗粒 kēlì	可能 kěnéng	刻薄 kèbó
	客座 kèzuò			
he	和蔼 hé'ǎi	核心 héxīn	河流 héliú	褐色 hèsè
	何尝 hécháng			
zhe	这些 zhèxiē	浙江 zhèjiāng	或者 huòzhě	
	折叠 zhédié	褶皱 zhězhòu		
che	车辙 chēzhé	扯皮 chěpí	撤销 chèxiāo	
	掣肘 chèzhǒu	彻悟 chèwù		
she	舍身 shěshēn	社会 shèhuì	赊欠 shēqiàn	
	设想 shèxiǎng	摄像 shèxiàng		
ze	责任 zérèn	选择 xuǎnzé	仄声 zèshēng	
	原则 yuánzé	啧啧 zézé		

ce 策略 cèlüè 侧面 cèmiàn 厕所 cèsuǒ
    手册 shǒucè 测试 cèshì
se 色彩 sècǎi 苦涩 kǔsè 塞音 sèyīn
    吝啬 lìnsè 瑟缩 sèsuō

2. 词语对比音辨读练习

个头—过头　合计—活计　乐土—落土　合力—活力
隔音—国音　格物—国务　乐意—络绎　客气—阔气

3. 朗读练习

◇ 鹅、鹅、鹅，曲项向天歌。白毛浮绿水，红掌拨清波。

(骆宾王《咏鹅》)

◇ 四十年来家国，三千里地山河。凤阁龙楼连霄汉，玉树琼枝作烟萝。几曾识干戈？

一旦归为臣虏，沈腰潘鬓消磨。最是仓皇辞庙日，教坊犹奏别离歌。垂泪对宫娥。

(李煜《破阵子》)

◇ 我们家的后园有半亩空地，母亲说："让它荒着怪可惜的。你们那么爱吃花生，就开辟出来种花生吧。"我们姐弟几个都很高兴，买种，翻地，播种，浇水，没过几个月，居然收获了。

4. 绕口令练习

(1) 颗颗豆子进石磨，磨成豆浆送哥哥。哥哥说我的生产虽然小，可是小小的生产贡献多。

(2) 大和尚姓张小和尚姓蒋，大和尚小和尚常常商量。大和尚讲小和尚强，小和尚讲大和尚长。小和尚煎姜汤让大和尚尝，大和尚奖赏小和尚檀香箱。

(四) 分清韵母 i 和 ü

普通话中 ü 和 ü 开头的韵母有 5 个：ü、üe、üan、ün、iong(iong 相当于 üng)，它们与 i 和 i 开头的韵母的区分是很清楚的。江淮方言和吴方言的有些地方不习惯撮口呼的发音，常把普通话中 ü 或 ü 开头的韵母字念成 i 或 i 开头的韵母字，应该注意区分。它们的发音要领是：i 口腔开度很小，舌头前部上升，接近硬腭，嘴唇展开成扁形;ü口腔开度很小,舌头前部上升,接近硬腭,嘴唇拢圆成一小孔。分辨 i 和 ü 的关键是,这两个音的舌位前后高低相同,只是唇形圆展不同。一般人都会发 i,可以先发 i,声音拖长,舌位保持不变,把嘴唇由平展拢成扁圆状,就可以发出 ü 来。

【辨正训练】

1. 韵母和词语练习

i —	汽笛 qìdí	集体 jítǐ	积极 jījí	笔记 bǐjì	地理 dìlǐ
	基地 jīdì	起义 qǐyì	利益 lìyì	厘米 límǐ	体系 tǐxì
ü —	女婿 nǚxu	旅居 lǚjū	区域 qūyù	语句 yǔjù	聚居 jùjū
	序曲 xùqǔ	须臾 xūyú	语序 yǔxù	絮语 xùyǔ	曲剧 qǔjù
i-ü	必须 bìxū	比喻 bǐyù	批语 pīyǔ	抵御 dǐyù	谜语 míyǔ
	地区 dìqū	体育 tǐyù	鲤鱼 lǐyú	继续 jìxù	崎岖 qíqū
ü-i	距离 jùlí	狙击 jūjī	躯体 qūtǐ	取缔 qǔdì	举例 jǔlì
	虚拟 xūnǐ	蓄意 xùyì	履历 lǚlì	与其 yǔqí	予以 yǔyǐ

2. 词语对比音辨读练习

移民—渔民　意见—遇见　里程—旅程　气味—趣味
潜力—权利　颜色—原色　大姨—大鱼　印书—运输
白银—白云　分期—分区　经济—京剧　忌讳—聚会
荷叶—和悦　大雁—大院　皮件—疲倦　比翼—比喻
联系—连续　办理—伴侣　游艺—犹豫　得意—德育

3. 朗读练习

◇ 村里新开一条渠,弯弯曲曲上山去。河水雨水渠里聚,满山庄稼一片绿。

◇ 水光潋滟晴方好,山色空濛雨亦奇。欲把西湖比西子,淡妆浓抹总相宜。　　　　　　　　　　(苏轼《饮湖上初晴后雨》)

◇ 迢迢牵牛星,皎皎河汉女。纤纤擢素手,札札弄机杼。终日不成章,泣涕零如雨。河汉清且浅,相去复几许?盈盈一水间,脉脉不得语。

(无名氏《迢迢牵牛星》)

4. 绕口令练习

(1) 清早起来雨稀稀,王七上街去买席,骑着毛驴跑得急,捎带卖蛋又贩梨,一跑跑到小桥西,毛驴一下失了蹄,打了蛋,撒了梨,跑了驴,急得王七眼泪滴,又哭鸡蛋又骂驴。

(2) 春雨密密,田野迷迷,山上飞下一条渠,渠中条条金鲤鱼,春雨密入渠,惊动鱼。雨鱼,鱼戏渠,渠、鱼、雨、鱼、雨、渠。

（五）读准卷舌元音韵母 er

卷舌韵母 er 是一个比较特殊的语音成分,带有卷舌色彩。在普通话中,er 只能自成音节,不与任何声母相拼。虽然 er 构成的字很少;但是,学会发 er,是发好普通话儿化韵的基础。因此,学会 er 韵母的发音很重要。江苏三大方言中均有一些地方在这个音上出现错误,北方方言和江淮西北片容易误发成复元音韵母 ei 或 ai;吴方言和江淮东南片又容易误发成 e 或 a 等等;上述这些发音都是不正确的,对学习普通话影响很大,亟待辨正。

多数方言没有卷舌韵母,造成这些方言区的人说话没有卷舌的习惯,在发音时,理念上知道要卷舌,一旦发音开始,舌尖又放平了,不能形成卷舌色彩。还有在初学卷舌韵母的发音时,往往矫枉过正,还未发音,舌尖就卷起来,并且卷得过于靠后,整个舌头肌肉都紧张起来,结果发出来的音显得非常生硬,沉闷,缺少亲切、柔和感。因而方言区的人要正确地掌握卷舌韵母的要领。即发音时,面部和舌头肌肉都要放松,舌位高低、前后要适中,在一种很轻松的状态下先做好发 e(舌位比 e 略高一点)元音的口形,与此同时舌尖稍往前伸,很自然地往后一卷,与硬腭形成缝隙,卷舌色彩就出来了。

【辨正训练】

1. 词语练习

儿歌	儿科	儿童	儿戏	而今	而且	而已	而立	尔后
二哥	二胡	二婶	二战	耳机	耳环	耳语	耳目	洱海
婴儿	幼儿	少儿	健儿	女儿	因而	然而	时而	反而
偶尔	莞尔	逶迤	银耳	鱼饵	初二	十二	第二	老二

2. 绕口令练习

儿子不是蛾子
ér zi bú shì é zi

儿子不是蛾子,而且不是"啊起",耳朵不是
ér zi bú shì é zǐ　ér qiě bú shì　ā qǐ　ěr duǒ bú shì

"袄多",老二不是"老爱"。说好儿而耳二,
ǎo duō　lǎo èr bú shì lǎo ài　shuō hǎo ér ér ěr èr

舌尖往上卷起来。再说二而耳二,舌
shé jiān wǎng shàng juǎn qǐ lái　zài shuō èr ér ěr èr　shé

头不要放开。连说儿而耳二,音要自然
tou bú yào fàng kāi　lián shuō ér ér ěr èr　yīn yào zì rán

出来。儿而耳二,二耳而儿。
chū lai　ér ér ěr èr　èr ěr ér ér

(六)分清 ai 和 an

ai 和 an 这两个韵母的区别主要是韵尾性质不同:i 是元音韵尾,n 是辅音韵尾。按理说这两个韵母不容易混淆,但有些地区(如江阴及周边地区)的人容易把 an 发成 ai,导致这种现象的主要原因是韵尾的归音不到位。an 的归音一定要在发音结束前把舌尖放到 n 的位置上。

【辨正训练】

1. 词语对比辨音练习

ai—an

百般 bǎibān　　裁判 cáipàn　　才敢 cáigǎn　　呆板 dāibǎn
慨叹 kǎitàn　　海滩 hǎitān　　排版 páibǎn　　泰山 tàishān

an—ai

斑白 bānbái　　刊载 kānzǎi　　参赛 cānsài　　残骸 cánhái
饭菜 fàncài　　坦白 tǎnbái　　战败 zhànbài　　贩卖 fànmài

2. 绕口令练习

学习就怕满、懒、难,心里有了满、懒、难,不看不钻就不前;心里去掉满、懒、难,不自满,学又干,蚂蚁也能搬泰山。

(七)注意 ian 的发音

在吴方言和江淮方言中,跟普通话 ian 韵母对应的韵母,嘴张得

都比较小,并且没有-n韵尾,只有鼻化音,或者完全没有鼻音成分,读得像 ie。很多人说普通话时,都保留这一特征,例如把"钱"说成"qié","线"说成"xiè"。所以,在遇到 ian 时,要特别注意把嘴巴张大、舌位放低一些,并发出清楚的-n 韵尾。

【辨正训练】

1. 韵母和词语练习

ian——

bian	边缘	扁担	变化	pian	篇章	胼胝	骗术
mian	棉花	缅甸	面容	dian	掂量	典型	店面
tian	添加	田园	腼腆	nian	年前	碾子	牵念
lian	廉洁	收敛	练习	jian	歼灭	简短	健康
qian	迁就	潜伏	纤绳	xian	鲜艳	嫌弃	显示

ie——

bie	捉鳖	别人	别扭	pie	撇开	一瞥	苤蓝
mie	咩咩	灭火	蔑视	die	爹爹	蝴蝶	碟片
tie	贴心	铁链	字帖	nie	捏造	聂耳	作孽
lie	裂开	咧嘴	猎人	jie	借口	结束	接送
qie	窃听	切实	而且	xie	歇脚	携手	谢谢

2. 朗读练习

◇ 碧玉妆成一树高,万条垂下绿丝绦。不知细叶谁裁出,二月春风似剪刀。
(贺知章《咏柳》)

◇ 我们那条胡同的左邻右舍的孩子们放的风筝几乎都是叔叔编扎的。他的风筝不卖钱,谁上门去要,就给谁,他乐意自己贴钱买材料。

3. 绕口令练习

山前有个严圆眼,山后有个严眼圆,二人山前来比眼,不知是严圆眼的眼圆,还是严眼圆比严圆眼的眼圆。

(八)防止韵母的增加与丢失

(1)普通话里,当声母 d、t、z、c、s 和韵母 uei 相拼时,北方方言多数、江淮西北区部分方言读成 ei,把韵头 u 丢掉,将合口呼韵母改读成了开口呼韵母。如"堆、队、推、颓、腿、退、蜕、嘴、罪、最、醉、催、翠、脆、虽、随、髓、岁、碎"等。这些地区的人可以根据声韵拼合规律来记忆和分辨汉字音节,即在普通话里除"得 děi、贼 zéi"等个别字以外,d、t、z、c、s 声母不能跟 ei 韵母相拼,但能跟 uei 韵母相拼,有此问题的方言区的人应把这些字的 ei 韵母改为带 u 韵头的合口呼韵母 uei。

(2) 在普通话里,当声母 d、t、l、z、c、s 和韵母 uen 相拼时,上述方言同样是把韵头 u 丢掉,读成 en,将合口呼韵母改读成了开口呼韵母。如"吨、顿、蹲、墩、盾、钝、吞、臀、褪、饨、豚、论、轮、抡、伦、沦、仑、尊、遵、樽、村、寸、存、忖、孙、损、笋、榫"等。要进行分辨和记忆,仍然可以运用声韵拼合规律的方法,即在普通话里除"扽、怎、参、岑、涔、森"6 个字外,其余的一律改读为带 u 韵头的合口呼韵母 uen。

(3) 普通话里有些没有韵头 u 的字,在江苏各方言中都有把韵母 ei 或 en 拼 n、l、z、s、声母的字读成了 uei 或 uen 韵母,显然增加了韵头 u。如"内、馁、雷、擂、镭、蕾、傫、累、类、泪、肋、垒、贼、嫩、森"等字,有这类问题的方言只要把这些音节中的韵头 u 去掉,读成 ei 或 en 韵母就行了。

【辨正训练】

1. 韵母和词语练习

uei	部队 bùduì	推脱 tuītuō	退缩 tuìsuō	颓废 tuífèi
	嘴巴 zuǐba	罪人 zuìrén	陶醉 táozuì	催促 cuīcù
	翠绿 cuìlǜ	虽然 suīrán	骨髓 gǔsuǐ	岁数 suìshu
	破碎 pòsuì	兑换 duìhuàn	蜕变 tuìbiàn	最近 zuìjìn
	璀璨 cuǐcàn	隧道 suìdào	褪色 tuìshǎi	睢宁 suīníng
uen	昆仑 kūnlún	温存 wūncún	论文 lùnwén	馄饨 húntun
	谆谆 zhūnzhūn	河豚 hétún	蹲点 dūndiǎn	遵循 zūnxún
	亏损 kuīsǔn	农村 nóngcūn	矛盾 máodùn	伦理 lúnlǐ
	尺寸 chǐcùn	思忖 sīcǔn	竹笋 zhúsǔn	榫眼 sǔnyǎn
	腈纶 jīnglún	吞噬 tūnshì	混沌 hùndùn	吨位 dūnwèi

2. 朗读练习

◇ 空山新雨后，天气晚来秋。明月松间照，清泉石上流。竹喧归浣女，莲动下渔舟。随意春芳歇，王孙自可留。

（王维《山居秋暝》）

◇ 我在运动场打秋千跌断了腿，在前往医院途中一直抱着我的，是我妈。

◇ 球员们不论国籍，只效力于自己的俱乐部，他们比赛时的激情中完全没有爱国主义的因子。

3. 绕口令练习

（1）嘴说腿，腿说嘴。嘴说腿爱跑腿，腿说嘴爱卖嘴。光动嘴，不动腿，不如不长腿。光动腿，不动嘴，不如不长嘴。又动腿，又动嘴，腿不再说嘴，嘴不再说腿。

（2）一只青蛙一张嘴，两只眼睛四条腿，扑通一声跳下水。两只青蛙两张嘴，四只眼睛八条腿，扑通扑通两声跳下水。三只青蛙三张嘴，六只眼睛十二条腿，扑通扑通扑通三声跳下水。四只青蛙四张嘴，八只眼睛十六条腿，扑通扑通扑通扑通四声跳下水。五只青蛙五张嘴，十只眼睛二十条腿，扑通扑通扑通扑通扑通五声跳下水。

（九）分清 ai 和 ei、uai 和 uei

江苏各方言区都有把普通话韵母 ai 和 ei、uai 和 uei 混淆使用的现象。如把"白天（báitiān）"说成"béitiān"，"外快（wàikuài）"说成"wèikuì"，也有把"北京（běijīng）"说成"bǎijīng"，"没有（méiyǒu）"说成"máiyǒu"。这两组韵母的差别有两点：一是韵腹 a 的开口度比 e 的开口度大；二是 ai、uai 的舌位动程比 ei、uei 的舌位动程略长。

【辨正训练】

1. 韵母和词语练习

ai	摘抄 zhāichāo	拆分 chāifēn	住宅 zhùzhái
	掰开 bāikāi	血脉 xuèmài	洁白 jiébái
	松柏 sōngbǎi	宽窄 kuānzhǎi	开拍 kāipāi
	百万 bǎiwàn	麦子 màizi	色子 shǎizi

ei	北方 běifāng	给以 gěiyǐ	气馁 qìněi
	胚芽 pēiyá	没有 méiyǒu	妩媚 wǔmèi
	背包 bēibāo	内行 nèiháng	
uai	歪斜 wāixié	坏人 huàirén	怀揣 huáichuāi
	怪石 guàishí	甩开 shuǎikāi	统帅 tǒngshuài
	乖巧 guāiqiǎo	槐树 huáishù	
uei	威力 wēilì	常规 chángguī	惭愧 cánkuì
	恩惠 ēnhuì	吹风 chuīfēng	税收 shuìshōu
	水饺 shuǐjiǎo	桂花 guìhuā	

2. 词语对比辨读练习

ai—ei

百步—北部 卖力—魅力 派送—配送 改了—给了
奈何—内河 麦子—妹子 分派—分配 拜师—背诗

uai—uei

外来—未来 怪人—贵人 拐子—鬼子 摔落—坠落
外星—卫星 残块—断愧 歪斜—威胁 怀来—回来

3. 绕口令练习

（1）大柴和小柴，帮助奶奶晒白菜。大柴晒的是大白菜，小柴晒的是小白菜。大柴晒了四十四斤四两大白菜，小柴晒了三十三斤三两小白菜。晒了白菜吃白菜，吃的白菜是大柴小柴一块儿晒。

（2）槐树歪歪，坐个乖乖，乖乖甩手，摔了老酒。酒瓶摔破，奶奶不乖，怀抱乖乖，出外买买。

（3）大妹和小妹，一起去收麦。大妹割大麦，小妹割小麦。大妹帮小妹挑小麦，小妹帮大妹挑大麦。大妹小妹收完麦，噼噼啪啪齐打麦。

五、韵母发音综合训练

训练目标

熟悉普通话韵母的作用与分类；了解和掌握韵母的四呼；熟练掌握单韵母、复韵母、鼻韵母各自的发音特点与发音方法，比较和辨析方言韵母与普通话韵母在发音方面有哪些不同。

训练材料

练习(一) 朗读四字词语,注意韵母的发音。

发人深省	波澜壮阔	歌功颂德	气贯长虹	独具匠心
居高临下	自强不息	世外桃源	耳目一新	海市蜃楼
眉开眼笑	斗转星移	雅俗共赏	锲而不舍	花团锦簇
叶落归根	学海无涯	鸟语花香	游刃有余	摧枯拉朽
班门弄斧	参差不齐	新陈代谢	运筹帷幄	潜移默化
冠冕堂皇	悬崖勒马	温故知新	畅所欲言	梦寐以求
兴高采烈	众志成城	相得益彰	望子成龙	琼浆玉液

练习(二) 韵母辨读训练。

1. 单韵母与复韵母

隔阂 géhé	客车 kèchē	色泽 sèzé	颗粒 kēlì
父母 fùmǔ	塑造 sùzào	生活 shēnghuó	核心 héxīn
欧洲 ōuzhōu	俄国 éguó	浑浊 húnzhuó	灭火 mièhuǒ
节日 jiérì	某些 mǒuxiē	昨天 zuótiān	铁锅 tiěguō
原则 yuánzé	自我 zìwǒ	别扭 bièniu	拼读 pīndú
字幕 zìmù	阴谋 yīnmóu	姐姐 jiějie	烛台 zhútái
朴素 pǔsù	饥饿 jī'è	唾液 tuòyè	楼阁 lóugé
过河 guòhé	房屋 fángwū		

2. 圆唇音与扁唇音

语义 yǔyì	狙击 jūjī	唏嘘 xīxū	崎岖 qíqū
曲艺 qǔyì	嶙峋 línxún	晋军 jìnjūn	音韵 yīnyùn
边缘 biānyuán	抑郁 yìyù	血液 xuèyè	破格 pògé
波折 bōzhé	刻薄 kèbó	恶魔 èmó	隔膜 gémó
博得 bódé	节约 jiéyuē	谢绝 xièjué	继续 jìxù

3. 介音与非介音

沉沦 chénlún	醉酒 zuìjiǔ	摧毁 cuīhuǐ	荟萃 huìcuì
傻瓜 shǎguā	逗留 dòuliú	闲谈 xiántán	蔓延 mànyán
展现 zhǎnxiàn	袖口 xiùkǒu	配对 pèiduì	堆砌 duīqì
脆弱 cuìruò	隧道 suìdào	村落 cūnluò	麦穗 màisuì
墩子 dūnzi	屯垦 túnkěn	深邃 shēnsuì	尊严 zūnyán

4. 前鼻韵母与后鼻韵母

漫长 màncháng	安葬 ānzàng	感伤 gǎnshāng
端庄 duānzhuāng	上山 shàngshān	畅谈 chàngtán
观光 guānguāng	宽广 kuānguǎng	奔腾 bēnténg
门生 ménshēng	狂欢 kuánghuān	诚恳 chéngkěn
缝纫 féngrèn	拼命 pīnmìng	行进 xíngjìn
病因 bìngyīn	纷呈 fēnchéng	皇冠 huángguān
横亘 hénggèn	禁令 jìnlìng	

练习(三)读绕口令,练习韵母的发音。

鹅 和 河　　　　　　　　(e、uo)

哥哥弟弟坡前坐,坡上卧着一只鹅,坡下流着一条河,哥哥说:宽宽的河。弟弟说:肥肥的鹅。鹅要过河,河要渡鹅。不知是鹅过河,还是河渡鹅。

坡上立着一只鹅,坡下就是一条河。宽宽的河,肥肥的鹅,鹅要过河,河要渡鹅。不知是鹅过河,还是河渡鹅。

借 绿 豆　　　　　　　　(ou、iou)

出南门,走六步,见着六叔和六舅。叫声六叔和六舅,借我六斗六升好绿豆。过了秋,打了斗豆,还我六叔和六舅六斗六升好绿豆。

男演员女演员　　　　　　(ian、üan)

男演员女演员,同台演戏说方言,男演员说吴语言,女演员说闽南言。男演员演远东旅行飞行员,女演员演鲁迅文学研究员。研究员、飞行员、吴语言、闽南言,你说男女演员演得全不全。

扁担绑在板凳上　　　　　　(an、ian)

扁担长,板凳宽,扁担没有板凳宽,板凳没有扁担长。扁担绑在板凳上,板凳不让扁担绑在板凳上,扁担偏要绑在板凳上。

俩 判 官 　　　　　　　　(an、ang)

城隍庙内俩判官,左边的是潘判官,右边的是庞判官。不知是潘判官管庞判官,还是庞判官管潘判官。

盆 碰 棚 　　　　　　　　(en、eng)

老彭拿着一个盆,路过老陈住的棚,盆碰棚,棚碰盆,棚倒盆碎棚压盆,老陈要赔老彭的盆,老彭不要老陈来赔盆,老陈陪着老彭去补盆,老彭帮着老陈来修棚。

银鹰炸冰凌 　　　　　　　(in、ing)

春风送暖化冰层,黄河上游漂冰凌,水中冰凌碰冰凌,集成冰坝出险情。人民空军为人民,飞来银鹰炸冰凌,银鹰轰鸣黄河唱,爱民歌声震长空。

练习(四) 诗文朗读,注意韵母的发音。

过零丁洋
文天祥

辛苦遭逢起一经,干戈寥落四周星。山河破碎风飘絮,身世浮沉雨打萍。惶恐滩头说惶恐,零丁洋里叹零丁。人生自古谁无死,留取丹心照汗青。

满 江 红
岳 飞

怒发冲冠,凭阑处、潇潇雨歇。抬望眼、仰天长啸,壮怀激烈。三十功名尘与土,八千里路云和月。莫等闲、白了少年头,空悲切。

靖康耻,犹未雪;臣子恨,何时灭? 驾长车,踏破贺兰山缺。壮志饥餐胡虏肉,笑谈渴饮匈奴血。待从头、收拾旧山河,朝天阙!

我爱这土地
艾 青

假如我是一只鸟,
我也应该用嘶哑的喉咙歌唱:
这被暴风雨所打击着的土地,
这永远汹涌着我们的悲愤的河流,
这无止息地吹刮着的激怒的风,
和那来自林间的无比温柔的黎明……
——然后我死了,
连羽毛也腐烂在土地里面。
为什么我的眼里常含泪水?
因为我对这土地爱得深沉……

练习(五) 歌词朗读练习,用唱歌的吐字归音体会韵母的发音。

母 亲

你入学的新书包,有人给你拿;你雨中的花折伞,有人给你打。

你爱吃的那三鲜馅有人给你包;你委屈的泪花有人给你擦。

啊,这个人就是娘,啊,这个人就是妈,这个人给了我生命,给我一个家。

啊,不管你走多远,无论你在干啥,到什么时候也离不开咱的妈。

你身在他乡中,有人在牵挂;你回到那家里边,有人沏热茶。

你躺在那病床上,有人掉眼泪;你露出那笑容时,有人乐开花。

啊,这个人就是娘,啊,这个人就是妈,这个人给了我生命,给我一个家。

啊,不管你多富有,无论你官多大,到什么时候也不能忘咱的妈。

【思考与练习】

1. 给下列词语标注韵母,再把韵母按"四呼"归类。

学问　松柏　港币　墙角　介绍　沉默　拥军
联络　足够　雅观　称心　宿舍　飞行　光荣
渔翁　画圈　崇敬　森林　外流　颁发　鞭笞
关爱　迸发　牲畜　口角　参差　航道　愤懑
桎梏　恶劣　箴言　瑰丽　刚劲　展开　供给
蚌壳　干涸　地壳　撕裂　悲怆　略微　咀嚼

2. 根据所提供的发音条件,在括号内填写相应的单元音韵母。
(1) 舌面、前、高、圆唇元音(　　)
(2) 舌面、后、半高、不圆唇元音(　　)
(3) 舌面、后、高、圆唇元音(　　)
(4) 舌面、前、半低、不圆唇元音(　　)
(5) 舌面、后、半高、圆唇元音(　　)
(6) 舌尖、前、高、不圆唇元音(　　)
(7) 舌面、央、低、不圆唇元音(　　)

3. 下面这首韵母歌,是著名的语言学家周有光先生创作的。它包含了普通话的39个韵母,反复朗读,达到正确发音。

捕鱼儿

rén yuǎn jiāng kōng yè，làng huá yī zhōu qīng。
人　远　江　空　夜，浪　滑　一　舟　轻。
wǎng zhào bō xīn yuè，gān chuān shuǐ miàn yún。
网　罩　波　心　月，竿　穿　水　面　云。
ér yǒng ê yo diào，lǚ hé ǎi ā shēng。
儿　咏　欸　哟　调，橹　和　嗳　啊　声。
yú xiā liú wèng nèi，kuài huo sì shí chūn。
鱼　虾　留　瓮　内，快　活　四　时　春。

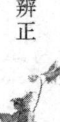

第五章

普通话声调与方音辨正训练

一、声调的性质和作用

声调是汉字音节中不可缺少的组成部分,是贯穿在整个音节发音的高低、升降、曲直、长短的变化形式,具有区别意义的作用。通常由于一个汉字就是一个音节,所以也可以把声调称之为字调。声调具有以下几个主要特征:

(1) 声调主要取决于音高的变化,声调的音高是相对的。声音高低(声调的变化)是发音时声带的松紧调节的结果。紧的,在一定时间里音波振动的次数多,发出的音就高;松的,在一定的时间里音波振动的次数少,发出的音就低。这种高低,在发音学上就叫音高。音高有绝对与相对之分。绝对音高(如女性发音比男性高,小孩儿发音比老人高)在语言里没有辨义作用,声调由相对音高决定。每个人的绝对音高可以不同,但相对音高可以通过控制声带的松紧程度来变化,达到表义的效果。

(2) 声调的高低、升降的变化如同音节中音素的过渡,是逐渐滑动的,而不是跳跃式的,因此它的过渡音是连续的、渐变的。

(3) 声调是汉语音节中不可缺少的组成部分。即一个音节除了包括有元音和辅音按时间顺序排列成系列的音质单位以外,还必然包括一定的音高、音强和音长。否则就不能成为汉语的有声语言。

(4) 声调最突出的特点是具有区别意义的作用。

例如:书(shū)　熟(shú)　属(shǔ)　树(shù)

不同的音高代表着不同的意义,音高上升变成"熟",音高下降变成"树",词义完全不同。(而在说英语 book[buk]这个音节的时候,音高可以逐渐下降,也可以逐渐上升,下降是陈述语气,上升就变成了疑问语气。但无论怎样变,book 所代表的"书"的意义丝毫没有改变。)

再如：买(mǎi) 卖(mài) 理解(lǐjiě) 历届(lìjiè)
事实(shìshí) 实施(shíshī) 史诗(shǐshī) 逝世(shìshì)

不同的词义都是依据声调来加以区别的。当然，声调不只是音高的问题，它还包含有曲直长短的变化、轻重强弱的差别，但声调最本质的特征是音高这个要素。

(5) 声调的平仄抑扬使语言富于音乐性和节奏感。声调是汉语音节的语音特征之一，不仅大大提高了汉语区别同音词的能力，降低了现代汉语普通话的音素总量，使汉语成为世界上语音系统最简洁的语言之一，而且以其高低抑扬的错落变化造成了一种旋律感，使汉语成为世界上最动听的语言之一。这也正是其他语系的人们学习汉语的共同难点。

二、普通话的调值、调类和调号

声调有调值和调类之分。

(一) 调值

调值是指音节的高低、升降、曲直、长短的变化形式，即声调的实际读法。调值主要是由音高决定的。一般采用"五度标记法"来给以较为准确、细致的描绘，也是为了使人们便于理解和读准普通话的声调。先用一根竖线作为比较线，均分为四格，分别表示"高、半高、中、半低、低"五度，依次用"5、4、3、2、1"来代表。然后在比较线的左边用曲线或直线表示音节的相对音高变化形式和升降幅度。用五度标记法来标记普通话的四声如图所示：

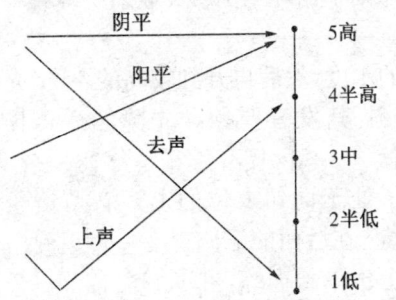

阴平是高平调　　调值为 55
阳平是中升调　　调值为 35
上声是降升调　　调值为 214
去声是全降调　　调值为 51

（二）调类

调类是指声调的种类或类别。它是按声调的实际读法（调值）归纳出来的，即把调值相同的音节归纳在一起所建立的类。这里的相同的调值，是指音节独立发音时所具有的基本的调值，而不是在语流中受其他音节影响的而有不稳定变化的调值。一般地说，有几种基本调值就可能归纳出几个调类。在现代汉语方言中，调类最少的有三个（如河北话），调类最多的有十个（如广西话）。现代汉语普通话共有四种基本调值，这是对其全部字音稳定的音高变化形式进行统计、归纳的结果（不包括语流中的轻声和变调）。按照音韵学传统的叫法，这四种调值分为阴平、阳平、上声、去声四种调类，简称第一声、第二声、第三声、第四声。"上声"的"上"，在这里要读第三声，这样阴、阳、上、去四个字又分别是它们各自调值和调类分代表字。

1. 阴平调（第一声）

声音高而平，由 5 度到 5 度，几乎没有升降变化，故又称高平调或 55 调，其发音要领："起音高高一路平"。如"春天花开"四个字的调值。

【词语练读】

机关　功勋　星期　飞机　分工　交通　刊登　资金　村庄
关心　东风　参观　车间　招商　吸烟　精装　中央　发生

2. 阳平调（第二声）

声音由中升高，由 3 度升 5 度，故又称中升调或 35 调，其发音要领："由中到高往上升"。如"民族团结"四个字的调值。

【词语练读】

和平　时常　轮流　重叠　怀疑　黎明　黄河　停留　农民
陶瓷　同时　言行　团结　原则　循环　国旗　联盟　球鞋

3. 上声调（第三声）

声音由较低的 2 度降到最低的 1 度，然后再升到较高的 4 度，先降后升，所以又称降升调或 214 调，其发音要领："先降然后再扬起"。如"美好理想"四个字的调值。

（说明：在普通话语流中，除了处于词句末位的上声音节读全 214 调值外，一般都会出现变调现象，在后面的语流音变一章里专门介绍上声的变调情况。这里进行上声单独训练，可以一个音节一个音节地读,保证读准214调值的降升调型。)

【词语练读】

减少 反省 辗转 勇敢 美好 洗澡 管理 保险 总理
主讲 广场 指导 举手 古典 展览 首长 本领 演讲

4. 去声调(第四声)

声音由高直线降到低,下降速度快,动程短,所以又叫全降调或51调,其发音要领:"从高落到最低处"。如"创造世界"四字的调值。

【词语练读】

汉字 电话 竞赛 浪费 办事 注意 贺信 致谢 预报
赛事 大陆 示范 照相 议案 概括 论调 互助 进步

普通话四个声调的发音,除注意调值高低抑扬的变化外,还要和气息控制结合起来。有学者把四声的读法归纳为一首口诀:

阴平起音高平莫低昂,气势平均不紧张。
阳平从中起音向上扬,用气弱起逐渐强。
上声先降转上挑,降时气稳扬时强。
去声高起直送向下降,强起到弱要通畅。

特点:

阴平——高平　阳平——中升
上声——低曲　去声——全降

(三) 调号

标记声调的符号就是调号。普通话四种基本声调的调型可以归结为一平、二升、三曲、四降。调号就反映了这四种调型。汉语拼音方案所规定的调号是:¯(阴平)、ˊ(阳平)、ˇ(上声)、ˋ(去声)。即对五度标记法中调型线加以简化、省略而成的。

普通话四声简表

调类	调值	调型	调号	例字
阴平(第一声)	55	高平调	¯	千 qiān
阳平(第二声)	35	中升调	ˊ	锤 chuí

续 表

调类	调值	调型	调号	例字
上声(第三声)	214	降升调	ˇ	百 bǎi
去声(第四声)	51	全降调	ˋ	炼 liàn

声调是汉语音节的非音素性成分,它不是附加在音节开头或结尾处,而是贯穿整个音节。不过,声调主要体现在声带振动、发音响亮的音素之上,因而它与韵母的关联更大,特别是与韵母中的主要元音联系紧密,所以,调号一般标在主要元音(韵腹)上。

需要注意的是,普通话中除了阴平、阳平、上声、去声四个调类外,还有一种轻声,如:桌子、椅子里的"子",舌头、木头里的"头",发音都轻而短,其调值不同于上述四声的任何一个。对贯穿单个音节的声调而言,轻声不是一个独立的调类,它出现在语流之中,反映了音节与音节在组合过程中的语音变化,是一种音变现象。

普通话四声的音长也不相等。单音节发音时,上声音长最长,阳平次长,阴平稍短,去声最短。

三、声调辨正与训练

汉语的声调具有区别意义的作用,声调不准是造成歧义或语音错误的重要原因之一。声调有一个发展过程,是随着汉语的不断发展变化而演变发展的。从古代汉语到现代汉语,四声已有很大变化。古汉语的四声为平、上、去、入。按传统说法是:平声是平调,上声是升调,去声是降调,入声是短调(入声的调值很短,与其他调值相比,只有高低之分,没有升降的变化。通常用一个数字表示。所以,它的读音很短,一发即收,音节入喉,就被封闭,而且力度较强)。学习声调,最好是明确所属方言与普通话声调的对应关系。

(一) 方言声调与普通话声调的主要差异:
方言声调与普通话声调的差异主要表现在三个方面:
1. 声调的种类(类别)的多少不同

现代汉语方言的分区有一个十分重要的标准,即依据方言调类的情况划分。我们可以大体上将汉语方言分为北方方言和南方方言两大类型。从调类和数目来看,差别十分明显,主要原因是古入声字的分源。北方方言的声调种类较少,一般是 4 个,少则有 3 个,多则有 5 个,大多数方言点没有入声;而南方方言声调类别较多,一般在 6 到 8 个,最少有 5 个,最多达到 10 个,而且普遍有入声。这是多年历史发展演变的结果。这里选取江苏部分方言点的声调情况,仅供辨正训练参考:

		普通话	阴平	阳平	上声	去声	入声	声调数
北方话区:	徐州		313	55	35	51		4
	宿迁		213	55	24	51		4
江淮话区:	南京		31	13	22	44		5
	泰兴		21	45	213	42	4 5	6
吴方言区:	常州		55	213	45	423 24	5 2	7
	苏州		44	13	52	412 31	5 2	7

古代汉语中的入声字发展到现在,已分化到各种声调中去了。普通话中没有入声。古入声字在普通话中已经分派到阴平、阳平、上声、去声四个调类中。因此,方言区的人们在学习普通话过程中,注意"入派四声",按普通话声调去读,对照自己的方言,辨别发音,并要分辨和记住入声字在普通话中哪些字读阴平,哪些字读阳平、上声或去声。

入声字的分派没有规律,但据粗略统计,常用的古入声字 600 个,在普通话中读阴平的略多于 20%,读阳平的将近 30%,读上声的不到 10%,读去声的最多,约占 40%。(参见附录 常用的古入声字今天在普通话中的声调)

2. 声调的实际读法(调值)不同

学习普通话要按照普通话的四声调值把汉字音节读准。尽管上述说方言调类有所分合,但绝大多数字的归类在各方言之间有相应的对应关系,只是不同方言中同一调类的调值有所不同罢了。

例如:"衣"、"山"、"收"、"音"都是阴平类字,在北京的语音中,它们的调值都是高平调。但在别的方言,调类虽相同,调值却不一样。如苏州话读得调值不够高,南京话读成降调,徐州话读成降升调等,各种调值不一。所以在学习普通话声调时,不要被方言的调类所迷惑,要学会找出调类对应的关系和调值的差异,在调值上下工夫,形成标准的调型,把汉字音节的调值念准。

3. 方言与普通话之间各类声调所包含的汉字不尽相同

方言区的人在学会发准普通话四声调值的基础上,还必须有一个记忆的过程,即分清并记住汉字音节在普通话中调类的归属。因为,方言与普通话之间各类声调所包含的字不尽相同。下面我们仅就江苏三大方言区的人在普通话测试中经常出现的一些典型字例,提供给大家加以说明,并予参考:

阴平→误读为阳平　微　猫　危　牺　逼　侵　涛　鞠……
阳平→误读为阴平　职　足　吉　桌　即　竹　察　及……
上声→误读为阳平　给　与　笔　拟　鄙　享　属……
阳平→误读为上声　崇　惩　潜　然　而　仍　儒……
上声→误读为阴平　匹　矫　北　法　铁　甲　乙　索……
阴平→误读为上声　估　些　危　膏　脂　菌……
去声→误读为阴平　设　切　祝　适　召　质　疚　挫……
阴平→误读为去声　瑰　兢　氖……
去声→误读为阳平　术　炫　逆　毕　绍　置……
去声→误读为上声　亚　档　较　绕　混……

(二) 声调辨正的方法

第一,存同。方言中凡是和普通话调类相同的就保存下来。无论哪种方言,其调类中总会有与普通话的四种基本调类大致相同和完全相同的调类。

第二,改异。包括两个方面:一是和普通话不同的调类要分别归入到普通话相应的调类中去,声调的分合相当复杂,不同方言区的人要针对自己的声调特点,跟普通话进行比较;二是调类存同改异后,调值还不一定相同,这时就要把调值改为普通话的调值,这须要反复练习。

总体来说，声调的辨正就是要切实掌握普通话四声的准确读法，同时了解自己方言中的声调与普通话的对应关系，形成标准的调型，从而避免既不是普通话，又不是自己方言的"新方言"。

附录　常用的古入声字今天在普通话中的声调

阴平：八、捌、发（发现）、答（答应）、搭、踏（踏实）、塌、垃、哈、扎、杀、刹、煞（煞尾）、剥、拨、泼、摸、割、捆、胳、疙、鸽、咯、磕、瞌、颏、喝、逼、劈（劈木头）、滴、踢、剔、积、激、击、唧、疾、缉、七、柴、漆、膝、戚、吸、惜、昔、息、熄、析、晰、夕、一、壹、织、只（一只狗）、汁、吃、失、湿、虱、扑、叔、督、突、秃、凸、哭、窟、忽、惚、出、屋、鞠、拍、摘、拆、塞（塞住）、勒（勒紧）、黑、嘿、着、粥、夹、浃、瞎、压、鸭、押、瘪、鳖、憋、撒、跌、贴、捏、接、结（结巴）、揭、疖、切、歇、蝎、楔、噎、削、刮、刷、挖、托、脱、郭、豁、卓、捉、拙、戳、说、作（作坊）、撮、缩、撅（撅嘴）、缺、薛、约。

阳平：拔、罚、乏、伐、阀、答（回答）、瘩、达、蛤（蛤蟆）、炸（油炸）、铡、闸、轧、轧（轧钢）、扎（挣扎）、伯、柏、泊、簿、博、勃、驳、膜、佛、得、格、阁、革、隔、葛（葛藤）、咳、壳、合、盒、核、劾、折、蛰、折、舌、则、责、泽、额、敌、的（的确）、笛、及、级、极、集、急、吉、即、籍、脊、棘、辑、嫉、习、席、锡、袭、媳、值、直、植、殖、职、执、十、石、拾、食、蚀、实、什、识、仆、瀑、福、服、伏、幅、蝠、拂、独、毒、读、犊、核、竹、烛、逐、孰、赎、秫、足、卒、族、俗、局、菊、橘、白、宅、翟、没、薄、雹、勺、芍、凿、轴、熟、荚、峡、狭、匣、辖、别、蝶、谍、碟、迭、节、洁、杰、截、劫、竭、捷、协、挟、胁、嚼、滑、猾、夺、国、活、着（附着）、浊、酌、琢、啄、灼、昨、觉、决、诀、角（角色）、绝、掘、倔、撅、镢、嚼（咀嚼）、学。

上声：法、塔、獭、眨、抹、葛（姓葛）、渴、恶（恶心）、笔、匹、劈（劈高粱叶）、给、脊、乙、尺、卜、朴、骨、谷、嘱、属、蜀、辱、百、陌、迫（迫击炮）、窄、色（掉色）、北、得（我得去）、给、郝、甲、卡、瘪、撒（撒嘴）、铁、帖、血、脚、角、索、雪。

去声：发（理发）、踏、纳、捺、辣、癞、腊、蜡、栅、霎、煞（凶神恶煞）、迫、魄、墨、默、没（沉没）、末、抹、沫、莫、寞、漠、特、乐、勒、各、喝（喝彩）、褐、吓、赫、鹤、这、浙、设、涉、摄、热、策、布、侧、测、册、色、塞

(闭塞)、涩、瑟、啬、恶(罪恶)、扼、腭、谔、毕、哔、壁、僻、碧、必、密、秘、泌、的(目的地)、惕、匿、溺、逆、力、历、立、泣、粒、笠、栗、绩、寂、迹、鲫、讫、迄、隙、益、疫、役、冀、译、邑、逸、亿、忆、抑、屹、质、秩、掷、斥、赤、式、室、适、饰、释、日、不、木、目、牧、幕、睦、复、腹、缚、陆、绿(鸭绿江)、录、鹿、辘、酷、祝、筑、畜(牲畜)、触、术、述、束、入、褥、促、簇、速、宿、粟、勿、物、律、率(效率)、绿(绿色)、剧、续、畜(畜牧)、蓄、恤、育、玉、域、浴、欲、狱、郁、麦、脉、肋、烙、酪、肉、恰、洽、吓、轧(倾轧)、灭、蔑、帖(碑帖)、镊、镍、列、烈、劣、猎、切、怯、窃、泄、屑、页、业、谒、觉(睡觉)、壳(地壳)、药、钥、六、陆("六"的大写)、划、袜、诺、落、络、洛、骆、扩、阔、括、廓、或、获、惑、霍、豁、烁、硕、若、弱、作、柞、握、沃、率(率领)、蟀、略、掠、确、却、雀、鹊、血、穴、越、月、乐(音乐)、跃、阅、悦、粤。

四、声调发音综合训练

训练目标

熟悉并掌握普通话的调值和调类,能够熟练地读准普通话的四种声调。

训练材料

练习(一) 词语练习。

阴+阳

单元　工人　忽然　英雄　钻研　中国　天堂　通俗　宣传
批评　音节　心得　包含　匆忙　观摩　车床　开学　真诚
光芒　汪洋

阴+上

中午　思考　推理　参考　家属　开水　风景　音响　颠倒
钢笔　工厂　欣赏　亲手　多少　浇水　包裹　针灸　兵种
烧火　心想

阴+去

工作　音乐　经验　鸡蛋　光线　机械　心脏　冬至　操练
侵略　开会　商店　盼盼　书架　观众　京剧　车辆　吃饭
翻倍　颗粒

阳＋阴
崇高	农村	船舱	晴天	元音	长征	棉衣	行星	淮阴
圆规	前方	红花	国歌	房间	茶杯	骑兵	长江	同乡
镰刀	平方							

阳＋上
回想	糖果	毛笔	游泳	除草	南北	文选	凉水	全体
谜语	平整	团长	狭窄	杂草	油桶	牛奶	营养	长久
渔网	棉袄							

阳＋去
文化	实物	乘客	名胜	独唱	原料	牛肉	革命	楼道
合唱	排队	劳动	颜料	缝纫	游戏	实验	学术	文件
胡同	维护							

上＋阴
老师	指标	首先	水乡	卷烟	史诗	酒精	海军	小说
垦荒	脚跟	雨衣	港湾	许多	火车	首都	海滩	体操
展开	法规							

上＋阳
祖国	坦白	打球	冷藏	讲台	导游	考察	每年	古文
改革	鸟笼	铁锤	鲤鱼	党员	美容	总裁	审查	北平
典型	沼泽							

上＋去
巩固	反映	好像	伟大	讨论	准备	所谓	稳定	纽扣
铁路	土地	柳树	统治	典范	妥善	款待	挑战	狡辩
努力	稿件							

去＋阴
电灯	日光	列车	药方	步枪	杏花	菜汤	治安	气功
兽医	陆军	信箱	类推	辣椒	大家	月刊	细胞	卫星
特征	印刷							

去＋阳
| 地图 | 共同 | 事实 | 会谈 | 贵阳 | 麦苗 | 汽油 | 药丸 | 政权 |
| 菜园 | 命名 | 大楼 | 季节 | 课堂 | 皱纹 | 教材 | 战旗 | 论文 |

现实　面膜

去＋上

入伍　制止　耐久　面粉　剧本　问好　恰巧　将领　敬仰
现款　印染　唤醒　汉语　报纸　办法　大脑　电影　字典
玉米　特写

练习(二)朗读下列词语,注意其中加点的古入声字在方言和普通话中读音的异同。

八方　客人　相约　果汁　压缩　柏林　湖泊　瓶塞　束缚
国家　接触　匣子　舌头　改革　媳妇　学科　格式　北京
交给　记录　教育　哭声　春节　剥削　小麦　血液　原则
赤膊　恶心　音乐　促进　活动　乌黑　昨天　陌生　马匹
适合　铁塔　满足　睡觉　甲乙　立即　白雪　哲学　没有
竭诚　包扎　忽然　骨骼　追逐　核心　笔记　百姓　脊梁
稻谷

练习(三)同声四音节词语声调发音训练。

阴平:春天花开　江山多娇　珍惜光阴
　　　居安思危　声东击西　东风飘香
阳平:儿童文学　人民团结　文如其人
　　　回国华侨　豪情昂扬　竭泽而渔
上声:美好理想　岂有此理　稳妥处理
　　　老有所养　产品展览　选举厂长
去声:艺术概论　变幻莫测　日夜奋战
　　　胜利闭幕　万籁俱寂　动物世界

练习(四)朗读下列按四声顺序和四声逆序组成的词语。

阴阳上去:

英雄好汉　天然宝藏　心直口快　深谋远虑　光明磊落
花红柳绿　中流砥柱　优柔寡断　千锤百炼　高朋满座
风调雨顺　山明水秀　三皇五帝　诸如此类　中国伟大

去上阳阴:

妙手回春　刻骨铭心　逆水行舟　墨守成规　调虎离山
弄巧成拙　破釜沉舟　驷马难追　背井离乡　万古长青

四海为家　异口同声　耀武扬威　寿比南山　痛改前非
练习(五)两字同调顶真练习。
阴平：
高中——中心——心声——声音——音标——标枪——枪声
阳平：
学习——习题——题名——名人——人民——民航——航行
上声：
总理——理想——想法——法网——网点——点火——火种
去声：
庆祝——祝贺——贺电——电话——话剧——剧烈——烈焰
练习(六)发音体会声调的辨义作用。
检举——艰巨　展览——湛蓝　间接——简介
中华——种花　以为——意味　时节——世界
画像——滑翔　学业——血液
职员——支援　志愿——纸鸢
时间——实践　事件——世间
指示——致使　指使——志士
姿势——滋事　子时——自视
练习(七)朗读下列绕口令，体会声调的变化。

老史捞石　（阴平、阳平、上声、去声）

老师老是叫老史去捞石,老史老是没有去捞石,
老史老是骗老师,老师老是说老史不老实。

黄毛猫偷吃灌汤包　（阴平、阳平）

王家有只黄毛猫,偷吃汪家灌汤包,汪家打死王家的黄毛猫,
王家要汪家赔黄毛猫,汪家要王家赔灌汤包。

刘小柳和牛小妞　（阴平、阳平、上声）

路东住着刘小柳,路南住着牛小妞,
刘小柳拿着大皮球,牛小妞抱着大石榴,

刘小柳把大皮球送给牛小妞,牛小妞把大石榴送给刘小柳。
练习(八)诗文朗读,注意声调的发音。

望天门山
李白

天门中断楚江开,碧水东流至此回。
两岸青山相对出,孤帆一片日边来。

十一月四日风雨大作
陆游

僵卧孤村不自哀,尚思为国戍轮台。
夜阑卧听风吹雨,铁马冰河入梦来。

再别康桥
徐志摩

轻轻的我走了,正如我轻轻的来;
我轻轻的招手,作别西天的云彩。
那河畔的金柳,是夕阳中的新娘;
波光里的艳影,在我的心头荡漾。
软泥上的青荇,油油的在水底招摇;
在康河的柔波里,我甘心做一条水草。
那榆阴下的一潭,不是清泉,是天上虹;
揉碎在浮藻间,沉淀着彩虹似的梦。
寻梦?撑一只长篙,向青草更青处漫溯;
满载一船星辉,在星辉斑斓里放歌。
但我不能放歌,悄悄是别离的笙箫;
夏虫也为我沉默,沉默是今晚的康桥!
悄悄的我走了,正如我悄悄的来;
我挥一挥衣袖,不带走一片云彩。

练习(九) 歌词朗读练习,注意声调的发音。

你从雪山走来,春潮是你的风采;你向东海奔去,惊涛是你的气概,

你用甘甜的乳汁,哺育各族儿女;你用健美的臂膀,挽起高山大海,

我们赞美长江,你是无穷的源泉;我们依恋长江,你有母亲的情怀。

你从远古走来,巨浪荡涤着尘埃;你向未来奔去,涛声回荡在天外,

你用纯洁的清流,灌溉花的国土;你用磅礴的力量,推动新的时代,

我们赞美长江,你是无穷的源泉;我们依恋长江,你有母亲的情怀。

啊,长江!啊,长江!

【思考与练习】

1. 什么是声调?声调的性质和特点是什么?

2. 什么是调值和调类?普通话声调分哪几种类别?它们的调值是如何描述的?

3. 先标出下列成语的声调,然后练习朗读,注意读准它们的声调。

潜移默化　襟怀坦白　耀武扬威　罄竹难书　慷慨激昂
龙腾虎跃　抛砖引玉　披星戴月　作威作福　左右逢源
道貌岸然　广开言路　张冠李戴　异曲同工　集思广益
顾名思义　纲举目张　多愁善感

4. 正确朗读下面一段文字,仔细体会声调的辨义作用。

施氏食狮史

石室诗士施氏,嗜狮,誓食十狮。氏时时适市视狮。十时,适十狮适市。是时,适施氏适市。氏视十狮,恃矢势,使是十狮世。氏拾

是十狮尸,适石室。石室湿,氏使侍拭石室。石室拭,氏始试食是十狮尸。食时,始识是十狮尸,实十石狮尸。试释是事。

（著名语言学家赵元任先生根据汉语有声调并利用声调来辨别意义这一特点,选择"shi"、"yi"、"ji"这三个音节编写了三段文字游戏,很能说明声调的辨义作用。这是其中的一段。）

第六章
普通话语流音变

一、什么是语流音变

普通话的声母、韵母、声调以及音节的读音是一种单独的、静态的读音。而语言是思想情感的直接现实,它是人类用以相互交流、相互了解的重要工具。由于人们运用语言进行交际的时候,不是孤立地发出一个个音节,而是一个音接着一个音说,各个语音成分连续不断,形成了长短不等的一段语流,使得语流内的一连串语音成分紧密相连,这就不可避免地会发生音节与音节之间、音素与音素之间相互影响的现象,以及根据表情达意的需要,有些音节的读音就发生一定的变化,这种语音变化就叫语流音变。

语流音变现象,在中外语言中普遍存在,只是这些变化比较细微,而且变化后的词义大多没有发生变化,因此常被人们忽略,但也有些词义发生变化的,因而对此不能不加以注意。语流音变是一种动态的读音,只有了解、掌握了语流中的音变规律,学习普通话才算学到了细致之处,各方言区的人当你读书或说话时语气才会更加自然流畅,说起普通话才会更加纯正、地道。

二、音变现象及其音变规律

普通话的音变现象主要包括变调、轻声、儿化、语气词"啊"变读等。

(一)变调

变调是指语流音变的结果改变了原有的声调形式。在普通话中,受语流音变的影响改变声调最为明显的有上声变调,"一"、"不"的变调,还有重叠形容词的变调。

1. 上声变调

上声在普通话四个声调中音长最长,调型是降升调,调值为214,在语言实际中很少使用,除单念或出现在词语、句子的末尾时声调不变外,其他情况都要发生变化。上声变调有两种形式:一是变阳平,即由降升调变为中升调,调值由214变为35;二是变半上,即由降升调变为低降调,调值由214变为211。

上声变调规律:

(1) 上声在非上声前变半上(先低降,然后读成低平调),调值为211;当上声音节出现在由非上声变来的轻声音节前面时,也变读半上;一部分由上声变来的轻声音节前面的上声音节也有变半上的。

例如:

上+阴→半上+阴

　　首都 shǒudū　　纺织 fǎngzhī　　海军 hǎijūn

上+阳→半上+阳

　　旅行 lǚxíng　　保持 bǎochí　　仿佛 fǎngfú

上+去→半上+去

　　百姓 bǎixìng　　检验 jiǎnyàn　　感动 gǎndòng

上+轻→半上+轻

　　打扮 dǎban　　脑袋 nǎodai　　脊梁 jǐliang

　　马虎 mǎhu　　耳朵 ěrduo　　斧子 fǔzi

(2) 两个上声相连,前上变阳平;当上声出现在一部分由上声变来的轻声音节前,也读阳平,调值为35。

例如:

上+上→阳+上

　　懒散 lǎnsǎn　　手指 shǒuzhǐ　　母语 mǔyǔ　　鬼脸 guǐliǎn

　　海岛 hǎidǎo　　可口 kěkǒu　　野草 yěcǎo　　理解 lǐjiě

上+轻→阳+轻

　　等等 děngdeng　　讲讲 jiǎngjiang　　想起 xiǎngqi　　可以 kěyi

(3) 三个上声相连(要依据词语的搭配和习惯读法而定):

① 当词语的结构是 AB+C(也可称为"双+单"格式)时,前两个上声变阳平,调值为35。

例如：

双＋单→阳＋阳＋上

　　水彩笔 shuǐcǎibǐ　选举法 xuǎnjǔfǎ　展览馆 zhǎnlǎnguǎn

② 当词语的结构是 A＋BC（也可称为"单＋双"格式）时，开头音节读半上，调值为 211，中间的音节仍变成阳平。

例如：

单＋双→半上＋阳＋上

　　冷处理 lěngchǔlǐ　小两口 xiǎoliǎngkǒu

　　海产品 hǎichǎnpǐn

③ 多个上声相连时，要根据语义的停顿分组（两字组或三字组），然后按照上述规则确定变调。

例如：

　　想买果脯 xiǎngmǎi / guǒfǔ

　　永远美好 yǒngyuǎn / měihǎo

　　小组长请你往北走。xiǎozǔzhǎng / qǐngnǐ / wǎngběizǒu。

　　请你给我五把纸雨伞。qǐngnǐ/gěiwǒ/wǔbǎ/zhǐyǔsǎn。

（注意：除末尾的上声字外，其他上声字连读时，即使不变阳平，一般也不能保持原调，而是读成半上）

2. "一、不"的变调

在普通话中，"一、七、八、不"这四个古入声字在语流中都有变调现象，不过，现在人们说"七、八"两个字已趋向不变，所以学习普通话只要求掌握"一、不"的变调。

"一"的单字调是阴平，调值是 55；"不"的单字调是去声，调值是 51。"一、不"单念或用在词句末尾，以及"一"表示序数时，"不"在非去声（阴平、阳平、上声）前，声调不变，念本调，即"一"念阴平，"不"念去声。

例如：

　　一：一、二　第一　二十一　始终如一　一一口试

　　　　万一　统一　数一数二　一楼　一九九一

　　不：不　我不　偏不　决不　不说　不忙　不行

"一、不"的变调规律：

(1)"一"在非去声前念去声

例如：

（阴平前） 一杯　一根　一间　一棵　一张　一般
（阳平前） 一年　一条　一团　一节　一同　一群
（上声前） 一把　一碗　一本　一顶　一场　一百

(2)"一、不"在去声前念阳平

例如：

一架　一样　一岁　一片　一旦　一切　一遍　一座
不去　不累　不利　不灭　不退　不会　不但　不变

(3)"一、不"夹在词语中间念轻声

例如：

试一试　读一读　说一说　走一走　看一看　听一听
干不干　好不好　了不起　差不多　买不起　挡不住
说不准　用不着　吃不了　看不见　请不来　肯不肯

3. 重叠形容词的变调

重叠形容词有多种形式，其读法各不相同。这里重点介绍常见的几种形式，其变调规律如下：

（1）AA式

AA式形容词是指单音节形容词的重叠形式，可分为儿化和不儿化两种：

① 不儿化的，如"慢慢"、"薄薄"、"渐渐"、"长长"等。这类形容词在口语中一般按原调读，也可以变调，其方法是将第二个音节读成阴平。不强求一律。

② 儿化的，如"好好儿的"、"圆圆儿的"、"慢慢儿的"、"快快儿的"等。这类形容词在口语中要变调，其方法是把第二个音节与"儿"合成儿化韵并读阴平。

（2）ABB式

ABB式形容词在口语中使用的频率比较高，如"绿油油"、"沉甸甸"、"亮堂堂"、"红彤彤"等。BB通常为叠音后缀，在口语中将其变为阴平调。当然，形容词主要讲求生动，有些虽是ABB式词语，但习惯上是不变的，如"金灿灿"、"喜洋洋"、"赤裸裸"、"气昂昂"等。

(3) AABB 式或 A 里 AB 式

AABB 或 A 里 AB 式形容词在口语中可变调也可不变调,现在一般趋向不变,如果变的话,将第二个音节读轻声,后两个音节读阴平。

【变调训练】

1. 朗读下列词语,练习上声的变调。

(1) 上声＋阴平

百般　保温　打通　海关　语音　小说　北京　解剖　海滨
手心　主观　感激　总督　远方　水车　祖先　体操　惋惜

(2) 上声＋阳平

祖国　导游　改革　朗读　语言　美德　手足　总结　楷模
远程　感情　主席　礼仪　启蒙　体裁　雪白　阐明　审核

(3) 上声＋去声

广大　讨论　挑战　土地　感谢　语义　主办　宇宙　矫健
偶像　处境　曲艺　短暂　底蕴　想象　挑战　美丽　闪烁

(4) 上声＋轻声

本事　老实　眼睛　使唤　体面　妥当　暖和　骨头　我们
哪里　老鼠　晌午　打点　小姐　裹腿　手脚　打扮　指甲

(5) 上声＋上声

语法　小鸟　手指　总理　感慨　远景　野草　橄榄　选手
把柄　诋毁　粉笔　委婉　甲板　给予　宝塔　哺乳　腼腆

(6) 上声＋上声＋上声

蒙古语　洗脸水　手写体　管理组　勇敢者　演讲稿
橄榄果　小老虎　搞管理　女选手　海产品　好本领
老古董　厂党委

2. 朗读下面的词语,练习"一、不"的变调。

一篇　一层　一缕　一般　一度　一色　一体　一味　一准
不服　不法　不免　不禁　不屈　不看　不愧　不善　不朽
一败涂地　一板一眼　一帆风顺　一模一样　一诺千金
一筹莫展　一气呵成　一丝一毫　以防万一　一拍即合
一枕黄粱　一知半解　一蹴而就　一唱一和　一见钟情
一脉相承　一劳永逸　一丝不苟　不拘一格　不屑一顾

不可理喻　不见经传　不伦不类　说一不二　不卑不亢
不见不散　不平则鸣　不谋而合　不求甚解　不寒而栗
不约而同　不置可否　不义之财　不折不扣　不闻不问
一不做二不休

3. 朗读下面重叠形容词,注意它们变调后的读音。
饱饱儿的　慢慢儿的　狠狠儿的　远远儿的　早早儿的
满满儿的

黑洞洞　骨碌碌　白茫茫　火辣辣　绿茸茸　香喷喷
光溜溜　笑吟吟　血淋淋　乌油油　亮铛铛　黑黢黢
文绉绉　明晃晃

干干净净　老老实实　明明白白　破破烂烂　干干净净
坑坑洼洼　羞羞答答　孤孤零零　规规矩矩　泼泼辣辣
热热闹闹　结结实实　痛痛快快　亮亮堂堂　慌里慌张
糊里糊涂　马里马虎　噼噼啪啪

4. 朗读下面的短文,找出其中变调的音节,注意其在语流中的实际调值。

◇ 在浩瀚无垠的沙漠里,有一片美丽的绿洲,绿洲里藏着一颗闪光的珍珠。这颗珍珠就是敦煌莫高窟。它坐落在我国甘肃省敦煌市三危山和鸣沙山的怀抱中。

◇ 莫高窟是举世闻名的艺术宝库。这里的每一尊彩塑、每一幅壁画、每一件文物,都是中国古代人民智慧的结晶。

——节选自29号朗读作品《莫高窟》

◇ 一切都像刚睡醒的样子,欣欣然张开了眼。山朗润起来了,水涨起来了,太阳的脸红起来了。小草偷偷地从土里钻出来,嫩嫩的,绿绿的。园子里,田野里,瞧去,一大片一大片满是的。坐着,躺着,打两个滚,踢几脚球,赛几趟跑,捉几回迷藏。风轻悄悄的,草软绵绵的。

——节选自朱自清《春》

5. 朗读下列文字,注意字音的变调。

一个老僧一本经

一个老僧一本经,一句一行念得清,
不是老僧爱念经,不会念经当不了僧。

赶　集

一二三，三二一，一二三四五六七，七六五四三二一。
一个姑娘来摘李，一个小伙儿来摘梨，一个小孩儿来摘栗。
三个人一齐出大力，收完李子、栗子、梨，一起拉到市上去赶集。

(二) 轻声

普通话中的每一个音节都有它自己独立的声调，但在语流中，有的词或句子中的音节在一定条件下发生了音变，整个音节弱化，失去了原有的声调而读成了一种又轻又短的调子，这就是轻声。

1. 轻声的性质

(1) 轻声不是一个独立的调类，也没有固定的调值。

轻声是一种特殊的音变现象。由于它长期处于口语轻读音节的地位，失去了原有声调的调值，又重新构成自身特有的音高形式，听感上显得轻短模糊。普通话中的轻声音节都是从阴平、阳平、上声、去声音节变化来的。轻声音节没有固定的调值，总是依前一个音节的调值而定，如在阴平、阳平、去声后面读短促的低降调，在上声后面读短促的高平调。

(2) 轻声不能独立存在，一定体现在词语或句子中。

轻声作为一种变调的语音现象，必须出现在词语或句子中，而不能独立存在。出现在词语中，构成轻声词，如"机灵"、"事情"等；出现在句子中的有固定读轻声的单音节助词、语气词，如"的、了、呢"等。它们的实际轻声调值都要依靠前一个音节的声调来确定。

(3) 轻声主要决定于音高、音长。

从声学上分析，轻声音节的能量较弱，是音高、音长、音强、音色的综合效应。但这些语音要素在轻声音节的辨别中所起的作用大小是不同的。语音实验证明，轻声音节特性是由音高和音长这两个比较重要的音素构成的。从音高上看，轻声音节失去了原有的调值，变为轻声音节特有的音高形式，构成轻声调值；从音长上看，轻声音节一般短于正常重读音节的长度，甚至大大缩短，因此，音长短促是构成轻声音节特性的又一重要因素。

2. 轻声的作用

(1) 区分词性和词义

有一部分书写形式相同的双音节词语读轻声与不读轻声意义是不一样的。例如:"地道"读轻声表示"实实在在"等意思,是个形容词;而不读轻声则是"地下通道"的意思,是个名词。诸如此类的词还有很多,在此不一一列举。

(2) 协调语气,增强节奏感

人们进行有声语言进行表达时,在语流中应该有轻重缓急的变化,形成起伏跌宕的旋律和节奏感,这样才能增强语言的表现力。如:"小姑娘多漂亮啊!"这个句子中"娘"和"亮"都应读成轻声,假如我们重读的话,缺少轻重缓急的变化,势必就破坏了原本的喜爱、赞美之情。

3. 轻声的读法

(1) 轻声音节的调值

轻声音节的调值有两种形式:

① 当前一个音节的声调为阴平、阳平、去声时,轻声音节的调形为短促的低降调,调值为31,如读"跟头"、"合同"、"凑合"等。

② 当前一个音节是上声时,轻声音节的调形为短促的高平调,调值为44,例如:"我的"、"姐姐"等。

(2) 轻声音节的音色

在口语语流中,轻声音节发音时,音色也或多或少会发生一些变化。普通话中的轻声常使音节韵母弱化,最明显的是低元音的舌位趋向中央,比如读"西瓜"、"棉花"等;前响复元音韵母有单元音化的倾向,如读"刺猬"、"记号"等;甚至还会出现韵母脱落的现象,如"衣服"、"意思"等。另外,声母也会发生变化,不送气的清塞音、清塞擦音变为相应的浊音,例如在读"哥哥"、"弟弟"等。

4. 普通话变读轻声成分的基本规律

(1) 助词(结构助词、动态助词、语气助词),像"的、地、得、着、了、过、吗、呢、啊、吧、哪、啦"等。例如:

好的　　快得很　　悄悄地　　笑着　　来了　　看过
走吧　　去吗　　　怎么啦　　说呀　　好哇

（2）名词或方位词后缀，像"子、头、儿、巴"等。例如：
桌子　孩子　那儿　这儿　木头　甜头　尾巴　嘴巴
（3）代词或名词后表复数的"们"和后缀"么"。例如：
我们　你们　同学们　乡亲们　怎么　这么　多么　要么
（4）名词、代词后面表示方位的词或语素，像"里、上、下、边"等。例如：
家里　外头　后面　地下　手上　那边
（5）动词、形容词后面表示趋向的词，像"来、去、出来、下去、起来、回去"等。例如：
过来　下去　跑出来　干起来　取回来　走回去　冲出去
（6）某些动补式合成词中间的语素"不、得、一"和动补式合成词"V不得"中的后两个音节读轻声。例如：
了不起　走不开　来得及　靠得住　谈一谈　走一走
舍不得　巴不得　顾不得　了不得
（7）叠音名词、动词的后一个音节读轻声。例如：
妈妈　哥哥　娃娃　姥姥　猩猩　试试　听听　劝劝　看看
（8）部分双音节单纯词的后一个音节读轻声。例如：
葡萄　萝卜　石榴　狐狸　琵琶　枇杷
（9）某些常用双音节口语词的第二个音节（应以《现代汉语词典》或《普通话水平测试实施纲要》收录的为准）。例如：
巴结　出息　摸索　生意　休息　知道　太阳　疏忽
娇嫩　打扮　痛快　豆腐　折腾　合同　风筝　告诉

附录一　普通话水平测试用必读轻声词语表

1. 爱人　　2. 案子　　3. 巴掌　　4. 把子(bǎ)　5. 把子(bà)
6. 爸爸　　7. 白净　　8. 班子　　9. 板子　　10. 帮手
11. 梆子　　12. 膀子　　13. 棒槌　　14. 棒子　　15. 包袱
16. 包涵　　17. 包子　　18. 豹子　　19. 杯子　　20. 被子
21. 本事　　22. 本子　　23. 鼻子　　24. 比方　　25. 鞭子
26. 扁担　　27. 辫子　　28. 别扭　　29. 饼子　　30. 拨弄
31. 脖子　　32. 簸箕　　33. 补丁　　34. 不由得　35. 不在乎

36. 步子	37. 部分	38. 裁缝	39. 财主	40. 苍蝇
41. 差事	42. 柴火	43. 肠子	44. 厂子	45. 场子
46. 车子	47. 称呼	48. 池子	49. 尺子	50. 虫子
51. 绸子	52. 除了	53. 锄头	54. 畜生	55. 窗户
56. 窗子	57. 锤子	58. 刺猬	59. 凑合	60. 村子
61. 耷拉	62. 答应	63. 打扮	64. 打点	65. 打发
66. 打量	67. 打算	68. 打听	69. 大方	70. 大爷
71. 大夫	72. 带子	73. 袋子	74. 耽搁	75. 耽误
76. 单子	77. 胆子	78. 担子	79. 刀子	80. 道士
81. 稻子	82. 灯笼	83. 提防	84. 笛子	85. 底子
86. 地道	87. 地方	88. 弟弟	89. 弟兄	90. 点心
91. 调子	92. 钉子	93. 东家	94. 东西	95. 动静
96. 动弹	97. 豆腐	98. 豆子	99. 嘟囔	100. 肚子(dǔ)
101. 肚子(dù)	102. 缎子	103. 对付	104. 对头	105. 队伍
106. 多么	107. 蛾子	108. 儿子	109. 耳朵	110. 贩子
111. 房子	112. 份子	113. 风筝	114. 疯子	115. 福气
116. 斧子	117. 盖子	118. 甘蔗	119. 杆子(gān)	120. 杆子(gǎn)
121. 干事	122. 杠子	123. 高粱	124. 膏药	125. 稿子
126. 告诉	127. 疙瘩	128. 哥哥	129. 胳膊	130. 鸽子
131. 格子	132. 个子	133. 根子	134. 跟头	135. 工夫
136. 弓子	137. 公公	138. 功夫	139. 钩子	140. 姑姑
141. 姑娘	142. 谷子	143. 骨头	144. 故事	145. 寡妇
146. 褂子	147. 怪物	148. 关系	149. 官司	150. 罐头
151. 罐子	152. 规矩	153. 闺女	154. 鬼子	155. 柜子
156. 棍子	157. 锅子	158. 果子	159. 蛤蟆	160. 孩子
161. 含糊	162. 汉子	163. 行当	164. 合同	165. 和尚
166. 核桃	167. 盒子	168. 红火	169. 猴子	170. 后头
171. 厚道	172. 狐狸	173. 胡琴	174. 糊涂	175. 皇上
176. 幌子	177. 胡萝卜	178. 活泼	179. 火候	180. 伙计
181. 护士	182. 机灵	183. 脊梁	184. 记号	185. 记性
186. 夹子	187. 家伙	188. 架势	189. 架子	190. 嫁妆

191. 尖子	192. 茧子	193. 剪子	194. 见识	195. 毽子
196. 将就	197. 交情	198. 饺子	199. 叫唤	200. 轿子
201. 结实	202. 街坊	203. 姐夫	204. 姐姐	205. 戒指
206. 金子	207. 精神	208. 镜子	209. 舅舅	210. 橘子
211. 句子	212. 卷子	213. 咳嗽	214. 客气	215. 空气
216. 口袋	217. 口子	218. 扣子	219. 窟窿	220. 裤子
221. 快活	222. 筷子	223. 框子	224. 困难	225. 阔气
226. 喇叭	227. 喇嘛	228. 篮子	229. 懒得	230. 浪头
231. 老婆	232. 老实	233. 老太太	234. 老头子	235. 老爷
236. 老子	237. 姥姥	238. 累赘	239. 篱笆	240. 里头
241. 力气	242. 厉害	243. 利落	244. 利索	245. 例子
246. 栗子	247. 痢疾	248. 连累	249. 帘子	250. 凉快
251. 粮食	252. 两口子	253. 料子	254. 林子	255. 翎子
256. 领子	257. 溜达	258. 聋子	259. 笼子	260. 炉子
261. 路子	262. 轮子	263. 萝卜	264. 骡子	265. 骆驼
266. 妈妈	267. 麻烦	268. 麻利	269. 麻子	270. 马虎
271. 码头	272. 买卖	273. 麦子	274. 馒头	275. 忙活
276. 冒失	277. 帽子	278. 眉毛	279. 媒人	280. 妹妹
281. 门道	282. 眯缝	283. 迷糊	284. 面子	285. 面条
286. 苗头	287. 明堂	288. 名字	289. 明白	290. 蘑菇
291. 模糊	292. 木匠	293. 木头	294. 那么	295. 奶奶
296. 难为	297. 脑袋	298. 脑子	299. 能耐	300. 你们
301. 念叨	302. 念头	303. 娘家	304. 镊子	305. 奴才
306. 女婿	307. 暖和	308. 疟疾	309. 拍子	310. 牌楼
311. 牌子	312. 盘算	313. 盘子	314. 胖子	315. 狍子
316. 盆子	317. 朋友	318. 棚子	319. 脾气	320. 皮子
321. 痞子	322. 屁股	323. 片子	324. 便宜	325. 骗子
326. 票子	327. 漂亮	328. 瓶子	329. 婆家	330. 婆婆
331. 铺盖	332. 欺负	333. 旗子	334. 前头	335. 钳子
336. 茄子	337. 亲戚	338. 勤快	339. 清楚	340. 亲家
341. 曲子	342. 圈子	343. 拳头	344. 裙子	345. 热闹

346. 人家	347. 人们	348. 认识	349. 日子	350. 褥子
351. 塞子	352. 嗓子	353. 嫂子	354. 扫帚	355. 沙子
356. 傻子	357. 扇子	358. 商量	359. 上司	360. 上头
361. 烧饼	362. 勺子	363. 少爷	364. 哨子	365. 舌头
366. 身子	367. 什么	368. 婶子	369. 生意	370. 牲口
371. 绳子	372. 师父	373. 师傅	374. 虱子	375. 狮子
376. 石匠	377. 石榴	378. 石头	379. 时候	380. 实在
381. 拾掇	382. 使唤	383. 世故	384. 似的	385. 事情
386. 柿子	387. 收成	388. 收拾	389. 首饰	390. 叔叔
391. 梳子	392. 舒服	393. 舒坦	394. 疏忽	395. 爽快
396. 思量	397. 算计	398. 岁数	399. 孙子	400. 他们
401. 它们	402. 她们	403. 台子	404. 太太	405. 摊子
406. 坛子	407. 毯子	408. 桃子	409. 特务	410. 梯子
411. 蹄子	412. 挑剔	413. 挑子	414. 条子	415. 跳蚤
416. 铁匠	417. 亭子	418. 头发	419. 头子	420. 兔子
421. 妥当	422. 唾沫	423. 挖苦	424. 娃娃	425. 袜子
426. 晚上	427. 尾巴	428. 委屈	429. 为了	430. 位置
431. 位子	432. 蚊子	433. 稳当	434. 我们	435. 屋子
436. 稀罕	437. 席子	438. 媳妇	439. 喜欢	440. 瞎子
441. 匣子	442. 下巴	443. 吓唬	444. 先生	445. 乡下
446. 箱子	447. 相声	448. 消息	449. 小伙子	450. 小气
451. 小子	452. 笑话	453. 谢谢	454. 心思	455. 星星
456. 猩猩	457. 行李	458. 性子	459. 兄弟	460. 休息
461. 秀才	462. 秀气	463. 袖子	464. 靴子	465. 学生
466. 学问	467. 丫头	468. 鸭子	469. 衙门	470. 哑巴
471. 胭脂	472. 烟筒	473. 眼睛	474. 燕子	475. 秧歌
476. 养活	477. 样子	478. 吆喝	479. 妖精	480. 钥匙
481. 椰子	482. 爷爷	483. 叶子	484. 一辈子	485. 衣服
486. 衣裳	487. 椅子	488. 意思	489. 银子	490. 影子
491. 应酬	492. 柚子	493. 冤枉	494. 院子	495. 月饼
496. 月亮	497. 云彩	498. 运气	499. 在乎	500. 咱们

501. 早上　502. 怎么　503. 扎实　504. 眨巴　505. 栅栏
506. 宅子　507. 寨子　508. 张罗　509. 丈夫　510. 帐篷
511. 丈人　512. 帐子　513. 招呼　514. 招牌　515. 折腾
516. 这个　517. 这么　518. 枕头　519. 镇子　520. 芝麻
521. 知识　522. 侄子　523. 指甲 zhǐjia(zhījiɑ)
524. 指头 zhǐtou(zhítou) 525. 种子　526. 珠子
527. 竹子　528. 主意 zhǔyi(zhúyi)　529. 主子　530. 柱子
531. 爪子　532. 转悠　533. 庄稼　534. 庄子　535. 壮实
536. 状元　537. 锥子　538. 桌子　539. 字号　540. 自在
541. 粽子　542. 祖宗　543. 嘴巴　544. 作坊　545. 琢磨

【轻声训练】

1. 朗读下列词语,体会轻声音节在音长和音高上的变化。
客气　态度　月亮　冤枉　凑合　认识　南边　休息　脑袋
漂亮　抽屉　消息　心思　衣服　知识　成分　快活　便宜
朋友　笑话　你们　葡萄　凉快　打听　眉毛　别扭　长处
得罪　模糊　耳朵　应酬　动弹　大夫　底下　脾气　芝麻
学问　栅栏　免得　岁数

2. 下列词语在普通话中可以两读,仔细体会读轻声与不读轻声在词性和词义上有什么不同。
地道　精神　东西　大意　过去　对头　地方　买卖　兄弟
下水　裁缝　地下　利害　大爷　开通　运气　本事　实在
翻译　千斤

3. 朗读下列《普通话水平测试用朗读作品》中部分含轻声词语的句子。

◇ 但是它却是伟岸,正直,朴质,严肃,也不缺乏温和,更不用提它的坚强不屈与挺拔,它是树中的伟丈夫!

——选自1号作品《白杨礼赞》

◇ 那时候,也许,它可以松一肩重担,站在树下,吃几口嫩草。偶尔摇摇尾巴,摆摆耳朵,赶走飞附身上的苍蝇,已经算是它最闲适的生活了。

——选自57号作品《中国的牛》

◇ 可是，一段时间后，叫阿诺德的那个小伙子青云直上，而那个叫布鲁诺的小伙子却仍在原地踏步。布鲁诺很不满意老板的不公正待遇。终于有一天他到老板那儿发牢骚了。

——选自 2 号作品《差别》)

◇ 吃早饭时父亲让达瑞去取报纸。美国的送报员总是把报纸从花园篱笆的一个特制的管子里塞进来。假如你想穿着睡衣舒舒服服地吃早饭和看报纸，就必须离开温暖的房间，冒着寒风，到花园去取。虽然路短，但十分麻烦。

——选自 4 号作品《达瑞的故事》

◇ 爸爸下班回到家已经很晚了，他很累也有点儿烦，他发现五岁的儿子靠着门旁正等着他。

——选自 7 号作品《二十美金的价值》

◇ 假日到河滩上转转，看见许多孩子在放风筝。

——选自 9 号作品《风筝畅想曲》

◇ 世界杯怎么会有如此巨大的吸引力？除去足球本身的魅力之外，还有什么超乎其上而更伟大的东西？

——选自 11 号作品《国家荣誉感》

◇ 我们知道，水是生物的重要组成部分，许多动物组织的含水量在百分之八十以上，而一些海洋生物的含水量高达百分之九十五。

——选自 13 号作品《海洋与生命》

◇ 幸福是一种心灵的震颤。它像会倾听音乐的耳朵一样，需要不断地训练。

——选自 40 号作品《提醒幸福》)

◇ 我国的建筑，从古代的宫殿到近代的一般住房，绝大部分是对称的，左边怎么样，右边怎么样。苏州园林可绝不讲究对称，好像故意避免似的。东边有了一个亭子或者一道回廊，西边决不会来一个同样的亭子或者一道同样的回廊。这是为什么？我想，用图画来比方，对称的建筑是图案画，不是美术画，而园林是美术画，美术画要求自然之趣，是不讲究对称的。

还在那儿布置几块玲珑的石头，或者种些花草。

——选自 36 号作品《苏州园林》)

4. 朗读下列绕口令，注意轻声的发音。

天上日头 tiān shàng rì tou

天上日头(tiān shàng rì tou)，嘴里舌头(zuǐ li shé tou)，地上石头(dì shang shí tou)，桌上纸头(zhuō shang zhǐ tou)，手掌指头(shǒu zhǎng zhǐ tou)，大腿骨头(dà tuǐ gú tou)，小脚指头(xiǎo jiǎo zhǐ tou)，树上枝头(shù shang zhī tou)，集上市头(jí shang shì tou)。

两只猫 liǎng zhī māo

白猫黑鼻子(bái māo hēi bí zi)，黑猫白鼻子(hēi māo bái bí zi)。黑猫的白鼻子(hēi māo de bái bí zi)碰破了白猫的黑鼻子(pèng pò le bái māo de hēi bí zi)，白猫的黑鼻子(bái māo de hēi bí zi)碰破了(pèng pò le)，剥个秕谷壳补鼻子(bāo gè bǐ gǔ ké bǔ bí zi)，黑猫的白鼻子(hēi māo de bái bí zi)没破就不剥秕谷壳补鼻子(méi pò jiù bù bāo bǐ gǔ ké bǔ bí zi)。

（三）儿化

普通话中卷舌韵母 er 不与声母相拼，只能自成音节，常用的只有少数的几个字，如"儿、而、耳、尔、迩、饵、二"等。普通话里，er 除了自成音节之外，还常在词语中处于词尾的地位，如："球儿、口儿、这儿"等，并且在口语中长期与前面的音节连读，便产生了连音的变化，使"er"失去了它原有的独立性，被化入到前一个音节中，只保留了一个卷舌动作，最终使两个音节融合成一个音节，这种语音变化就叫做儿化。前面那个音节的韵母，由于附加上了一个卷舌动作，我们就称它为"儿化韵"，意思就是这个韵母被儿化了。

《汉语拼音方案》中规定，儿化音节的拼写是在原音节韵母之后加写上一个表示卷舌动作的符号"r"，即表示儿化。例如：

大伙儿 dàhuǒr　　坎肩儿 kǎnjiānr　　香味儿 xiāngwèir
去哪儿 qùnǎr　　心眼儿 xīnyǎnr　　一道儿 yīdàor

1. 儿化的作用

儿化不是一种单纯的语音现象,它有着确定词性、词义和修饰色彩等方面的作用。

(1) 确定词性的作用。例如：

盖(动词)　　尖(形容词)　　亮(形容词)　　破烂(形容词)
盖儿(名词)　 尖儿(名词)　　亮儿(名词)　　破烂儿(名词)

(2) 区别词义的作用。例如：

头(脑袋)——　头儿(领导、首领、一端)
眼(眼睛)——　眼儿(窟窿眼儿、小洞)
白面(面粉)——　白面儿(白色粉末或毒品)
信(书信)——　信儿(消息)
半天(形容时间长)——　半天儿(一个上午或一个下午)

(3) 表示轻微、细小、亲切、喜爱等感情色彩。例如：

门缝儿　有趣儿　树枝儿　石子儿　花猫儿　小孩儿

2. 儿化韵的音变规律

普通话39个韵母,除了"ê"、"er"之外,其余韵母一般都可以儿化。儿化韵的音变条件取决于韵腹元音是否便于发生卷舌动作,而且儿化音变是从后向前使韵腹、韵尾发生变化,其中包含着增音、脱落、更换、同化等一系列音变现象,但对声母和韵头没有影响。

(1) 直接卷舌　在主要元音(主要元音是 i、ü 时除外)上加卷舌动作。例如：

a＞ar　红花儿　变法儿　价码儿
e＞er　翻个儿　咬舌儿　哥儿们
u＞ur　岁数儿　没谱儿　火炉儿
i＞iar　豆芽儿　话匣儿

(2) 增音　在主要元音 i、ü 后面加 er。例如：

i＞ier　小鸡儿　粉皮儿
ü＞üer　金鱼儿　小曲儿　(主要元音 i、ü 加 er 后,读音适当延长)

(3) 脱落　原韵母如有韵尾,而韵尾为前元音 i 或鼻辅音 –n 的,韵尾脱落,同时在主要元音上加卷舌动作。例如：

小孩儿 xiǎoháir→xiǎohár　跟前儿 gēnqiánr→gēnqiár

（4）更换　如果原韵母为舌尖元音,为了卷舌的准备动作将原韵母改换为央元音[a]。例如：

花子儿 huāzǐ→huāzar("子"仍为上声)

咬字儿 yǎozì→yǎozar("字"仍为去声)

高枝儿 gāozhī→gāozhar("枝"仍为阴平声)

消食儿 xiāoshí→xiāoshar("食"仍为阳平声)

（5）鼻化　如果原韵尾为后鼻音韵尾,儿化后原韵尾脱落,但主要元音仍保留鼻化色彩（带后鼻音韵尾的韵母其主要元音的后半部分读音都为鼻化元音,儿化后韵尾脱落,元音的鼻化突出）。例如：

走样儿 zǒuyàng→zǒuyãr("样"仍为去声)

灯亮儿 dēngliàng→dēngliãr("亮"仍为去声)

3. 儿化韵的发音

《普通话水平测试实施纲要》（商务印书馆2004年1月）中《普通话水平测试用儿化词语表》共收词189条（见本章附录二），我们可以以此为标准掌握普通话儿化词的范围。

儿化韵在江苏的一些方言中虽有,但为数远不及普通话中的多,吴方言区和江淮方言区中的部分方言点甚至没有"er"韵母,所以这些方言区的人掌握普通话首先要解决的是"er"的发音问题。与此相联系,一些在普通话中必读儿化的词,在江苏方言里不读儿化,有时以"子尾"的面目出现。例如："小孩儿"这个词,在普通话水平测试中不少考生都发成"xiǎo hái er"；平时,也多以"小孩子"来称说。"这样儿"在江苏不少方言中说成"这样子"。所以,要克服方言味儿,不仅要把"er"韵母发正确,而且要加强儿化韵的意识,掌握普通话的儿化韵音变规则,发音时要把"儿"快速、顺畅地化入前一个音节的韵母之中。

附录二　普通话水平测试用儿化词语表

板擦儿	打杂儿	刀把儿	在哪儿	号码儿	找茬儿
戏法儿	壶盖儿	小孩儿	加塞儿	鞋带儿	名牌儿
包干儿	脸盘儿	笔杆儿	门槛儿	快板儿	收摊儿

老伴儿	蒜瓣儿	脸蛋儿	栅栏儿	赶趟儿	香肠儿
瓜瓤儿	药方儿	掉价儿	一下儿	豆芽儿	差点儿
小辫儿	坎肩儿	心眼儿	拉链儿	牙签儿	聊天儿
一点儿	露馅儿	雨点儿	冒尖儿	照片儿	扇面儿
鼻梁儿	透亮儿	花样儿	大褂儿	笑话儿	麻花儿
牙刷儿	脑瓜儿	一块儿	茶馆儿	拐弯儿	打转儿
好玩儿	大腕儿	火罐儿	饭馆儿	落款儿	打晃儿
天窗儿	蛋黄儿	包圆儿	手绢儿	出圈儿	烟卷儿
绕远儿	杂院儿	刀背儿	摸黑儿	把门儿	刀刃儿
别针儿	高跟儿鞋	大婶儿	哥们儿	花盆儿	小人儿书
后跟儿	杏仁儿	老本儿	一阵儿	纳闷儿	走神儿
嗓门儿	脖颈儿	夹缝儿	钢镚儿	提成儿	半截儿
小鞋儿	旦角儿	主角儿	耳垂儿	围嘴儿	墨水儿
一会儿	跑腿儿	走味儿	冰棍儿	没准儿	打盹儿
胖墩儿	开春儿	砂轮儿	小瓮儿	瓜子儿	石子儿
没词儿	挑刺儿	记事儿	墨汁儿	锯齿儿	垫底儿
玩意儿	肚脐儿	针鼻儿	脚印儿	有劲儿	送信儿
打鸣儿	门铃儿	蛋青儿	人影儿	花瓶儿	图钉儿
火星儿	眼镜儿	毛驴儿	小曲儿	痰盂儿	合群儿
挨个儿	饭盒儿	唱歌儿	模特儿	打嗝儿	在这儿
逗乐儿	儿媳妇儿	没谱儿	泪珠儿	碎步儿	梨核儿
有数儿	抽空儿	果冻儿	胡同儿	门洞儿	酒盅儿
小葱儿	小熊儿	半道儿	口哨儿	灯泡儿	口罩儿
红包儿	蜜枣儿	叫好儿	手套儿	绝着儿	跳高儿
豆角儿	面条儿	火苗儿	跑调儿	开窍儿	鱼漂儿
加油儿	线轴儿	老头儿	小丑儿	门口儿	小偷儿
年头儿	衣兜儿	纽扣儿	顶牛儿	抓阄儿	棉球儿
被窝儿	火锅儿	大伙儿	小说儿	邮戳儿	做活儿
耳膜儿	粉末儿				

【儿化训练】

1. 朗读下列词语,仔细体会儿化与不儿化在词性、词义,以及感情色彩上有何不同。

盖——盖儿　　脸——脸儿　　对——对儿
门——门儿　　短——短儿　　尖——尖儿
宝贝——宝贝儿　　　　老头子——老头儿
闲话——闲话儿　　　　一块——一块儿
树枝——树枝儿　　　　石块——石块儿

2. 朗读下列《普通话测试用朗读作品》中部分含有"儿化"的句子。

◇ 我崇敬那只小小的、英勇的鸟儿，我崇敬它那种爱的冲动和力量。

——选自 27 号作品《麻雀》

◇ 有人说：登泰山而看不到日出，就像一出大戏没有戏眼，味儿终究有点寡淡。我去爬山那天，正赶上个难得的好天，万里长空，云彩丝儿都不见。

◇ 来到这儿，你不妨权当一次画里的写意人物。

——选自 38 号作品《泰山极顶》

◇ 池沼或河道的边沿很少砌齐整的石岸，总是高低屈曲任其自然。还在那儿布置几块玲珑的石头，或者种些花草。

——选自 36 号作品《苏州园林》

◇ 无论你在夏天或冬天经过这儿，你都想像不到，这个小小的、隆起的长方体里安放着一位当代最伟大的人物。

——选自 35 号作品《世间最美的坟墓》

◇ 就在他快要挖好坑的时候，从别墅里走出一个人来，问小孩儿在干什么，孩子抬起满是汗珠的脸蛋儿，说："教练，圣诞节到了，我没有礼物送给您，我愿给您的圣诞树挖一个树坑。"

——选自 41 号作品《天才的造就》

◇ 同人一样，花儿也是有灵性的，更有品位之高低。

——选自 30 号作品《牡丹的拒绝》

◇ 她老了，身体不好，走远一点儿就觉得很累。

——选自 33 号作品《散步》

3. 练习下列绕口令，巩固儿化韵的音。

练字音儿

进了门儿,倒杯水儿,喝了两口运运气儿;
顺手儿拿起小唱本儿,唱一曲儿又一曲儿。
练完了嗓子我练嘴皮儿——
绕口令儿,练字音儿,还有单弦牌子曲儿;
小快板儿,大鼓词儿,越说越唱越带劲儿。

盆里放着小玩意儿

盆里放着小玩意儿,玩意儿送给小金鱼儿,
金鱼儿一接没接着,一掉掉在水缸底儿,
找来找去找不着,缸底儿净是石头子儿,
就是没有小玩意儿。

(四)语气词"啊"的音变

1. 区别语气词"啊"与叹词"啊"

汉语书写的"啊"有两种用法:一是作叹词用;一是作语气助词用。叹词"啊",独立性很强,在语言使用中从不与其他成分相连,又出现在句首,因而也就不会产生语流音变现象。但在音高上有着阴平、阳平、上声和去声四种不同调类的变化。读哪种声调与说话人所要表达的思想感情有着密切的关系,正因为这种原因,不同声调的"啊",透露出不同的语气语调。例如:

啊(ā),你们来了。来得正好!(读阴平,表示惊异,赞叹)

啊(á),怎么搞成这样? 就不能好好谈谈吗?(读阳平,表示惊讶和遗憾)

啊(ǎ),是他呀?(读上声,表示惊疑)

啊(à),我回去。(读去声,表示应诺)

语气助词"啊"则不能独立使用,总是要依附于词句末尾,而且读轻声,因而受到前一音节韵母收尾音素影响很大,产生出种种不同的读法。

2. "啊"的音变规律

(1) 当前一音节韵母末尾音素是 a、o、e、ê、i、ü 时,"啊"读 ya,书面上也可以写作"呀"。如:

a(a、ia、ua)　　　妈呀　回家呀　樱花呀
o(o、uo)　　　　　上坡呀　快说呀
e　　　　　　　　　大哥呀　急不得呀
ê(ie、üe)　　　　 写呀　小雪呀
i(i、ai、ei、uai、uei)你呀　来呀　快飞呀　真乖呀　睡呀
ü　　　　　　　　　鱼呀　快去呀

(2) 当前一音节韵母末尾音素是 u 或 ao、iao 两个韵母时,"啊"读 wa,也可以写作"哇"。如:

u(u、ou、iou)　　　兔哇　走哇　修哇
ao、iao　　　　　　多好哇　瞧哇

(3) 当前一音节韵母末尾音素是 -n 时,"啊"读 na,也可以写作"哪"。如:

-n (an、ian、uan、üan) 山哪　天哪　转哪　圆哪
　 (en、in、uen、ün)   闷哪　进哪　准哪　晕哪

(4) 当前一音节韵母末尾音素是 -ng 时,"啊"读 nga,仍写作"啊"。如:

-ng(ang、iang、uang)　唱啊　想啊　狂啊
　 (eng、ing、ueng)　 能啊　行啊　渔翁啊
　 (ong、iong)　　　　红啊　凶啊

(5) 当前一音节韵母末尾音素是舌尖后元音 -i(后)和卷舌韵母 er 时,"啊"读 ra,仍写作"啊"。如:

-i(后)(zhi、chi、shi、ri) 果汁啊　可耻啊　历史啊　红日啊
er　　　　　　　　　　　　女儿啊　小人儿啊　第二啊

(6) 当前一音节韵母末尾音素是舌尖前元音 -i(前)时,"啊"读 [za],仍写作"啊"。如:

-i(前)(zi、ci、si)　投资啊　因此啊　三思啊

从以上例子可以看出,语气词"啊"的音变主要是受到其前一音节韵母末尾音素的影响,因而发音总的趋势是顺势连读,即前一音节韵尾迅速与"啊"(a)拼合,音变的结果是使"啊"音节起头添加了

元音"i、u"或辅音"n、ng、r、[z]"成分。

【变读训练】

1. 掌握"啊"的变读规律,巩固练习。

行啊　党啊　走啊　是啊

白雪啊　保守啊　参军啊　新潮啊　上街啊　命令啊

是您啊　好事啊　自私啊　节日啊　完成啊　写字啊

老师啊　好运啊　加油啊　活跃啊　熊猫啊　有缘啊

女儿啊　告辞啊　太脏啊　大娘啊　新闻啊　价值啊

弹琴啊　开门儿啊

2. 朗读下列句子,掌握语气词"啊"的音变规律。

◇ 汽车这么挤呀!

◇ 瞧,多漂亮的家呀!

◇ 啊!祖国的山河真美呀!

◇ 我们一起去逛街呀!

◇ 你要不要一点儿醋哇?

◇ 你到底还走不走啊?

◇ 听啊,他唱得多好哇!

◇ 瞧啊! 多聪明的小孩儿啊!

◇ 女儿啊,你不认识这个字呀!

◇ 哪位是中文系的老师啊?

3. 读好下面一段话中的"啊"。

这些孩子啊,真可爱啊! 你看啊,他们多么高兴啊! 又是作诗啊,又是朗诵啊,有画画儿啊,有剪纸啊,又是唱啊,又是跳啊! 啊! 他们多么幸福啊!

4. 朗读下列《普通话水平测试用朗读作品》中部分含有"啊"的句子。

◇ 在它看来,狗该是多么庞大的怪物啊!

◇ 是啊,请不要见笑。

——选自 27 号作品《麻雀》

◇ 陶行知又掏出第三块糖果塞到王友手里,说:"我调查过了,你用泥块砸那些男生,是因为他们不守游戏规则,欺负女生;你砸他们,说明你很正直善良,具有批评不良行为的勇气,应该奖励你啊!"王友感动极了,他流着眼泪后悔地喊道:"陶……陶校长,你打我两下吧!我砸的不是坏人,而是自己的同学啊……"

——选自 39 号作品《陶行知的"四块糖果"》

◇ 我想张开两臂抱着她,但这是怎样一个妄想啊。

◇ 大约潭是很深的,故能蕴蓄着这样奇异的绿;仿佛蔚蓝的天融了一块在里面似的,这才这般的鲜润啊。

——选自 25 号作品《绿》

◇ 大雪整整下了一夜。今天早晨,天放晴了,太阳出来了。推开门一看,嗬!好大的雪啊!

——选自 5 号作品《第一场雪》

4. 绕口令,练习"啊"的音变字音的读法。

一块来啊

鸡呀,鸭呀,猫哇,狗哇,一块儿水里游哇!
牛哇,羊啊,马呀,骡呀,一块儿进鸡窝呀!
狼啊,虫啊,虎哇,豹哇,一块儿上街跑哇!
兔哇,鹿哇,家雀儿啊,小孩儿啊,一块儿上窗台儿啊!

三、语流音变发音综合训练

训练目标

熟悉和掌握普通话语音状态下的变调、轻声、儿化、语气词"啊"的音变现象及其规律,并能在普通话语流中正确、自然、流畅地运用。

训练材料

练习(一)按照变调规则,读准下列词语。

表达	暖和	领袖	古文	改良	手术	解决
感谢	普及	雨衣	野草	手表	舞蹈	领导
一身	一趟	一举	一边	不平	不饿	不妙	不慌
笑眯眯	苦水井	铁水管	展览品	好导演	吃不消	看不清

不可一世　不动声色　一言九鼎　甜甜儿(的)　别别扭扭

练习(二) 朗读下列短语,注意轻声与其他声调的连用。

衣服干净　天上星星　玻璃杯子　知道消息　关上窗户
三个姑娘　什么毛病　孩子活泼　容易明白　回去行吗
谁的石榴　围着脖子　你的本子　想着母亲　写在纸上
喜欢打扮　打个比方　你们走开　照顾妹妹　木头棍子
过去看看　谢谢客人　饿着肚子　放在地上

练习(三) 先指出下面各句在音节连读时会发生哪些音变现象,然后按照各种音变规律读准每个句子。

◇ 一个小女孩儿,扎着俩小辫儿,拿着一朵小红花儿,蹦蹦跳跳多好玩儿。

◇ 他看着西瓜这东西很便宜,就跟家里的人商量了一下,想做一次买卖试试。

◇ 那位姑娘可真不简单啊!不管别人怎么七嘴八舌议论她,也动摇不了她参加自学考试的决心。她一天又一天,一年又一年,不声不响地学啊,硬是拿到了大学文凭。这种不屈不挠的精神值得我们学习啊!

◇ 漓江的水真静啊,静得让你感觉不到它在流动;漓江的水真清啊,清得可以看见江底的沙石;漓江的水真绿啊,绿得仿佛那是一块无瑕的翡翠。

◇ 桂林的山真奇啊,一座座拔地而起,各不相连,像老人,像巨象,像骆驼,奇峰罗列,形态万千;桂林的山真秀啊,像翠绿的屏障,像新生的竹笋,色彩明丽,倒映水中;桂林的山真险啊,危峰兀立,怪石嶙峋,好像一不小心就会栽倒下来。

练习(四) 绕口令练习。

喇嘛与哑巴　　　　　(轻声)

打南边来了个哑巴,腰里别了个喇叭;
打北边来了个喇嘛,手里提了个獭犸。
提着獭犸的喇嘛要拿獭犸换别着喇叭的哑巴的喇叭;
别着喇叭的哑巴不愿拿喇叭换提着獭犸的喇嘛的獭犸。

不知是别着喇叭的哑巴打了提着獭犸的喇嘛一喇叭;
还是提着獭犸的喇嘛打了别着喇叭的哑巴一獭犸。
喇嘛回家炖獭犸,哑巴嘀嘀哒哒吹喇叭。

左眼右眼 （儿化）

上有上眼皮儿,下有下眼皮儿。
左眼上眼皮儿打左眼下眼皮儿,
右眼上眼皮儿打右眼下眼皮儿。
左眼上眼皮儿打不着右眼下眼皮儿,
右眼上眼皮儿打不着左眼下眼皮儿。
左眼下眼皮儿打不着右眼上眼皮儿,
右眼下眼皮儿打不着左眼上眼皮儿。

市场货物真丰富 （语气词"啊"）

市场货物真丰富——
鸡啊,鸭啊,鱼啊;油啊,盐啊,糖啊;
肉啊,蛋啊,肠啊,生的熟的应有尽有啊。

练习(五)诗文朗读。

致 橡 树
舒 婷

我如果爱你——
绝不像攀援的凌霄花,
借你的高枝炫耀自己;
我如果爱你——
绝不学痴情的鸟儿,
为绿阴重复单调的歌曲;
也不止像泉源,
常年送来清凉的慰藉;
也不止像险峰,增加你的高度,衬托你的威仪。
甚至日光。
甚至春雨。

不,这些都还不够!
我必须是你近旁的一株木棉,
作为树的形象和你站在一起。
根,紧握在地下,
叶,相触在云里。
每一阵风过,
我们都互相致意,
但没有人
听懂我们的言语。
你有你的铜枝铁干,
像刀,像剑,
也像戟,
我有我的红硕花朵,
像沉重的叹息,
又像英勇的火炬,
我们分担寒潮、风雷、霹雳;
我们共享雾霭、流岚、虹霓,
仿佛永远分离,
却又终身相依,
这才是伟大的爱情,
坚贞就在这里:
不仅爱你伟岸的身躯,
也爱你坚持的位置,脚下的土地。
练习(六)歌词朗读练习。

我爱你中国

百灵鸟从蓝天飞过,我爱你,中国!
我爱你,中国!
我爱你,中国!
我爱你春天蓬勃的秧苗,
我爱你秋日金黄的硕果。

我爱你青松气质,
我爱你红梅品格。
我爱你家乡的甜蔗,
好像乳汁滋润着我的心窝。
我爱你,中国!
我爱你,中国!
我爱你碧波滚滚的南海,
我爱你白雪飘飘的北国。
我爱你森林无边,
我爱你群山巍峨。
我爱你淙淙的小河,
荡着清波从我的梦中流过。

我爱你,中国!
我爱你,中国!
我要把最美的歌儿献给你,
我的母亲,我的祖国!
我要把美好的青春献给你,
我的母亲,我的祖国!

【思考与练习】

1. 什么是音变?普通话主要有哪几种音变现象?
2. 什么是轻声?普通话轻声的作用是什么?
3. 什么是儿化?儿化的作用是什么?
4. 举例说明语气词"啊"的音变主要有哪几种情况。
5. 朗读下面的短文,指出有哪些音变现象。

雪纷纷扬扬,下得很大。开始还伴着一阵儿小雨,不久就只见大片大片的雪花,从彤云密布的天空中飘落下来。地面上一会儿就白了。冬天的山村,到了夜里就万籁俱寂,只听得雪花簌簌地不断往下落,树木的枯枝被雪压断了,偶尔咯吱一声响。

大雪整整下了一夜。今天早晨,天放晴了,太阳出来了。推开门一看,嗬!好大的雪啊!山川、河流、树木、房屋,全都罩上了一层厚厚的雪,万里江山,变成了粉妆玉砌的世界。落光了叶子的柳树上挂满了毛茸茸亮晶晶的银条儿;而那些冬夏常青的松树和柏树上,则挂满了蓬松松沉甸甸的雪球儿。一阵风吹来,树枝轻轻地摇晃,美丽的银条儿和雪球儿簌簌地落下来,玉屑似的雪末儿随风飘扬,映着清晨的阳光,显出一道道五光十色的彩虹。

——节选自5号朗读作品《第一场雪》

6. 读一读下面的对话,注意语气词"啊"的音变。

谁　呀

啪、啪、啪!

A. 谁呀?   B. 张果老哇!
A. 怎么不进来呀?   B. 怕狗咬哇!
A. 衣兜里装着什么呀?   B. 大酸枣哇!
A. 怎么不吃啊?   B. 怕牙倒哇!
A. 你胳肢窝里夹着什么呀?   B. 破棉袄哇!
A. 怎么不穿上啊?   B. 怕虱子咬哇!
A. 怎么不叫你老伴儿拿拿呀?   B. 老伴儿死啦。
A. 你怎么不哭哇?   B. 盆哪,罐哪,我的老伴儿啊!

第七章

朗　　读

一、朗读概述

朗读就是把文字转化为有声语言的一种创造性活动。它的应用范围非常广泛,教育教学、读书读报、宣读文件等等都离不开朗读。它是学习知识、传播信息的重要手段。朗读者在尊重作者创作的基础上,依据内容的段落、词句所包含的主旨与情感,运用语言的技巧,以优美的节奏,高、低、强、弱、快、慢的语调,把原作品词句的意态、语气,生动地表现出来,能起到激发听者的兴趣,并在情绪上引起共鸣作用。

但是,对于真正意义上的朗读,许多人还缺乏了解,对朗读的基本特征、朗读与其他语言表达形式的异同、朗读的评价标准、朗读的技巧等,往往仅停留在自发、即兴的水平上。理论的失误必然导致操作的失败,所以需要对朗读的理论知识作较为全面而深入的探讨与阐述,用正确的理论指导实践。

（一）朗读的定义

朗读就是用清晰响亮的声音把文章念出来,它是把书本的文字语言转变为有声的口头语言。朗读者将文字变成有声语言的过程中,所依据的是文字作品。文章中,文字组成的语句,至少含有两重意义:

（1）字面意义,根据词语通常的含义和正常使用的语法所体现出来的意义。

（2）情境意义,根据语句出现的情境,来体味其包含的特定意义。

理解与言语表达技巧是朗读创作的两个重要内容。理解了,没有技巧未必能表达出来;不理解,技巧也就无从施展。朗读者的思想观念、文字功底以及言语表达技巧决定朗读的水平。

朗读的范围非常广,一切文体的文字作品,都可以采用朗读的形式。朗读,不论其深度和广度,都不亚于文字作品本身。它不但是个人学习语言、驾驭语言、运用语言的重要方法,也是了解作者、丰富自己、吸引听者的重要纽带,更是人类教育宣传、陶冶情操的一个重要手段。

(二) 朗读的基本特征

朗读是一门语言艺术,它是所有语言艺术(朗诵、演讲、话剧、电影等)的基础,又有别于其他艺术形式。了解朗读的基本特征,有助于进一步理解朗读的本质,把握和运用朗读这一特定的表达样式。

1. 再造性

再造性是朗读最重要的特征。这首先表现在它是用言语再现文字作品的原貌。朗读的依据只能是文字作品本身,要紧紧围绕文字作品进行创造,忠实于原作品;不能"想怎么说就怎么说",它要受文字作品的制约,不能删改,不能添漏。其次是不能简单地照字念,要在准确把握文章原意的基础上,用有声语言传达作品的主要精神和艺术美感,符合作者的思想态度。

文字—理解—表达,这就是朗读的再创作过程。理解原作要靠深厚的文字功底和思想体验;表达要靠语言表达技能,朗读者要忠实于原作品,就要重视分析理解作品,要在吃透原文思想内容的情况下,进行朗读。反之,拿过来就读,或者不管文章的内容、体裁,总使用某种固定的腔调,以不变的声音形式应付万变的文字材料,是不可能朗读好的。

另外,在再创作过程中,不同的人有分析、感受的深浅,有气质、情趣的差异,因而会有不同的认识角度、理解深度与评价。朗读同一部文字作品,会有不同的效果,使再造性复杂化。所以朗读者必须尽力向文章的内容靠近,不能以"自我"来改变、改造文字作品的精神实质。朗读者和作者的思想感情越一致,就越能产生真实的感情和正确的表达。如果对要表达的内容不理解、不熟悉,对所表现事物的形象、性质、功能知之甚少,就只能是照字面念,也就谈不上表现了。因此,朗读的再造性特征要求朗读者有丰富的知识积累、情感积淀。

最后,再造性还由于朗读目的、环境、受众对象的不同而产生。同样是一篇《第一场雪》,在夏天酷暑时节与冬季雪后时分读显然会有一些变化;《父亲的爱》在普通话测试时与给儿童读时,创作也是不尽相同的。

再造性既有统一性又有复杂性,把握好再造性的关键在于理解。

2. 音声性

朗读是将书面的文字化为响亮动听的有声语言。朗读的音声性特征首先表现为普通话的语音和富有艺术表现力的声音(前面学过的普通话语音知识是体现音声性的重要手段)。声音是朗读的载体,优美而响亮的声音能使在场的所有人都听得清,听着美。

其次,音声性并非指声音的炫耀,而是有义有情之声。朗读的声音是语义与情感结合后,运用发声技巧达到吸引受众的效果。好的朗读,即使见不到朗读者的形象和表情,但通过他们标准的普通话语音和富有艺术感染力的声音,听者可以感受到朗读者的感情和态度,获得艺术上的享受。

情感是音声性至关重要的因素。朗读出有情有义的音声,须依赖丰富的情感体验,只有这样,才有可能运用声音表现的技巧。但是感情却代替不了声音,声音是朗读者情感实现的必要途径。即使对作品有了深刻了解,产生了真实情感,但倘若声音不能满足表现情感的需要,也表现不出朗读者所要表达的情感。

朗读注重的是表达,而不是表演。朗读既不同于趋于表演的朗诵,更不同于角色化了的戏剧电影,它也不同于交际化的演讲和日常谈话。朗读是情动于心的文字作品融会朗读者自己的思想感情,一齐流入声音。在讲解、阐发、论证的时候,明显体现朗读音声性这一特点。例如,朗读《差别》时,声音不是角色化的,而是解说性的。可以用"读而不板,说而不演"来概括。

"读而不板"是说语势要有变化起伏,不平板。所谓平板,是指从声音形式的角度看,语势单调、雷同、缺乏变化,这在中小学生的朗读中常见。例如"白的像雪,红的像火,粉的像霞",三句往往用一种语势,缺少变化,而且极容易形成某种固定腔调,听来单调平板。如果变化一下句首起点的高低,就会显出语势的多样性,听起来也就不会"一道汤"了。

"说而不演"是说朗读者首先要消化、吸收作品的文字语言,把文字符号转变为"意思",化为自己的思维过程、心理变化,变为朗读者自己要说的话。"说出来"就是朗读。"说"的本质是有真情实意,但不是完全生活化,朗读语言要有艺术性。"演"是指表演,朗读的艺术性不能同表演性混为一谈。表演也是艺术,但表演要求语言有所夸张,能渲染气氛。朗读时不能表演,就如同朗读者不是演员一样。一位朗读者只有走上表演的道路才算进入了高级阶段,才会生动感人,这是错误地理解了朗读的本质。

"读而不板,说而不演"体现了把握文字语言、驾驭有声语言的深厚功力,是朗读音声性的具体体现。

3. 社会性

朗读实践活动的广泛决定了朗读的社会性。只要是将文字读给别人听,就有朗读存在的基础。随着教育的普及、科学文化水平的提高,朗读会被读书的人所认识和运用。所以,普及朗读的基本知识、基本技能,提高人们的朗读水平,也是社会实践的需要。同时,朗读的价值也是朗读能为社会长期接受的重要原因。朗读既满足了信息传播与社会教育的需求,也满足了朗读主体——朗读者自身陶冶性情、感知万物的需求。

4. 规范性

朗读必须选用规范的文字作品,还必须使用规范的有声语言,即用普通话进行朗读。朗读只有在语音规范的基础上,才能达到更丰富、更完美地表情达意、言志传神的目的。同时,朗读再造性和音声性的特点也体现了朗读创作的规范性。

(三)朗读与朗诵的异同

朗读与朗诵是既有联系又有区别的姊妹艺术。东汉许慎《说文解字》对"读"和"诵"的释义是：诵，读也；读，诵也。读与诵都是依据文字作品来进行语言表达的，在把文字语言转变为有声语言的过程中，从对文字作品的分析理解到表达技巧的运用都具有相同的基础属性，即将视觉、心理感受、情感诉诸于有声语言，使文字作品成为自己理解之中的产物，运用停顿、重音、语气、节奏等语言表达技巧，对文字作品进行再创造，使其变无声为有声。这是朗读与朗诵的相同之处。

朗读与朗诵也有不同之处。首先二者的目的有差异。对于朗诵，人们是从欣赏的角度，以获取艺术上的美的享受为出发点。它是演给人看的，是某种情感发泄的高级表现手段，因此，朗诵是一种文艺表演。朗读的目的是满足人们获取信息和知识的求知欲，是说给人听的，是宣传教育的手段。朗读是一种语言工作。

目的的不同，导致二者对创作所依据的文字材料的选取不同：朗诵材料主要涉及文学作品，如诗歌、散文、小说、故事、寓言、剧本、台词等；朗读材料涉及所有文体的文字作品，涉猎面更广泛。

从表现形式上看，朗诵具有表演性，它面对的是观众，需要特定的演出场所，甚至有舞台音响、灯光等配套设施。朗诵者还可以化妆、扮相，对适合的文艺作品加以生动地渲染，为观众进行引人入胜的演出。朗读者必须具备良好的艺术修养，从声音、语言到态势语，都必须具有艺术表现力与感染力，给人以艺术美的享受。

朗读作为学习知识、掌握知识的重要途径，在生活、学习和工作的各种场合都可以进行，它是属于社会生活的：教师范读课文，老奶奶讲读故事，播音员播送新闻……它所面对的听众，可以是一个也可以是一群。朗读者不是演员，而是生活中的平凡人，每个人都可能进行朗读。

朗读与朗诵的差异还表现在表达方式上。朗诵对于朗诵者的发声要求很高，音色要优美，感情充沛而夸张，声音可以模仿造型，追求形神兼备；朗读则要求声音朴实自然，感情真实，不能夸张和有表演的痕迹，声音只求神似，而不能采用角色化的语言。同样是一篇寓言，演员的朗诵听起来像是有许多人参与表演，如临其境；而教师的朗读听起来则像是对这一表演现场的介绍、解说。

总之,朗诵的文艺性特征明显,朗读较朗诵更接近生活,范围更广泛,具有更强的社会性。朗读技巧是朗诵、话剧、电影等一切语言艺术的基础。

(四) 朗读的地位和作用

朗读,以其公有性基础学科的特点为全社会广泛使用。在当今社会,科学技术、文化教育、广播电视的迅猛发展,对朗读提出了更广、更高的要求。作为社会生活中的每一个人都有机会参与朗读活动。在此过程中,人们开阔了视野,丰富了知识,掌握了语言的规律,提高了语言特别是口头语言的表达能力,获得了愉悦。朗读成为适应时代要求,完善自我文化素养的必然需求。

朗读是学习和推广普通话的重要途径和方法。经常朗读可以纠正发音,巩固学过的语音知识。

朗读在教学活动中的地位尤为突出,对"教"与"学"都起着重要的作用。教师在教学中成功地范读课文,以声传意,可以使学生更好地领会作品的思想内容,调动学生的情感感受活动。从学生的朗读中,教师可以观察其对文章结构、中心思想的理解程度,掌握学生学习的实际水平。而指导学生正确朗读的目的,不仅是加深对文章的理解体会。叶圣陶先生从教学的角度提出:"令学生吟诵,要使他们看做一种享受,而不是看做一种负担。一遍比一遍读来入调,一遍比一遍体会亲切,并不希望早一点能够背诵,而自然达到纯熟的境界。抱着这种享受的态度是最容易得益的途径。"由此看来,从理解到记忆,运用朗读这一循环往复的途径,"学"就成为了一种享受,学习就变得轻松而有趣。

朗读的作用是巨大的,可以概括为五条:

(1) 有利于深入体味文字作品;
(2) 有利于提高语言表现力;
(3) 有利于发挥语言的感染力;
(4) 有利于语言的规范化;
(5) 是一种高尚的精神享受。

二、朗读的技巧

朗读是一种实践性、技能性很强的艺术活动。朗读的核心是对作品进行再创作。再创作的本质是在原作的制约下，在停连、重音、语气、节奏等方面进行艺术加工，生动、准确、鲜明地再现原作的思想内容和艺术风貌，使受众加深对文章的理解。

遵循朗读的基本要求，运用朗读的技巧，为原作表情达意，立志传神，是本节学习的重要内容。

（一）朗读的基本要求

在朗读活动中，理解是基础，目的是统帅，感受是关键。因此，要求朗读者声音要变化，状态要自如。不论何种文体的朗读都应遵循这一原则。朗读活动中的理解、目的和感受来自于阅读活动，感情与声音的状态则是在朗读过程中表达、实现阅读目的的。朗读的基本要求是：正确清楚，自然平实。

1. 正确清楚

朗读是以文字作品为依据进行的有声语言创作，它不能脱离原文，要真实地再现原文的中心内容和思想感情。因此朗读必须准确清楚。

首先要求表达准确：一是读音正确，不能错读、误读，声音清晰洪亮；二是字面上要准确，避免差错，不添字、漏字，不读破句子，不重复回读等；三是主体表现要准确，形象描绘要准确等等。此外，文章的结构、层次，包括前因后果、来龙去脉等等，表述要清楚。要做到表达得准确清楚，就需要朗读者对文章有准确清楚的理解和感受，知道朗读的"是什么"，并以此作为朗读的目的，来告诉听众说的"是什么"。

在《金子》这篇作品里，"什么是真正的金子"，这是朗读要准确表达的中心内容。怎样达到让听众听明白这一主题，即达到朗读的目的呢？那就要突出一个重点：寻找真金。可以概括为：满怀希望——一无所获——忽有所悟——实现梦想（找到真金）。主人公彼得的这些情感体验必须交代清楚，最后才能准确地表达作品的中心。因此，要准确、清楚地再现原作，就要做到重点突出，层次分明。

重点是最能表现主题、抒发情感、生动体现朗读目的、最强烈感染听众的地方。由于体裁及写作风格的不同,文章的重点有的比较集中,有的则散见全篇,这要具体情况具体分析。落实目的的重要环节,从全文来讲是重点部分、重点层次、重点段落;从局部上说,是重点层次、重点句子、重点词语。初学朗读的人,常见的毛病就是找不到重点,似乎每一句都重要,每个词都是重点。殊不知,都是重点,就等于没有了重点。

另外,还要弄清主次关系,次要的地方与重点之间,是铺垫说明?是交代过程?是对比映衬?……各部分有序进行,共同完成突出重点的任务。

2. 自然平实

一个人说话不自然,听上去常会让人觉得不舒服,觉得"味儿"不对。所谓"味儿"就是语调。那么朗读的"味儿"应是什么样的呢?朗读的知识性、转述性、严肃性、质朴性区别于表演的文娱性、趣味性、华美性,朗读不是表演。因此朗读时平易近人的,它的语调是自然的、平实的,具体表现为语言表达上的口语化。这种艺术化的口语必须建立在生活语言的基础上,既富有生活语言的气息,像日常说话那样自然,保持语言的真实性;又比生活语言更规范、清楚,更具感染力。

所谓规范、清楚,是指按照普通话的发音要求,对生活语言进行加工,成为艺术化的口语,这种艺术加工是不能离开生活语言基础的。主观臆断,创造一种矫揉造作的朗诵腔,不仅让人听着不舒服,还会破坏语言的真实性和感染力。

朗读的自然平实还要求忠实原作,不能脱离文章内容,追求自己的感情表达,使听者听不到作品本身的意思,而只见到朗读者的自我陶醉。如目前有些人用一种固定的朗读腔,不顾作品的内容性质和表情达意的需要,一律用一种脱离生活的语调。遇到情绪激昂的词句,便放开嗓门儿以高而强的声音去喊,而且语速极快,追求所谓的气势,对听者来说,这就像一股强"音流",根本听不到内容了;而遇到心情沉痛的词句,便用低而弱的声音去表现,并用极慢的语速,甚至一个字一个字地吐出,段不成句;遇到小孩的语言,就捏细了声音,假声假气;当老人出现,则嘴里像含了棉花,含糊不清……这样的表达,不仅不会增加语言的感染力,倒让人感到是在哗众取宠,是在表演口技。

朗读的语言不是口技,声音的高低强弱先应适合感情表达需要,既保持朴素自然的生活气息,又使在场的人都能听得清楚,却不感到是在喊叫。

朗读也不是表演角色,而是要用不同的语调区分开作品中的情节和任务。对于人物语言只要抓住人物特点加以语气区别,如性格、态度等,不能离开人物的自然语言而去创造一种特殊腔调。如同画家画人物,只要画出人物的某些特征,让人一看就知是谁即可。

以《迷途笛音》为例:六岁的"我"与"乡巴佬儿卡廷"的对话语言,挤捏或变化嗓音模仿儿童和"乡巴佬"的声音,追求角色化造型,都会给人装腔作势的感觉,并不会收到感染听众的效果。

(二)朗读的技巧

朗读作为再创作,把书面语言转化为有声语言的手段就是朗读的技巧。日常生活中,人们都能做到想说什么就说什么,想怎么说就这么说,是因为人们已经熟练掌握了说话的技巧。而朗读不同于说话,不能随心所欲,作者通过文字语言是"这么说"的,朗读者通过有声语言也得"这么说",表达自己心中的意思与表达别人心里的想法,显然在方法的运用上是有差异的。因此,朗读者要学会替别人说话的方法,也就是朗读的技巧。

朗读的技巧包括内部技巧与外部技巧。内部技巧是指内在机制调动,要进入作品,确定基调;外部技巧指停连、重音、语气、节奏等表达技巧的运用。

有人认为朗读的技巧只是指外部声音的表现,这是极端片面的。仅仅认识作者写的字是什么,就以声代字说什么,那只是非常机械简单的操作,也就谈不到技巧。只有明确作者想怎么说,朗读者才能调动自己从思想到声音的全部要素,运用内外部技巧努力实现作者的意愿。"明于心,表于外"——这是朗读的高级阶段。

1. 内在机制的调动

朗读者用口语重现作品的风貌、风格,文字与声音、写作技法与朗读技巧都是被用来体现作品风格与基调的工具。而指导这一切的是设计,也就是作者的思想、立意。朗读者必须准确把握住作者的思想脉络,才能使朗读成为文字作品的再创造。

(1)进入作品,弄清作品的结构、主题、立意、目的,把握作品的感情和态度,确定基调,贴近作者的思想感情(朗读者毕竟不是作者),然后再指导言语行为。因为,内在机制的调动是外部技巧运用的依据。

进入作品,应从分析理解文章入手,它包括:

第一,对一定语境中的词意的理解;

第二,联系上下文,理解句子的意义;

第三,了解段落、篇章大意;

第四,根据段落、篇章内容做出推断;

第五,把握作者的写作目的、意图。

根据以上的分析,确定作品所要表现的主题和作品的立意,并以此作为朗读所要实现的目的。以朱自清的散文《春》为例:

盼望着,盼望着,东风来了,春天的脚步近了。

一切都像刚睡醒的样子,欣欣然张开了眼。山朗润起来了,水涨起来了,太阳的脸红起来了。

小草偷偷地从土地里钻出来,嫩嫩的,绿绿的。园子里,田野里,瞧去一大片一大片满是的。坐着,躺着,打两个滚,踢几脚球,赛几趟跑,捉几回迷藏。风悄悄的,草软绵绵的。

桃树、杏树、梨树,你不让我,我不让你,都开满了花赶趟儿。红的像火,粉的像霞,白的像雪。花里带着甜味;闭了眼,树上仿佛已经满是桃儿、杏儿、梨儿!花下成千成百的蜜蜂嗡嗡地闹着,大小的蝴蝶飞来飞去。野花遍地是:杂样儿,有名字的,没名字的,散在草丛里像眼睛,像星星,还眨呀眨的。

"吹面不寒杨柳风",不错的,像母亲的手抚摸着你。风里带来些新翻的泥土的气息,混着青草味,还有各种花的香,都在微微润湿的空气里酝酿。鸟儿将巢安在繁花嫩叶当中,高兴起来了,呼朋引伴地卖弄清脆的喉咙,唱出宛转的曲子,跟清风流水应和着。牛背上牧童的短笛,这时候也成天在嘹亮地响着。

雨是最寻常的,一下就是三两天。可别恼。看,像牛毛,像花针,像细丝,密密地斜织着,人家屋顶上全笼着一层薄烟。树叶子却绿得发亮,小草儿也青得逼你的眼。傍晚时候,上灯了,一点点黄晕的光,烘托出一片安静而和平的夜。乡下,小路上,石桥边,有撑起伞慢慢走着的人;去地里工作的农夫披着蓑戴着笠,他们的草屋,稀稀疏疏的在雨里静默着。

天上风筝渐渐多了,地上孩子也多了。城里乡下,家家户户,老老小小,他们也赶趟儿似的,一个个都出来了。舒活舒活筋骨,抖擞抖擞精神,各做各的一份儿事去。"一年之计在于春",刚起头儿,有的是工夫,有的是希望。

春天像刚落地的娃娃,从头到脚都是新的,它生长着。

春天像小姑娘,花枝招展的,笑着走着。

春天像健壮的青年,有铁一般的胳膊和腰脚,领着我们上前去。

作者的目的是通过展现绚丽多彩的春天的美丽景色,歌颂生意盎然的青春活力。

(2) 朗读者要在理解的同时去感受作品,这种感受是朗读者通过对书面意义的理解而引发的对客观事物的感知、体会的过程。如"大雪整整下了一夜",生活体验让我们从这句话中应该感到了"冷",然而,《第一场雪》这篇作品中的情感基调是对这场瑞雪的"喜",因此应该把"喜悦"的心情在朗读中表达出来。这种有文字引发的感受,不仅表现在理解作品、体味作品方面,还表现在声音表达的过程中,感受越真实、越丰富、越具体,表达也就越形象、越细腻、越准确。

感受分形象感受和逻辑感受两种。形象感受包括:听觉、视觉、嗅觉、味觉、触觉、运动觉等等。如《春》中写春风"像母亲的手抚摸着你",这是触觉的感受;"风里带来些新翻的泥土的气息,混着青草味,还有各种花的香,都在微微润湿的空气里酝酿",这是味觉的感受;"鸟儿将巢安在繁花嫩叶当中",这是视觉的感受;"卖弄清脆的喉咙,唱出宛转的曲子,跟清风流水应和着",这是听觉的感受。

作品的逻辑关系,主要指全篇各层次、各段落、各语句之间的内在联系,犹如大厦的框架。如上例,从春天近了到万物苏醒;从天上到地上;从老老小小到投入工作。环环相扣,逻辑关系非常清晰。逻辑感受一是明确体现作品目的,要重点突出,主次分明;二是语言链条要清晰,不模棱两可。并列、递进、转折、对比、条件等逻辑关系要达到理性上的认识,化为逻辑感受,变成朗读者的思想,"心有所动,目有所见"之后,落实到语言表达上。

只有既重视形象感受的"面",又注重逻辑感受的"线",才能使朗读者顺利进入作者用文字构筑的大厦,全面而有序地把握它的全貌。

在理解、感受作品的过程中,朗读者同时会感受到作者在字里行间流露出的态度与感情,而朗读者在感受理解作品的过程中,也会不自觉地将自己的态度、感情融化在作品内容里,通过有声语言表露出来。态度有肯定与否定、赞扬与批评之分,感情有喜、怒、哀、乐之分等。这种通过朗读表现出来的态度与感情就是作品的朗读基调。

作品的基调,是指其总的感情与态度,它缘于对作品的理解和感受的综合结果,是整体感觉。把握基调,是把握朗读者某篇作品整体感觉的问题。只要这整体感符合作品立意,又体现在了朗读之中,就算把握住了基调。如《春》,从盼春、描春到颂春,展现了春天绚丽多彩的美丽景色,歌颂了生机盎然的青春活力。作者的情感是喜悦的,读后是令人振作的。这篇作品的基调就可定为:热情、赞美、积极向上。

2. 外部的技巧的调动

有了内心的感受和对作品的感情、态度的把握之后,朗读者要运用外部技巧将内在的感受和情感表达出来,其表达技巧为:停连、重音、语气和节奏。

1) 停连

人们讲话总会时断时续,这种词语或语句之间声音上的间歇或延续就是停连,停连的作用除了生理上换气的需要外,主要是表情达意的需要。

第一,停连的作用。人们将语句成分按表达需要进行组合区分,首先是要将语意表达清楚。如"他对我说谎",应在"他"后面停一下,这样表达的意思就是"他说谎"。但如果在"他对"后停顿,表达的意思就相反了,成了"我说谎"。其次是表达情感。如"我不想去"。连着说,表示坚决;在"我"后面停顿,或强调"我"不是别人,或表示犹豫、不坚决。停连在朗读中非常重要。

第二,停连位置的确定。首先要准确把握语句结构,明确句意,根据语法结构进行停顿,叫结构停顿。它包括几种情况:一是在文章的大结构中,题目与正文之间、段与段之间、层次与层次之间等。这种停顿表示一层意思的完结,停顿时间较长。二是标点符号大多停顿。标点是书写文章时,表示句意的符号。古文中称停顿处为句读,"句"指语意完整的一小段,"读"是句中语意未完,语气可停的更小的段落,"读"相当于逗号,"句"相当于句号、叹号、问号。停顿的时间大致为:段＞层＞句;句号、叹号、问号＞分号、逗号、冒号。顿号在区别并列词语时,一般不作停顿,要连读。例如:

水是一种良好的溶剂。∧海洋中含有许多生命所必需的无机盐,∧如氯化钠、氯化钾、碳酸盐、磷酸盐,还有溶解氧,∧原始生命可以毫不费力地从中吸取它所需要的元素。

(《海洋与生命》)

在结构停顿的基础上,语句中没有标点而由于语意表达的需要所作的停顿,叫语意停顿。这种停顿主要是为了揭示语句的语法关系,准确表意。例如:

船到一个转弯处,只见前面黑黢黢的山峰下面∧一星火光蓦地一闪。

(《火光》)

这一停顿如果在"山峰"后面停顿,表示"见"的宾语是"山峰",而不是"火光"了。

现在,无论是这条被悬崖峭壁的阴影笼罩的∧漆黑的河流,∧还是那一星明亮的火光,都经常浮现在我的脑际……

(《火光》)

同样的道理,这一停顿不可以在"阴影"后面。

朗读时必须联系上下文,正确把握语意之后作出恰当的停连设计。

此外,语意停顿还可以强调突出某一成分。例如"三百多年前,建筑设计师莱伊恩受命设计了英国温泽市政府大厅",在"莱伊恩"后停顿,强调主语"莱伊恩"。

还有一种停顿,常常是由于朗读者内心的活动变化使语言出现了间歇,是感情停顿。这种内心的活动过程都是可以用内在语加以解释的。例如:

"他∧说了算?"

（真的）

"春天的脚步∧近了"

（你听）

"别给你爸爸摆碗筷了,他∧不会来了。"

（怎么说呢？）

第三,停连的运用。停顿的方法有两种:"声止气断","声止气不断"。结构停顿常常采用"声止气断"的停顿方法。气停,表明一个句子、一层意思的完结,有结束感。语意停顿和感情停顿常常是"声止气不断",即停顿时气息保持连续（并非大喘气）,给人意思上的完整性。

停连的方法要按照文章的意思、表情达意的需要作灵活的运用。如:"桃树、杏树、梨树、你不让我,我不让你,都开满了花儿赶趟儿"是顺势而行,连接紧密；"山川、河流、树木、房屋,全都罩上了一层厚厚的雪"是连而不断,概括全面。

需要特别指出的是,停连与气息的控制有密切的关系。语言的停连,需要通过气息的断连加以表现。通常情况下,表明句意的结束时,用气停,作换气处理。意思表达没结束,在表述过程中气息需要连续不断,这种情况下句子太长,往往需要补气。句子短,则不需要补气,一气呵成,意连情不断。

换气的方法要根据感情态度的需要采取不同的呼吸状态和方法,如难以压抑的激动情绪,要快吸慢呼；平静舒缓的,要慢吸慢呼；急促紧张的,要快吸快呼……

2）重音

在朗读中,组成句子的词或词组在声音形式上会有轻有重,有强有弱,即所谓抑扬顿挫。在句子中最受强调的词或词组,往往就是最能够表明句意及句子目的的最主要的词语。对这种词语在语气上加以强调就是重音。

重音与轻音格式不同。重音存在于语句中,是一个句子中被强调的主要词语,其位置由语意决定;轻重格式存在于词或词组中,比较稳定,不能改变。

第一,重音与语句目的。每句话都是有目的性的,而这种目的性主要靠重音来体现。不同的重音落点会产生不同的语言目的与态度。

例如,"莫高窟的彩塑,每一尊都是一件精美的艺术品",对不同的词进行强调,达到的目的是不同的:如果回答什么是艺术品,就要强调"彩塑";回答哪里的彩塑是艺术品,就要强调"莫高窟";回答"莫高窟的彩塑"是什么,就要强调"艺术品";如果将重音放在"每一尊"上,就有可能是对莫高窟所有彩塑的肯定。

重音的位置要由语意来决定。语言的目的要靠重音来体现。

重音的目的是通过强调词语突出语意。重音越少,目的越明;重音越多,目的越含糊。试想,如果将"莫高窟"、"彩塑"、"每一尊"、"艺术品"都读作重音的话,那这句话也就没有重音了,也就没有目的性了。所以一个句子重音不可过多,但至少有一个重音。

第二,重音的确定。重音分两种情况:语法重音和情感重音。

语法重音是在不表示特殊意义的情况下,根据语法结构的特点而确定的重音。其规律是:

(1)陈述句中的主要词语作重音。如:

"一位访美中国女作家,在纽约遇到一位卖花的老太太。""女作家"、"遇到"、"老太太"是这个句中主、谓、宾中的主要词语。把这三个词语强调了,这句话的意思就基本清楚了。

(2)起说明、修饰、限制作用的主要词语常常读作重音。如:"不是五岳独尊的泰山,却像一幅规模惊人的青绿山水画。"(修饰)

"……点缀着数以千计的圆形土楼……"(说明)

(3)数量词通常读重音。如:"这块广袤的土地面积为五百四十六万平方公里,占国土总面积的百分之五十七;人口二点八亿,占全国总人口的百分之二十三。"

（4）体现逻辑关系的关联词，以及能够体现逻辑关系的对应词，常读作重音。如："如果电锯出现了故障，他只能束手待毙了。""燕子去了，有再来的时候；杨柳枯了，有再青的时候；桃花谢了，有再开的时候。"后一例中，三个排比句，每句中都有一层转折的意思。虽没有关联词，但"去与来"、"枯与青"、"谢与开"的对比非常明显。

（5）表示判断的主要词语读重音，如"行、不好、可以"等。这些词语主要是表明肯定或否定的态度，可突出语句的目的。如"在科学方面我们有对事业而不是对财富的兴趣"。

情感重音也称强调重音，是指为了表示某种特殊的感情和强调某种特定意义而设置的重音。它有以下几种情况：

（1）渲染感情。如将比喻、象声词和一些形容词或词组读作重音，可以突出感情色彩。如："他笑了，蹦蹦跳跳地回家了，像只喜鹊。"（比喻）"树木的枯枝被雪压断了，偶尔咯吱一声响。"这里象声词表明了雪之大。

（2）强调语意。强调重音完全取决于表意需要，重音不同会造成语意差异。如：我想写信（别人想不想不知道）；我想写信（只是想）；我想写信（不是写别的）。

语法重音与情感重音有时会产生矛盾，解决二者矛盾的共同出发点是以体现语句的目的为中心。例如：

在船上有一只大猴子在人群里钻来钻去。

猴群中一只大猴子站起来说……

"大猴子"在两句话中作了不同重音的处理。前一句突出了人群中有猴子，后一句突出了这只猴子的特点是"大"。

所以，确定重音首先以句意清楚为前提，既要在语法重音确定的基础上，再根据情感和语句的目的，确定需要强调的重音。二者并不是以谁为主的问题，而是有一个顺序问题：先了解后强调，先语法后情感。当然，具体运用时语法要依从情感。

第三，重音的变化手段。重音并非就是加重声音，可以用快慢、强弱、高低、虚实、停连等多种方法来达到强调。例如：

（1）弱中加强。重音要在非重音的环境中才能存在，在弱中加重音量会更加突出重音的效果。如:"我常想读书人是世间幸福人。"

(2) 低中见高。如:"可别恼。看,像牛毛,像花针,像细丝,密密地斜织着。"

(3) 快中显慢。如:"园子里,田野里,瞧去,一大片一大片满是的。"这里的"满"字放慢速度,让人感到看不出来。

(4) 实中有虚。虚声的运用使所强调的词有了形象和感情。如:"小草偷偷地从土里钻出来,嫩嫩的,绿绿的。"

(5) 连中有停。在要强调的词前略停顿一下,可以起突出强调的作用,如:"来去的中间,/有怎样地匆匆呢?"

3) 语气

在朗读活动中,不论何种文体、何种句式,每句话都含有具体的思想感情,这种通过声音形式反映出来的所知、所求、所疑、所感等情绪就叫语气。

第一,语气的构成因素。语气首先要受一定的具体思想感情支配。朗读者有什么样的思想感情和态度,就会产生与之相符的语气。语气随其思想感情和态度的变化而自然变化。没有思想感情的语言是不存在的。当把文字作品转化为有声语言时,必须引发出与文字作品相应的思想感情,才可能恰如其分地表达情绪。语气是在表意基础上的情感与"音外之意"的传送。由于同一社会共同的生活,人们产生了共同的语感,人们可以通过彼此的语气表达来理解语意和感情。因此,语气的表达离不开具体的思想感情和态度,失去情感的依托,语气也就僵硬、冷淡,原文字作品中的情感也就因此而丢失。

其次,能够表达语气的最小单位是句子。一个词或一个词组在没有前后语言环境相呼应的时候,根本谈不上语气,只能是表意。重音和停顿虽然也可以表达情感,但它们只是对某一个词或词组加以强调突出。如果说重音、停顿注重的是语意的准确表述,那么语气就是在表意清楚的情况下,达到表明态度的目的,它表现的是这一语句的情绪。语气离不开重音、停顿的表意强调作用,它的表达范围是句子。

另外,语气在朗读者的内心活动中是无法实现的,必须诉诸于声音,从声音中才可验证语气的准确程度。

语气在声音的表现形式上有升降、高低、刚柔、长短、轻重不同的语调变化。语调是区别于声调的。声调是字调,起着区别字义的作用,而语调是句调,它的作用是区别不同的语气。例如"啊"字,在日常生活中,不同的语调处理,就有多种情感表现:有惊异的"啊",有赞叹的"啊",有惊疑的"啊",有兴奋的"啊",有悲痛的"啊",有表示明白的"啊"等等。如果仅就"啊"的四声声调,是获取不了这么丰富的情感的。因此,语气的最终表露是声音的表现形式,即语调。

第二,语调。语调对表达语意、情感、态度及言外之意起着决定性的作用。语气只能通过语调表现出来。

语调不像声调有固定的模式(阴阳上去),它是没有定势的。有人将语调简单地理解为升降、高低,这是很片面的。每一种语气的语调,又要调动音高、音强、音长、音色诸要素的变化,以及气息的控制等。声音形式由强到弱、由高到低,气息的深浅,口腔的松紧、开闭等变化,都是在非理智控制下瞬间完成的,是没有公式可套的,全凭一种语感指导下的驾驭语言的功力。

但是,语调与句法是有关联的。一般来说,在心情平静的时候,叙述句常用平直调表示,疑问句常用升调表示,祈使句常用曲折调表示,肯定句常用降调表示。例如:

他五点回家。(平直调)

他五点回家吗?(上升调)

他是五点回家。(降调)

让他五点回家!(曲折调)

我们可以将以上几种语调称为基本语调。基本语调从社会习惯来讲是固定的,这种固定的语调往往是为表达语意服务的,是在感情平静的情况下说出的。

第三,语势。语调的表现不仅是某个字或某个词的升降变化,而是将这种高低升降变化贯穿于全句。如:"这是怎么回事?"语调是上升的,从"这是"开始,就有了上升的趋势,并不是从"事"上才开始上升的,整个句子的语气是逐渐加强上升的。而"是这么回事",

语调是下降的,每一个字都呈现了下降的趋势。

我们将两句对比起来听,"是"、"回事"的强弱高低变化是有区别的。因此,语调是贯穿于全句的一个调子。这个调子在句尾表现明显,在句首、句中呈现语调的流向,这种流向与趋势称为语势。

在基本语调的基础上,由于语言环境及朗读者思想感情和态度的不同,语势往往显示多样性与复杂性。在基本语调不足以表现语调的全部内容的时候,语势的变化可以帮助感情的充分表现。语势要比基本语调复杂得多。如果说基本语调揭示了语意的基本情绪,那么语势就是对情绪更加细致入微的刻画。例如"你看",不同的语势,表现了不同的情绪与态度。说得高而平,表示惊讶的语气,如:"你看,把事情办糟了吧。"处理成高而扬的调子,则可以表示一种疑问句,如:"你看?你能看懂吗?"而由降到升再降的处理,则表现出一种厌烦的情绪,如:"你看!全给你看好了。"

我们讨论的语势只是一个大体的范围,喜、怒、哀、乐、惧,在每一种情绪当中,还存在程度上的差异。例如高而平的"你看",都是指给别人看的,表示惊讶的,但语势的强与弱、长与短,情感也有着细微的差别。声音重一些,稍长一点,表示看的东西大而远,"你看,那座山有多高哇!"声音轻短,甚至虚声,这表示让人看的东西微小,在近处。如:"你看,这小鱼儿游得多快呀!"在惊讶之余,还有几分喜爱的意思。又如:"癌症是当今人类最大的杀手。""正当他决心大干一场的时候,却被告知得了癌症。"两句话都是说癌症,语气都不轻松,但第二句的语气明显要重于第一句,在沉重之中又有一份沉痛。因此,这种语势的细微差别、情绪分寸的把握,体现出了语气的分量。

语气是一种技巧,是通过语调表现出来的。语势的多样性又帮助语调在表意的基础上更加细腻地表达丰富的情绪,最终实现语气的色彩。语气的色彩是十分丰富的,有时是多种多样的感情融合在一起的,当然,这多种多样的感情肯定有主次之分。因此,需要朗读者深入体味文章,从各种角度去引发情感,而不能仅从文章大意出发,"某句是喜悦的,某句是悲痛的",陷入形式主义,造成语气的教条化。

"语无定势",语气的语势是变化的。要确立一个语句的语调,必须要和整个文章的中心思想联系起来,根据上下文的要求,把正确的语调确立下来。要本着从理解作品的中心思想和人物性格等出发,而不是孤立地分析单句。要将语意与情绪统一起来,根据文意的变化适时调整情绪,恰当精确地运用语调,表达出不同的思想感情。

4)节奏

在音乐当中我们比较容易理解节奏,它是音乐中交替出现的有规律的强弱、长短的现象。大千世界,事物本事就有各自的节奏,语言表达要反映出这种节奏。这些节奏通过有声语言加以表述时,就有了轻重疾缓、抑扬顿挫的回环往复,显示于全篇作品的朗读过程中,就是语言的节奏。

语言的节拍是衡量语言节奏的单位。请看下面这段话中语节的划分:

这里/除了光彩,/还有淡淡的芳香。∧香气/似乎也是浅紫色的,/梦幻一般/轻轻地/笼罩着我。

每个语节内词语的时值只是相近,并不求相等(它不同于音乐的节拍)。语节内词语密,语流就快;反之,语词少,语流就慢。语流的快慢体现了语言的节奏。当然,语节也可表现语速。

节奏的核心,仍然是为感情表达服务。高兴时,节奏就加快;悲伤时,语流会放慢。朗读的节奏实际上是将一句句不同的语气串联起来,在语气的变化中显示整篇作品的情感。朗读的节奏是作品多语句、多层次的推进形成的。郭沫若把音响的节奏分为两大类:"……先扬后抑的节奏,便沉静我们。先抑后扬的节奏,便鼓舞我们……"所以,语言的节奏不是固定腔调,不是每句话都用同样的高低强弱去读,形成千篇一律的节奏,使语言和情感脱节。

第一,节奏与速度。有这样两句话:"一列火车/飞驰而过"和"只见黄色的校车,艰难地/在路边接孩子"。显然,两句话的语速是不同的。描述"飞驰"状,语速快,语势上扬;而"艰难地"语速要慢,表示在暴风雪里校车行进的缓慢。语速与节奏有一定的关系,但语速并不能完全代表节奏。从一个句子的语速看不出整篇的节奏,但个体汇聚成整体,全篇的节奏是由一个个单句决定的。在全篇中,主要语句的语势在语流中形成多数相似语势的原型,造成了回环往复,这篇作品的节奏就由此显露。

第二,节奏的运用方法。节奏的类型大致可分为六种:高亢型、紧张型、轻快型、低沉型、凝重型。这六种节奏类型,在同一篇文章中,并不是处处都能够得以体现,而是以某种类型为主。运用这些节奏的方法有四个角度,即快与慢、抑与扬、轻与重、实与虚。

(1) 欲扬先抑,欲抑先扬。扬与抑是指感情的进与退。感情的爆发是"扬",压抑是"抑"。如果从声音上分析,高则扬,低则抑。如果下一句、下一层、下一段要扬,那么这一句、这一层、这一段就要抑,即主要部分要扬,次要部分就先抑,反之亦如是。欲扬先抑,欲抑先扬,最终形成抑扬顿挫的节奏,如《麻雀》。

(2) 欲快先慢,欲慢先快。快慢指的是语节中词的密度大小。语节中,词越多、停顿越少,就快;语节中词越少、停顿越多,就慢。在抑扬变化不大的情况下,快慢的作用就较为显著。快慢的往复也是节奏的一种转换形态。在朗读中,一味地快与一味地慢都是单调而乏味的。只有快慢结合,先快后慢或先慢后快,才有语言的节奏。先快后慢的方法则更为常见,如《春》。

(3) 欲重先轻,欲轻先重。轻重变化,可以包括虚实变化,因为实声中有轻重之分,轻到一定限度就会转为虚声。轻重相间、虚实相间的回环往复,就造成了节奏感。如《世间最美的坟墓》是典型的凝重型节奏。欲重先轻的表达方法是一般常用的方法。

以上这些方法,在朗读实践中是交错、重叠使用的。

【思考与练习】

1. 联系作品谈谈朗读与朗诵的异同。
2. 先用"∧"标出下面各段中的停顿,然后再朗读。

一个人的一生,只能经历自己拥有的那一份欣悦,那一份苦难,也许再加上他亲自闻知的那一些关于自身以外的经历和经验。然而,人们通过阅读,却能进入不同时空的诸多他人的世界。这样,具有阅读能力的人,无形间获得了超越有限生命的无限可能性。阅读不仅使他多识了草木虫鱼之名,而且可以上溯远古下及未来,饱览存在的与非存在的奇风异俗。

《读书人是幸福人》

地球上的人都会有国家的概念,但未必时时都有国家的感情。往往人到异国,思念家乡,心怀故国,这国家概念就变得有血有肉,爱国之情来得非常具体。而现代社会,科技昌达,信息快捷,事事上网,世界真是太小太小,国家的界限似乎也不那么清晰了。再说足球正在快速世界化,平日里各国球员频繁转会,往来随意,致使越来越多的国家联赛都具有国际的因素。球员们不论国籍,只效力于自己的俱乐部,他们比赛时的激情中完全没有爱国主义的因子。

《国家荣誉感》

慈爱的水手们决定放开它,让它回到大海的摇篮去,回到蓝色的故乡去。离别前,这个大自然的朋友与水手们留影纪念。它站在许多人的头上、肩上、掌上、胳膊上,与喂养过它的人们,一起融进那蓝色的画面……

《可爱的小鸟》

3. 朗读下面各段文字,体会朗读重音与节奏。

十年,在历史上不过是一瞬间。只要稍加注意,人们就会发现:在这一瞬间里,各种事物都悄悄经历了自己的千变万化。

《莲花和樱花》

站在水边,望到那面,居然觉着有些远呢!这平铺着、厚积着的绿,着实可爱。她松松地皱缬着,像少妇拖着的裙幅;她滑滑地明亮着,像涂了"明油"一般,有鸡蛋清那样软,那样嫩;她又不杂些尘滓,宛然一块温润的碧玉,只清清的一色——但你却看不透她!

《绿》

突然,狗放慢脚步,蹑足潜行,好像嗅到了前边有什么野物。

《麻雀》

第八章
说话训练

一、什么是说话

学习普通话的最终目的是能够运用普通话进行口语表达，从而更好地与别人交际和交流思想感情。当今社会，信息技术特别是计算机网络技术日益发达，人类已经能够通过人机对话用计算机进行复杂的信息处理，在因特网上进行信息传递和思想交流。电子邮件、网上聊天、虚拟社区、远程教学已经和我们的生活息息相关。但是，我们应该清醒地认识到，当今人们日益频繁的交往中，仍然有70％左右信息是通过口语来传递的。电脑毕竟是对人脑的一种模仿，网上的交流，无法展现出人的语言活动的丰富性、生动性、现实感、精神力量和创造性。

（一）什么是说话

说话，简单地讲，就是用语言表达一定意思，即说话人通过零散的或成段的语言传递自己的思想感情。听者则通过说话人的语言来理解、判断、接受并作出反馈。它是社会生活中人们传递信息、交流感情、完成任务等活动的重要手段之一，也是一种基本的语言技能。从语言学角度来看，它是属于言语范畴，是对语言的具体运用；从语体角度来看，它属于口体语体，与书面语有着较大的区别；从信息论的角度来看，它具有编码、发送、接收、解码、反馈这样一个复杂的动态过程。它是心理、生理、物理活动的整合，更是说话人语言能力、知识积淀、心理素质、社会经验的综合体现。

依据不同的标准，可以把说话分为很多种不同的类型，比如，有日常生活会话，有事务性活动说话；有伴随性说话，有原发性说话；有零散的说话，有成段的说话；有依据文字材料说话，有不依据文字材料说话。普通话测试中的说话指的是没有文字凭借的命题说话。

（二）说话的特征

说话属于口语表达范畴，和书面表达相比，说话具有自身的特性：

（1）音声性。说话主要靠声音传递信息，是由声音表现的音节、词语、语句、语段、语调等因素构成表意、表情系统，它要求声音准确清晰、清亮圆润、富于变化。

（2）现场性。说话有一定的情境，有特定的对象、环境、气氛，有强烈的现场感，对说话人的心理素质提出了很高的要求，要求口语表达要"切境"。

（3）简约性。说话通过口耳相传，听话人需进行同步的接受和理解，并作出及时反馈。因此，它要求说话人用语简洁明了，生动形象，结构清晰直接，多采用一维的线性结构，尽量口语化。多用短句、单句，少用长句、复句；多用大众化词语，力求平易自然，不用方言词语、生造词语、古语词、专业词语、生僻词语、容易产生歧义的词语。

（4）双向性。说话往往是面对面的，不管是单向说话还是双向多向说话，它都有具体的听者，是一个由"说—听"构成的双向互动系统，这就要求说话人要考虑到说话的言语环境和听者的性别、年龄、身份、知识背景等社会角色特征，考虑到听者参与说话活动的目的和动机，强化说话的针对性。

（5）即时性。说话主要靠口耳相传，语音一发即逝，对说话人的思想速度和广度、言语的组织效率都提出了很高的要求，同时，制约了词语的选择、语句的表达、结构的构建。

（6）灵活性。说话是一个动态的过程，在整个表达进程中，说话人需要根据自己表达目的实现现状不断调节自己话语的内容。说话话题的选择，说话节奏的变化，根据听者反馈所作出的调整，说话中的修正和补充，都显示出很灵活的特点。

（7）综合性。说话时，说话人要同时协调思维、言谈、视觉、听觉等活动，要调动语音语调、言辞态势等表达手段，要综合利用各种社会知识、专业知识，体现出很强的综合性。

（三）说话的过程

人们在说话时运用的语言，分为内部语言和外部语言，前者是指人们在思考时不发出声音的语言，后者是指人们说话时的有声语言。从说话动机的形成，到言语的编码，形成成段的语段，到最后的发送，要经过一系列的心理、生理运作。在其中任何一个环节出现问题，都会导致说话效率的降低。

说话的过程是指把人们的初始思想，经过内部言语的组织，借助准确的词语、概念，排列成严密的逻辑句式，采用恰当的修辞方法，迅速、准确、生动、得体地转换成外部语言，并成功地发送出去的全过程。了解说话的过程，对我们掌握说话的原理和技巧，是大有益处的。从信息学的角度来看，信息的传递应该包括编码、发送、传递、接收、译码、反馈这样几个环节。具体到说话，则应该是由下列几个环节构成的：选择话题；推敲主旨；组织材料；整理思维；形成话语；声波输出；听者理解；有效反馈。我们把以上环节分为四个阶段：

1. 启动阶段

（1）选择话题。话题的选择有主动性选择，有被动性选择。一般生活中的话题选择基本上属于主动性选择，说话人根据表达情境的需要、自己的表达目的、交流的对象，选择合适的话题。普通话水平测试中应试人话题的选择属于被动的选择，说话人需要在短时间内二中选一，根据自己熟练的程度、兴趣、驾驭能力选择合适的话题。

（2）产生动机。说话人向听话人传递信息，都是为了实现某种愿望，满足某种需要，达到某种目的，因此，说话人必须有一定的说话动机。产生和形成说话的动机，对于加强说话的针对性，提高说话效率是必不可少的。动机的产生和形成受制于说话的对象，具体的语言环境甚至是具体的话题，它把握着说话的方向、方式。

（3）形成语言点。语言的生成是由人的大脑神经中枢负责的，有意义的语言有次序地组织是由人的左脑语言区（布洛卡区）负责。说话人在外界信息的触发下经过快速的分析、综合、归纳、演绎，形成具有密切联系的"语言点"，这些"语言点"是说话的基本和原动力。通过对这些语言点的选择、剥离、整合、联结、扩展,最终形成成段的话语。

(4) 搜集材料。选择了话题,产生了动机,形成了语言点,说话人就开始在记忆库和知识储备中寻找说话的材料。个人生活经历和体验、社会知识、事实材料、词汇语法系统的选取成辐射式展开。形成外表零散,内在关联的初始思维。

在完成了以上几个环节的任务之后,说话人开始进入第二个阶段。

2. 整合阶段

(1) 确定中心。说话人在接触、确定话题之后,必然会根据话题的内容和特定情境的需要确定说话的范围、重点、线索,进而形成一个说话的中心或主题。主题确立不当,或者主题不明确,都会产生言语混乱、主题游离、结构松散、言不达意等问题。

(2) 整合材料。在确定了说话的中心之后,说话人会根据表意中心的需要选择各种材料,对材料进行再加工——取舍、剥离、对比、定位。哪些该用,哪些详述,哪些概述,词汇的选择搭配是怎么样的,都会在这个环节完成。

(3) 构建结构。话题、中心、材料都已具备时,说话人会从整体表达的需要出发,加以梳理,并选择一个最有效率的结构将这些散零的部件有机地组织起来,形成一个完整的语意网络。没有结构或结构散乱,都会使所有的准备付之东流。

(4) 形成话语。在这个阶段,说话人思想明晰,材料充实,结构明确,到了将这些内在语言串联成成段的语流的时候,最后形成我们所能听到的完整的一段话。

3. 发送阶段

(1) 判断语音。在内部语言形成后,说话人开始进入发送阶段。在普通话水平测试中,由于主要是考查说话人的语音状况,说话人还有一个对自己所表达的内容的字音的判断,如区分平翘、边鼻、前后鼻尾韵,避开自己的语音弱点。

(2) 选择语调。说话时,还必须根据表达内容的差异,使用停连、重音、句调、语速、节奏等语调技巧,强化语意,抒发感情。使自己的话语呈现出轻重缓急、高低强弱、抑扬顿挫的流动态势。

（3）发送语流。用规范标准或比较规范标准的语音,清楚、连贯地将说话内容传送出去。成功的发送是达到说话目的的必由之径。

（4）用态势语。说话是一种现实感强的表意活动,它是通过听觉来接收的。为了补充言辞表意的不足,强调表意的重点、情感,体现出表达内容的层次性、逻辑性,说话人应该有效地辅之以态势语言,如眼神、表情、手势动作等。

4. 调整阶段

（1）接收反馈。不管是一般的说话,还是普通话水平测试中的"说话",对说话反馈信息的接收、判断、分析都是调整说话策略、有效延续说话的前提和依据。交谈时察言观色,测试时根据测试员的提示（如语速快慢、声音大小）来调整自己的表达,都是合理利用反馈信息的一种表现。

（2）调整表达。说话是一个双向互动的过程,更是一个动态的充满变化的过程。学会调整自己说话的方向、策略、方式以及语调,适时而变,应景而变,才会使自己在说话活动中处于主动地位。

从以上对说话过程的分析看出,说话并不是一件简单的事情,它需要我们作好各项准备,训练各项技能,积累相当丰富的知识,培养良好的心理素质。而普通话水平测试中的"说话",更要求"言思同步",反应敏捷,要能够在较短的时间内完成各个环节的任务。

二、普通话水平测试中的"说话"

普通话水平测试中的"说话"是考查应试人在没有文字凭借的情况下,说普通话的能力和所能达到的规范程度。它不仅要考查说话人声、韵、调、音变发音的规范程度,还要考查语速、停连、重音、句调等语调技巧的使用,要求表达自然流畅。同时,在词汇、语法方面,要求使用规范,合乎现代汉语口语的规范要求。而潜在的是对说话人心理素质、思想水平、知识储备、实践经验的考查。说话人由于在这种情境下往往只注意言语内容的组织,因此,常常会暴露出许多在单字、双音节词、多音节词、朗读测试项中可能会掩盖的发音失误,应试人在说话时所反映出来的普通话状况就更真实,更接近其真实的水平。

(一) 普通话水平测试中"说话"的区别性特征

(1) 从测试的话题来看,"说话"的内容大都和日常生活有关,涉及工作、学习、娱乐、社会现象、人生经历等方面,应属于日常会话范畴。

(2) 从事先知道所有的测试话题,并且有准备的角度来看,它应当属于有提纲、有不完全准备的即兴发言。

(3) 从其说话的目的是为了通过成段的表达检测普通话水平并得到一定的分值来看,带有很明显的针对性和功利性。

(4) 从测试主要是采用单向说话的角度来看,应试人的表达带有很强的独白性。

(5) 从测试规则对说话人的语音、词汇、语法、自然流畅程度、切题的要求及测试的时间限制、话题限制、操作程序来看,它不同于一般的说话,有其自身的特殊规律和要求,呈现出很强的规约性。

(6) 从应试人在表达中所调动的各种因素来看,它是发音能力、思维能力、应变能力、心理承受能力、知识再现能力的一种整合,带有很明显的综合性。

由此可以看出,普通话水平测试中的"说话",既具有说话的一般性特征,又呈现出交叉、融合的色彩。我们要充分认识它的个性特点,把普通话水平测试中的"说话"和日常生活会话、朗读、演讲等表达形式区分开来,采用合乎要求的表达方式来组织话语,有效地平衡语音语调、词汇语法、思维方式、心理素质各个系统,发挥其综合效用。

(二) 说话的要求

普通话水平测试的说话考查是全面综合的,它不是单独考查应试人某一方面的水平。虽然它不是对说话人口才、知识修养的一种检阅,但毕竟要依托成段的语流和充实的内容,这时,应试人的知识储备、词汇积累、谋篇布局能力、心理素质、社会阅历成为隐性的话语背景,不可不重视。因此,不能仅仅把说话当作语音活动,而应该

遵循说话的一般性规律,注意以下要求:

1. 语音自然,语气适宜

说话时要按照日常口语的语音、语调来说话,不要带有背诵、朗诵、演讲腔调。发音要规范、清晰、饱满,但不要生硬、机械,特别注意变调、轻声、儿化韵的发音、语气词"啊"的变化、词语轻重格的处理;音节之间的连接流畅,避免出现"蹦字"、"吞音"现象;语气亲切、自然、朴实无华,适合表达内容、情感的需要;语调的处理以体现语流的结构层次为主,不要夸张或过分美化;节奏的变化、语调的起伏不要太大,语速宜采用中速。

2. 思维敏捷,灵活善变

应试人虽然在测试前知道测试的50个题目,并有所准备,但在测试时候真正面对2个备选题目时,有时会有无处下手的感觉。这时,敏捷的思维就起着决定性的作用。应试人需要迅速确定话题,明确主旨,构建结构,选择材料,把不太明确的"语言点"和初始思维扩展为连贯的话语。思维的速度要快,要善于捕捉稍纵即逝的思想火花,在纷繁复杂的材料中锁定合适的、形象的部分。要善于建立起散乱材料之间的链接关系。由于在备测室的准备时间总共只有10分钟左右,而分配给说话的准备时间最多只有4~5分钟,因此,这些工作只能争分夺秒,讲求效率。灵活多变是指要善于把自己不太熟悉的题目、不能完全驾驭的题目转化为自己熟悉的内容,学会限制大的话题,巧妙地转化话题,化繁为简,化大为小,避难就易,扬长避短。

3. 立意明确,内容集中

不管是叙述性的题目、说明性的题目还是评论性的题目,都应该有一个明确的话题中心。它有时是一个明确的观点,有时是一种真实的感受,有时是生活中的一段经历,有时是人或物等特定对象的特征。这个话题中心必须用明确、简短的语句加以概括、提炼,成为说话的主旨或核心,在说话的开头部分表达出来,适当地用重音加以强调。在说话时,要学会合理地限制话题,从小处着手,内容相对集中,使说话有清晰的范围和明确的指向。不要说"流水账",漫无边际。

4. 结构有序,适切语境

结构有序,才能把各种材料有机地串联起来,形成一个整体。结构松散,甚至是完全没有结构,就会让听者感到言路不清、语脉不明、表达残缺。话题不同,所采用的结构就不同,但都应该有话题导入、主题展开、收拢全篇这几个主要环节,做到首尾呼应,层次分明,过渡自然,主次有别。同时,说话所采用的结构要考虑到 3～4 分钟这样一个时间要求,不宜采用跳跃性强的结构,而应选择较为简单的结构,如层递式、并列式、对比式等。从表达的段落数来讲,应控制在 6～7 个段落,每个段落的结构功能(开头、过渡、主体、结尾、总括等)要比较明确。

5. 用词恰当,贴切易懂

说话时,应试人往往来不及对所说的话进行细致的润色和加工,听者也很难仔细琢磨、认真推敲。为了保证话语流畅易懂,减少由于词义晦涩、词语偏僻、词语堆砌带来的信道干扰,说话人用词应该少雕琢,少渲染,做到通俗易懂、平易自然。多用口语词,少用书面语、古语词,不用生僻词、同音词、专业词语、容易产生歧义的词语,不在说话中夹杂不规范的时髦用语、带有阶层团体色彩的特殊用语。

6. 语句流畅,条理分明

说话时语句流畅,条理分明,表意就会清楚明晰。相反,说话断断续续,不仅难以使测试员完整、准确地把握说话人的言语内容,还会加重应试人自己的心理压力,严重的还会导致说话中断。要做到这一条,在句式选择上,多用短句,少用长句;多用单句,少用复句。避免重复和反复纠正说过的话。改掉说话时带"口头禅"的毛病,如"嗯"、"呃"、"这个"、"也就是说"、"然后"等。不要突然改变说话的内容或方向,插入与表达主旨无关的话语。

7. 内涵丰富,针对性强

空洞、抽象、单薄的话语往往使人觉得很枯燥乏味。因此,在说话时,应该注意所选材料的生动性、形象性、具体性,使用能使人产生联想、通感的词语。叙述性的题目,应该保证叙述中有过程,有细节,有场景,有描写,有感觉,有体味。议论评述性的题目,应该保证有充实的论据,特别是典型的事实材料,在抽象的说理中蕴涵一种感人的精神力量。

8. 言思同步,逻辑性强

普通话水平测试中的"说话"要求在准备时间很短的情况下,完整、流利地完成3～4分钟的一段表达,对说话人思维和言语的一致性、同步性是一个严峻的考验。这就要求我们在把握整体方向,构建清晰思路的前提下,学会边想边讲,即做到"言思同步"。有很多应试人在测试前冥思苦想,设计出一个很好的开头,并且用完整的语句表达出来,但在进入说话的主体部分之后,则出现思维混乱、语句凌乱、神情慌乱等问题。究其原因,是不能做到快速思维,在说的同时,提前考虑后边将要说的内容。说话时,还应当注意说话的逻辑性,正确地运用概念、判断、推理等逻辑手段,做到言之有理,言之有序。

(三) 普通话水平测试中常见的"说话"失误

1. 言语失畅

言语失畅是最常见的一种测试失误,具体表现为无谓的重复、长时间的停顿、反复的改正、大量的口头禅、语流断断续续、话语各部分之间缺乏关联、三言两语就无以为续。言语不畅的根本原因还是思维问题,快速思维、整体思维的训练不够。

2. 背话

背话是最具有隐蔽性的一个问题。很多应试者在测试前作了相当充分的准备,甚至采取"集团作战"的形式,将50个题目写成文章,死记硬背。希望用这种"技巧"掩饰自己的语音问题,使自己的语流通畅,表达完整。在测试时,应试者往往将视线集中在某一个固定的地方,表情木然;语调、节奏单一,缺乏表现力;有时会忘记说话内容,出现长时间的停顿,缺少灵活性;说话的语言带有明显的书面语色彩;说话时常常机械地重复某一句话、某个词语。显然,这样的"说话"不能真实地反映应试者的真实水平,按照评分规则,背诵是要扣分的。

3. 语调不自然

除了前面提到的语调夸张、做作之外,缺乏必要的轻重处理、停连处理、句调的抑扬处理、语速的快慢处理也会造成语调单一、生硬的不自然感。测试时,语调不自然往往表现为"数字儿"、发声飘浮、音色不真实等。该强调的没有强调,该停顿的没有停顿,缺乏声音的立体美、流动美。

4. 声音轻细

有些应试人或由于发声的习惯,或以为发声低、细能掩盖一些发音失误,或没有运用必要的呼吸和共鸣方式发声,在说话时声音轻细、模糊不清,好像在自言自语,影响了说话的信道畅通。

5. 表达旁逸、离题

说话缺乏前后的一致性,常常莫名其妙地插入和说话中心或主题无关的话语,形成表达旁逸。有的甚至完全偏离了话题范围和主题,造成离题。这两个问题主要和思维滞后、混乱,结构松散有关。

6. 思维短路

说话人突然出现"语言空白",完全不知道怎么讲下去。思维短路的原因主要是心理紧张,对整个说话过程没有一个通盘考虑和整体构思,细节考虑得多了一些,全局考虑得少了一些。说话的各个部分之间缺乏明晰的联系。

7. 口误

产生口误的原因很多,如语速过快、音节界限不清、心里紧张、依赖背诵的原稿、词语搭配错误、语法使用错误等。实际上,口语由于是边说边想,难免出现一些口误,关键是出现口误不要紧张。

8. 内容单薄,词汇量不足

具体表现为说话内容有脉络而没有血肉,空洞无物。比如,叙述性的题目只有一个粗线条的过程,缺少细节和细腻的层次,没有适当的加入场景描写、人物特征描写。议论性的题目,缺少事理材料、事实材料来论证观点。还有一点就是语汇贫乏,无法扩充表述的内容。

9. 结构松散,缺乏整体感

不能将初始思维的"语言点"或关键词串联成一个有序的结构。或记"流水账",或时而东,时而西,没有一个清晰的说话方向。只有局部内容,缺少整体把握;有的缺少关键的结构部分,有结果无原因,有开头没结尾,缺少过渡、呼应,给人的感觉就是散沙一堆。

10. 准备不足,仓促应付

应试人对话题的限定或说话范围的控制与测试时间要求不符,说话内容和话题相比过大或过小;准备说话题目时,缺少一个合理的程序,不知道先做什么后做什么;有的在测试准备过程中没有对说话的题目进行认真系统的分析,不知如何下手。

要避免出现以上这些有代表性的失误,应该在平时的训练中系统分析说话题目,加强语言文学修养,强化口语表达的基础训练,多参加一些口语实践活动。

三、说话训练的基本原则

说话的训练应体现出科学性、系统性、连续性、综合性,应该在理论的指导下加强实践环节的练习,从基础训练入手,扣细节,抓整体。

(一)音义结合,勤讲多练

俗话说"曲不离口,拳不离手"。说话的训练必须把普通话语音的训练和内容表达训练融为一体,不能偏废。普通话水平测试中的"说话"是以规范标准的普通话作为语音载体,离开了这一根本前提,训练就失去了它的本来意义。提高自己表达时普通话的熟练、自然程度,对于加强自己表达的声音系统和意义系统的紧密结合,是至关重要的。在训练时,不能仅仅让说话的内容停留在头脑中或纸张上,而应该付诸于声音。那种只写不讲、只想不说的习惯只会使你在测试时留下"我想到了但说不出来"的遗憾。说话的训练要持之以恒,保证连续性,不能"三天打鱼,两天晒网"。

(二)循序渐进,从易到难

说话的训练应遵循从单项训练到综合训练、从较简单的模式到较复杂的模式的原则,逐步延长说话时间。可以先训练写好口语化的说话文稿再讲,在训练写好说话提纲后讲,继而训练只写几个关键词就讲,最后训练完全摆脱"手写"这一环节,直接将内部语言转化为外部语言的即兴说话。可以先训练解说、介绍、复述、描述、评述、讲故事、扩展句子、概括材料观点等项目,再综合训练叙事性题目、描述性题目、说明性题目、议论性题目的说话。通过系统的训练,说话人也会逐步建立起自己的自信。

(三) 重练思维,快速反映

思维是表达的核心,它正如计算机的操作系统,系统混乱或有漏洞,计算机便无法正常运行。说话的训练要将思维训练放在首要位置,训练思维的速度、广度、深度。各种思维方式,如形象思维、逻辑思维、快速思维、逆向思维、立体思维、统摄思维、发散思维、急智思维等,都应当和特定的情境、话题结合起来训练。只有思路清晰,思维迅捷,思想深刻,表达才能言之有序,言之有物,言之有理,言之有文。

(四) 博采众长,取长补短

"他山之石,可以攻玉。"学习和借鉴别人的成功经验,在对照中找不足,找差距,往往能起到事半功倍的作用。这就是要多交流,在交流中增长知识,拓展阅历。

四、说话的基础训练

(一) 基本表达训练

在口语表达中,解说、介绍、复述、描述、评述、讲故事是最为常见、使用最广泛的形式。日常会话、即兴说话、演讲、辩论及各种工作用语(教学用语、导游用语、公务用语)都包含这些最基本的表达元素,它们通常由这些表达元素有机地结合构成一种新的表达形式。所以,训练这些最基本的表达形式,有助于我们展开较为复杂的口语表达。

1. 解说、介绍

解说、介绍是把人、景、物、情、事、理用简洁明了的言语告诉给别人的一种口语表达方式。它重在解释、说明、告知。要求抓住被介绍对象的本质规律,做到真实准确;要特点突出,主次分明,条理清晰,强化可感性;言语深入浅出,生动具体。

介绍、解说分为概括性介绍(解说)、形象性介绍(解说)、阐明性介绍(解说)。概括性介绍是以精练的语言、自然平实的语气向听者做人或物的介绍,它要求介绍主次分明,用最简洁的语言传递最丰富的信息。人物介绍、自我介绍、基本情况介绍等都属于概括性介绍。普通话水平测试中,《我尊敬的人》《我的朋友》《我的成长之路》《我的家乡》《我喜欢的明星》等题目的说话,都会用到概括性介绍。形象性介绍时,用生动形象的语言向听者作具体细致的描述,它常常要求运用一些修辞手法,把介绍对象的生、色、神、形逼真地表现出来,形成鲜明的视觉形象,如人物刻画、环节介绍、场面介绍。普通话水平测试中,《我最喜爱的职业》《我喜爱的文学(或其他)艺术形式》《我知道的风俗》等题目的说话,都属于形象性介绍。阐明性介绍是对一种见解作言之成理的分析和说明,常运用举例子、作比较、讲特征、作分解等方法说明事理。它要求有逻辑性,条理明晰,介绍有序。

2. 复述

复述是按照原有材料重复述说。在口语表达中,有时需要转述别人说过的话,有时需要把自己的所见所闻直述出来,有时需要重复自己说过的话,有时需要引用材料,这些都是复述。复述并不是背诵,而是按照一定的要求,用自己的语言表达原始材料。当然,它是以熟记原始材料为基础的。复述要求忠实于原材料,不能改变原始材料的主要观点、重要情节;要把握中心,突出重点;复述不能支离破碎、喧宾夺主、拖泥带水;复述时必须吐字清楚,语速以中速为宜。

复述分为详细复述、简要复述、扩展复述、变角度复述。详细复述是接近原材料的复述。它要求原原本本地述说,保留原始材料的表达顺序。复述时,要语脉清晰,细而不乱,通俗易懂。详细复述对训练记忆和思维条理性有很大的作用。简要复述是根据说话目的对原始材料加以选择、概括、浓缩,然后用简明扼要的语言陈述出来。它要求把握整体、理清线索、紧扣中心、舍去枝叶、保留主干、浓缩篇幅。扩展复述是对原材料作适当扩充展开的复述。它可以增加议论性材料的论证层次,补充论据;增加说明性材料的细节说明;通过合理的想象补充叙事性材料的情节发展,进行人物刻画、场景描写等。变角度复述是改变原始材料的体裁、人称、顺序的一种复述。

在普通话水平测试中,复述是使用最频繁的一种表达手段。在测试中,我们需要复述自己的生活经历、生活经验、生活感悟,需要在议论性题目中引用材料。训练复述能力,掌握复述技巧,对于我们提高说话的效率是大有益处的。

3. 描述

描述是用生动形象的语言,把客观对象的特征、形态具体细致地描绘出来的一种口语表达形式。它要求通过描摹、想象、联想,再现人物、事件、场景。描述要真实,要抓住描述对象的特征,语言力求新鲜、活泼、具体、生动。

描述有任务描述、物体描述、想象描述。人物描述要注意观察人物,抓住特征,主要对人物的外貌、服饰、言行举止、神态表情、心理活动进行描述。普通话水平测试中,《我尊敬的人》、《我的朋友》、等题目,应有人物的描述。物体描述主要从视觉、触觉、嗅觉、听觉等角度描述客观对象外形、动态、特征。《我的愿望》、《我向往的地方》等题目,在说话时,可适当地展开想象描述。

4. 评述

评述是阐明自己观点,评论人事、是非的一种口语表达形式。评述的对象可以是现实生活中过去发生的事情,也可以是新近发生的事情甚至是说话人说话时发生的事情。它的特点是有感而发,即兴而作,具有理性思辨的色彩。在表达时,往往有述说有评论,述评结合。评述要求把握正确的立场倾向,观点要明确;选择的评述角度要正确,易于把握、出新;立论要公允,避免看法偏颇;要善于概括、分析、总结;语气和缓,语言生动形象。

评述有先述后评、边述边评、先评后述三种形式。先述后评是先介绍、解说、复述,然后评论。述的比重大,评的比重小。边述边评主要以点评为主,夹述夹评。先评后述是先表明态度立场,再使用材料来评论说明。《谈谈服饰》、《谈谈卫生与健康》、《谈谈社会公德》、《谈谈个人修养》等题目,都包含较多的评述成分。

5. 讲故事

故事以它生动的情节、鲜活的形象、深刻的内涵吸引人。在说话的过程中,运用讲故事的方法,不仅可以丰富表达内容,加强表达的形象性,还可以在议论性、评述性说话中补充论据、评论观点,更重要的是,在即兴说话时,它可以缓解由于准备有限带来的紧张心理。用一个短小精悍的小故事作为开头,是我们表达时常常采用的方法。

讲故事要描述人物的容貌、语言、行为及心理活动,要呈现连贯的故事情节,语言要通俗、活泼,内容要有一定的启发教育意义。《童年的记忆》《难忘的旅行》等题目,都可以采用讲故事的形式。

(二)循序渐进训练

说话的训练要遵循循序渐进的原则,由易到难,逐步推敲,不断提高训练强度。

1. 扩展句子训练

表达的一个关键就是内容的展开,学会扩展句子,使表达的内容在广度方面得以拓宽,在深度方面得以开掘,表达的内容自然就会丰满起来。有些人在测试时,三言两语就无以为继,表达内容单薄空洞,原因就在于不会扩展语句。

例如:

(1)读下列词语,运用联想思维,将它们串联成一段话。

新建 打开 保存 点击 链接 粘贴

删除 收藏 运行 查找 调整 修复

(2)读下列句子,把它们作为一段话的开头,扩展为意义相对完整的一段表达。

俗话说:"不怕慢,就怕站。"……

托尔斯泰说:"人生的价值,并不是用时间,而是用深度去衡量的。"……

起风了,你看……

2. 语句接龙训练

说话的时候,语流不畅、思维中断是困扰说话者的两大难题。进行语句接龙训练,就是为了使说话人在表达时保持连贯性。可选择议论性话题,由五个人共同完成表达。第一个人负责观点的确定和表述,第二个人至第四个人负责对观点进行论证,最后一个人负责结尾。要求所有人的表达以第一个人的观点为准,不能修改甚至是反对第一个人的观点,保持前后说话的一致性。时间两分半钟,每人30秒。这项训练既训练了说话过程中的听解能力,又能让说话人明确说话的各个结构部分的功能,更重要的是,它要求说话人集中思想,快速反应,迅速连接。

3. 话题分解训练

进行话题分解,实际上是让说话人找到说话的线索和结构,培养说话的层次感、整体感、多样性。多做一些话题分解训练,可以让我们建立起一个说话题目的多层面、多角度的内容体系。这样,在测试时,我们就有多种选择。

如说话题目《我的朋友》可以分解为下列问题:

① 你的朋友有哪些?
② 其中你认为最值得介绍的是谁?
③ 他的性格、爱好和特征是什么?
④ 他对你的影响是什么?
⑤ 你们有过的快乐是什么?
⑥ 你们遇到过什么困难吗?
⑦ 你们怎样面对困难?
⑧ 你有没有什么话要对他说?

4. 背稿说话训练

背稿说话即先写出比较完整的说话文稿,然后在记忆的基础上把它流畅地说出来。这实际上是一种详细复述。对于不善言辞的人来说,这是一种很有效的过渡。在进行背稿说话训练时,一定要注意,说话文稿要按照口语化的要求来写:结构简单、线索明晰、语言通俗。写好之后,不要死记硬背,要抓住主要内容和说话线索来记忆。说话时可适当更换一些材料,调整语言表达形式。同时,我们要清醒地认识到,背稿说话只是一种训练方法,是整个训练体系中的一个环节,不能把它作为最终目标。说话的文稿,只能是说话的一种提示,而不能成为说话的思维禁锢。

5. 依据提纲说话训练

依据提纲说话即先写出详细提纲或概要提纲,再根据提纲完成某个话题的完整表达。这比背稿说话又进了一步。它要求说话人对整个说话过程、结构、材料有一个清醒的认识,能够事先做好充分的准备。说话的提纲应该包括以下部分:话题范围;话题中心或论点;结构形式;层次;开头、过渡、发展、结尾;主要材料及备用材料。提纲可采用提要的形式或图表的形式,简明扼要地反映出说话的所有准备。

6. 串联关键词训练

串联关键词说话是先列出和说话主旨、内容、结构有关的几个关键词语,然后有机串联,即兴说话。它要求说话人思维敏捷、思考冷静、串联有序,善于用联想展开话语的组织。在普通话水平测试中,应试者的说话准备常采用这种形式,这也是我们所提倡的一种说话准备方法。关键词通常包括这样几个方面:中心、各层次核心内容、结构提示、主要表达形式、材料概括。

如说话题目《童年的记忆》的关键词语可以有:快乐、自由、游戏、亲近自然、小伙伴儿、回忆、描述、并列式结构等。说话题目《改革开放话今昔》的关键词语可以有:巨大、变化、生活质量、观念、准备、实力、心态、口才、形象、并列式结构等。说话题目《谈谈你的职业》的关键词语可以有:教师、热爱、关怀、下一代、知识、实践能力、奉献、层递式结构等。

采用串联关键词语说话的方法一定要注意词语之间的内在一致性,避免词语内涵的多极分化,从而保持说话前后的同一性。同时,要善于选择,学会舍弃,不要一时思如泉涌却抓不住重点。

7. 即兴说话

经过扩展句子、语句接龙、话题分解、背稿说话、依据提纲说话、串联关键词语等一系列训练,比较牢固地掌握了说话的方法,能够娴熟地运用说话的技巧,就可以开始即兴说话了。即兴说话是完全没有准备的,它要求边想边讲,结构、层次、材料、话语的考虑要能在瞬间完成,力求和言语表达同步进行。训练即兴说话,也应当循序渐进,先不去考虑说话的时间长度,而是看所说的一段话是否有中心,是否有连贯性,是否充实;所说的一段话作为一个说话的单元,是不是实现了表达的部分目的,内容的表达是否清楚。我们可以先说1分钟,再说2分钟,逐步增加说话的时间。在时间不断延长的情况下,加强结构的完整性,密切层次之间的关联。通过这样系统的训练,就能找到自己最合适、最熟练的说话模式和程序,从而在口语实践和普通话水平测试中以不变应万变。

附录一 普通话测试朗读作品60篇

作品1号

那是力争上游的一种树,笔直的干[1],笔直的枝。它的干呢,通常是丈把高,像是加以人工似的[2],一丈以内,绝无旁枝;它所有的桠枝[3]呢,一律向上,而且紧紧靠拢,也像是加以人工似的,成为一束,绝无横斜逸出;它的宽大的叶子也是片[4]片向上,几乎没有斜生的,更不用说倒垂了;它的皮,光滑而有银色的晕圈[5],微微泛出淡青色。这是虽在北方的风雪的压迫下却保持着倔强挺立的一种树!哪怕只有碗来粗细罢,它却努力向上发展,高到丈许,两丈,参天耸立,不折不挠[6],对抗着西北风。

这就是白杨树,西北极普通的一种树,然而绝不是平凡的树!

它没有婆娑[7]的姿态,没有屈曲盘旋的虬[8]枝,也许你要说它不美丽,——如果美是专指"婆娑"或"横斜逸出"之类而言,那么,白杨树算不得树中的好女子[9];但是它却是伟岸,正直,朴质,严肃,也不缺乏温和,更不用提它的坚强不屈与挺拔,它是树中的伟丈夫[10]!当你在积雪初融的高原上走过,看见平坦的大地上傲然挺立这么一株或一排白杨树,难道你就只觉得树只是树,难道你就不想到它的朴质,严肃,坚强不屈,至少也象征了北方的农民;难道你竟一点儿[11]也不联想到,在敌后的广大土//地上,到处有坚强不屈,就像这白杨树一样傲然挺立的守卫他们家乡的哨兵!难道你又不更远一点想到这样枝枝叶叶靠紧团结,力求上进的白杨树,宛然象征了今天在华北平原纵横决荡用血[12]写出新中国历史的那种精神和意志。

——节选自茅盾《白杨礼赞》

语音提示

1. 干 gàn 2. 似的 shìde 3. 桠枝 yāzhī
4. 片 piàn 5. 晕圈 yùnquān 6. 挠 náo
7. 婆娑 pósuō 8. 虬 qiú 9. 女子 nǚzǐ

10. 丈夫 zhàngfu 11. 一点儿 yìdiǎnr 12. 血 xuè

作品2号

两个同龄的年轻人同时受雇于一家店铺[1]，并且拿同样的薪水。

可是一段时间后，叫阿诺德的那个小伙子青云直上，而那个叫布鲁诺的小伙子却仍在原地踏步。布鲁诺很不满意老板的不公正待遇。终于有一天他到老板那儿[2]发牢骚了。老板一边耐心地听着他的抱怨，一边在心里盘算[3]着怎样[4]向他解释清楚[5]他和阿诺德之间的差别。

"布鲁诺先生，"老板开口说话了，"您现在到集市上去一下，看看今天早上有什么[6]卖的。"

布鲁诺从集市上回来向老板汇报说，今早集市上只有一个农民拉了一车土豆在卖。

"有多少？"老板问。

布鲁诺赶快戴上帽子又跑到集上，然后回来告诉老板一共四十袋土豆。

"价格是多少？"

布鲁诺又第三次跑到集上问来了价格。

"好吧，"老板对他说，"现在请您坐到这把椅子上一句话也不要说，看看阿诺德怎么说。"

阿诺德很快就从集市上回来了。向老板汇报说到现在为止只有一个农民在卖土豆，一共四十口袋，价格是多少多少；土豆质量[7]很不错，他带回来一个让老板看看。这个农民一个钟头[8]以后还会弄[9]来几箱西红柿，据他看价格非常公道。昨天他们铺子的西红柿卖得很快，库存已经不//多了。他想这么便宜[10]的西红柿，老板肯定会要进一些的，所以他不仅带回了一个西红柿做样品，而且把那个农民也带来了，他现在正在外面等回话呢。

此时老板转向了布鲁诺，说："现在您肯定知道为什么阿诺德的薪水比您高了吧！"

——节选自张健鹏、胡足青主编《故事时代》中《差别》

语音提示

1. 店铺 diànpù 2. 那儿 nàr 3. 盘算 pánsuan
4. 怎样 zěnyàng 5. 清楚 qīngchu 6. 什么 shénme
7. 质量 zhìliàng 8. 钟头 zhōngtóu 9. 弄 nòng
10. 便宜 piányi

作品3号

　　我常常遗憾我家门前那块丑石：它黑黝黝[1]地卧在那里，牛似的[2]模样[3]；谁也不知道是什么[4]时候留在这里的，谁也不去理会它。只是麦收时节，门前摊了麦子，奶奶总是说：这块丑石，多占地面呀，抽空把它搬走吧。

　　它不像汉白玉那样的细腻[5]，可以刻字雕花，也不像大青石那样的光滑，可以供来浣纱[6]捶布。它静静地卧在那里，院边的槐阴没有庇覆[7]它，花儿[8]也不再在它身边生长。荒草便繁衍[9]出来，枝蔓[10]上下，慢慢地，它竟锈上了绿苔[11]、黑斑。我们这些做孩子的，也讨厌起它来，曾合伙要搬走它，但力气又不足；虽时时咒骂[12]它，嫌弃它，也无可奈何，只好任它留在那里了。

　　终有一日，村子里来了一个天文学家。他在我家门前路过，突然发现了这块石头，眼光立即[13]就拉直了。他再没有离开，就住了下来；以后又来了好些人，都说这是一块陨石[14]，从天上落下来已经有二三百年了，是一件了不起的东西。不久便来了车，小心翼翼地将它运走了。

　　这使我们都很惊奇，这又怪又丑的石头，原来是天上的啊[15]！它补过天，在天上发过热、闪过光，我们的先祖或许仰望过它，它给了他们光明、向往、憧憬[16]；而它落下来了，在污土里，荒草里，一躺就//是几百年了！

　　我感到自己的无知，也感到了丑石的伟大，我甚至怨恨它这么多年竟会默默地忍受着这一切！而我又立即深深地感到它那种不屈于误解、寂寞的生存的伟大。

——节选自贾平凹《丑石》

语音提示

1. 黑黝黝 hēiyǒuyǒu/hēiyōuyōu
2. 似的 shìde
3. 模样 múyàng
4. 什么 shénme
5. 细腻 xìnì
6. 浣纱 huànshā
7. 庇覆 bìfù
8. 花儿 huār
9. 繁衍 fányǎn
10. 枝蔓 zhīmàn
11. 绿苔 lǜtái
12. 咒骂 zhòumà
13. 立即 lìjí
14. 陨石 yǔnshí
15. 啊 ya
16. 憧憬 chōngjǐng

作品4号

在达瑞八岁的时候[1],有一天他想去看电影。因为[2]没有钱,他想是向爸妈要钱,还是自己挣钱。最后他选择了后者。他自己调制[3]了一种汽水,向过路的行人出售。可那时正是寒冷的冬天,没有人买,只有两个人例外——他的爸爸和妈妈。

他偶然有一个和非常成功的商人谈话的机会。当他对商人讲述了自己的"破产史"后,商人给了他两个重要的建议:一是尝试为别人解决一个难题;二是把精力集中在你知道的、你会的和你拥有的东西[4]上。

这两个建议很关键。因为对于一个八岁的孩子而言,他不会做的事情[5]很多。于是他穿过大街小巷,不停地思考:人们会有什么[6]难题,他又如何利用这个机会?

一天,吃早饭时父亲让达瑞去取报纸。美国的送报员总是把报纸从花园篱笆[7]的一个特制的管子里塞[8]进来。假如你想穿着睡衣舒舒服服地吃早饭和看报纸,就必须离开温暖的房间,冒着寒风,到花园去取。虽然路短,但十分麻烦[9]。

当达瑞为父亲取报纸的时候,一个主意[10]诞生了。当天他就按响邻居的门铃,对他们说,每个月只需付给他一美元,他就每天早上把报纸塞到他们的房门底下。大多数人都同意了,很快他有//了七十多个顾客。一个月后,当他拿到自己赚的钱时,觉得自己简直是飞上了天。

很快他又有了新的机会,他让他的顾客每天把垃圾[11]袋放在门前,然后由他早上运到垃圾桶里,每个月加一美元。之后他还想出了许多孩子赚钱的办法,并把它集结[12]成书,书名为《儿童挣钱的二百五十个主意》。为此,达瑞十二岁时就成了畅销书作家,十五岁有了自己的谈话节目,十七岁就拥有了几百万美元。

——节选自[德]博多·舍费尔《达瑞的故事》,刘志明译

语音提示

1. 时候 shíhou　　2. 因为 yīn·wèi　　3. 调制 tiáozhì
4. 东西 dōngxi　　5. 事情 shìqing　　6. 什么 shénme
7. 篱笆 líba　　8. 塞 sāi　　9. 麻烦 máfan
10. 主意 zhǔyi　　11. 垃圾 lājī　　12. 集结 jíjié

作品5号

这是入冬以来,胶东半岛上第一场雪。

雪纷纷扬扬,下得很大。开始还伴着一阵儿[1]小雨,不久就只见大片大片的雪花,从彤云[2]密布的天空中飘落下来。地面上一会儿[3]就白了。冬天的山村,到了夜里就万籁俱寂[4],只听得雪花簌簌[5]地不断往下落,树木的枯枝被雪压断了,偶尔咯吱一声响。

大雪整整下了一夜。今天早晨,天放晴了,太阳出来了。推开门一看,嗬!好大的雪啊[6]!山川、河流、树木、房屋,全都罩上了一层厚厚的雪,万里江山,变成了粉妆玉砌的世界。落光了叶子的柳树上挂满了毛茸茸亮晶晶的银条儿[7];而那些冬夏常青的松树和柏树[8]上,则挂满了蓬松松沉甸甸的雪球儿[9]。一阵风吹来,树枝轻轻地摇晃,美丽的银条儿和雪球儿簌簌地落下来,玉屑[10]似的[11]雪末儿[12]随风飘扬,映着清晨的阳光,显出一道道五光十色的彩虹。

大街上的积雪足有一尺多深,人踩上去,脚底下发出咯吱咯吱的响声。一群群孩子在雪地里堆雪人,掷[13]雪球儿。那欢乐的叫喊声,把树枝上的雪都震落下来了。

俗话说,"瑞雪兆丰年"。这个话有充分的科学根据,并不是一句迷信的成语。寒冬大雪,可以冻死一部分越冬的害虫;融化了的水渗[14]进土层深处,又能供应[15]//庄稼[16]生长的需要。我相信这一场十分及时的大雪,一定会促进明年春季作物,尤其是小麦的丰收。有经验的老农把雪比做是"麦子的棉被"。冬天"棉被"盖得越厚,明

春麦子就长得越好,所以又有这样一句谚语:"冬天麦盖三层被,来年枕着馒头[17]睡"。

我想,这就是人们为什么[18]把及时的大雪称为"瑞雪"的道理吧。

——节选自峻青《第一场雪》

语音提示

1. 一阵儿 yízhènr   2. 彤云 tóngyún   3. 一会儿 yíhuìr
4. 万籁俱寂 wànlài-jùjì   5. 簌簌 sùsù
6. 啊 ya   7. 银条儿 yíntiáor   8. 柏树 bǎishù
9. 雪球儿 xuěqiúr   10. 玉屑 yùxiè   11. 似的 shìde
12. 雪末儿 xuěmòr   13. 掷 zhì   14. 渗 shèn
15. 供应 gōngyìng   16. 庄稼 zhuāngjia   17. 馒头 mántou
18. 为什么 wèishénme

作品 6 号

我常想读书人是世间幸福人,因为[1]他除了拥有现实的世界之外,还拥有另一个更为浩瀚[2]也更为丰富的世界。现实的世界是人人都有的,而后一个世界却为[3]读书人所独有。由此我想,那些失去或不能阅读的人是多么的不幸,他们的丧失[4]是不可补偿的。世间有诸多的不平等,财富的不平等,权力的不平等,而阅读能力的拥有或丧失却体现为精神的不平等。

一个人的一生,只能经历自己拥有的那一份欣悦,那一份苦难,也许再加上他亲自闻知的那一些关于自身以外的经历和经验。然而,人们通过阅读,却能进入不同时空的诸多他人的世界。这样,具有阅读能力的人,无形间获得[5]了超越有限生命的无限可能性。阅读不仅使他多识了草木虫鱼之名,而且可以上溯[6]远古下及未来,饱览存在的与非存在的奇风异俗。

更为[7]重要的是,读书加惠于人们的不仅是知识的增广,而且还在于精神的感化与陶冶。人们从读书学做人,从那些往哲先贤以及当代才俊的著述中学得他们的人格。人们从《论语》中学得智慧的思考,从《史记》中学得严肃的历史精神,从《正气歌》中学得人格的刚烈,从马克思学得人世//的激情,从鲁迅学得批判精神,从托尔斯泰学得道德的执著[8]。歌德的诗句刻写着睿智[9]的人生,拜伦的诗句呼唤着奋斗的热情。一个读书人,一个有机会拥有超乎个人生命体验的幸运人。

——节选自谢冕《读书人是幸福人》

语音提示

1. 因为 yīn·wèi
2. 浩瀚 hàohàn
3. 为 wéi
4. 丧失 sàngshī
5. 获得 huòdé
6. 溯 sù
7. 为 wéi
8. 执著 zhízhuó
9. 睿智 ruìzhì

作品7号

一天,爸爸下班回到家已经很晚了,他很累也有点儿[1]烦,他发现五岁的儿子[2]靠在门旁正等着他。

"爸,我可以问您一个问题吗?"

"什么[3]问题?""爸,您一小时可以赚多少钱?""这与[4]你无关,你为什么问这个问题?"父亲生气地说。

"我只是想知道,请告诉我,您一小时赚多少钱?"小孩儿[5]哀求道。"假如你一定要知道的话,我一小时赚二十美金。"

"哦,"小孩儿低下了头,接着又说,"爸,可以借我十美金吗?"父亲发怒了:"如果你只是要借钱去买毫无意义的玩具的话,给我回到你的房间睡觉去。好好想想为什么你会那么自私。我每天辛苦工作,没时间和你玩儿小孩子[6]的游戏。"

小孩儿默默地回到自己的房间关上门。

父亲坐下来还在生气。后来,他平静下来了。心想他可能对孩子太凶了——或许孩子真的很想买什么东西,再说他平时很少要过钱。

父亲走进孩子的房间:"你睡了吗?""爸,还没有,我还醒着。"孩子回答。

"我刚才可能对你太凶了,"父亲说,"我不应该发那么大的火儿[7]——这是你要的十美金。""爸,谢谢您。"孩子高兴地从枕头[8]下拿出一些被弄皱的钞票,慢慢地数着。

"为什么你已经有钱了还要?"父亲不解地问。

"因为[9]原来不够,但现在凑够了。"孩子回答,"爸,我现在有//二十美金了,我可以向您买一个小时的时间吗?明天请早一点儿[10]回家——我想和您一起吃晚餐。"

——节选自唐继柳编译《二十美金的价值》

语音提示

1. 有点儿 yǒudiǎnr
2. 儿子 érzi
3. 什么 shénme
4. 与 yǔ
5. 小孩儿 xiǎoháir
6. 小孩子 xiǎoháizi
7. 火儿 huǒr
8. 枕头 zhěntou
9. 因为 yīn·wèi
10. 一点儿 yìdiǎnr

作品 8 号

我爱月夜,但我也爱星天。从前在家乡七八月的夜晚在庭院里纳凉的时候,我最爱看天上密密麻麻的繁星。望着星天,我就会忘记一切,仿佛[1]回到了母亲的怀里似的[2]。

三年前在南京我住的地方[3]有一道后门,每晚我打开后门,便看见一个静寂的夜。下面是一片菜园,上面是星群密布的蓝天。星光在我们的肉眼里虽然微小,然而它使我们觉得光明无处不在。那时候我正在读一些天文学的书,也认得[4]一些星星,好像它们就是我的朋友[5],它们常常在和我谈话一样。

如今在海上,每晚和繁星相对,我把它们认得很熟[6]了。我躺在舱面上,仰望天空。深蓝色的天空里悬着无数半明半昧[7]的星。船在动,星也在动,它们是这样低,真是摇摇欲坠呢!渐渐地我的眼睛模糊[8]了,我好像看见无数萤火虫在我的周围飞舞。海上的夜是柔和的,是静寂的,是梦幻的。我望着许多认识[9]的星,我仿佛看见它们在对我眨眼[10],我仿佛听见它们在小声说话。这时我忘记了一切。在星的怀抱中我微笑着,我沉睡着。我觉得自己是一个小孩子,现在睡在母亲的怀里了。

有一夜,那个在哥伦波上船的英国人指给我看天上的巨人。他用手指着://那四颗明亮的星是头,下面的几颗是身子,这几颗是手,那几颗是腿和脚,还有三颗星算是腰带。经他这一番指点,我果然看清楚[11]了那个天上的巨人。看,那个巨人还在跑呢!

——节选自巴金《繁星》

语音提示

1. 仿佛 fǎngfú
2. 似的 shìde
3. 地方 dìfang
4. 认得 rènde
5. 朋友 péngyou
6. 熟 shú
7. 昧 mèi
8. 模糊 móhu
9. 认识 rènshi
10. 眨眼 zhǎyǎn
11. 清楚 qīngchu

作品 9 号

假日[1]到河滩上转转,看见许多孩子在放风筝[2]。一根根长长的引线,一头系[3]在天上,一头系在地上,孩子同风筝都在天与地之间悠荡,连心也被悠荡得恍恍惚惚了,好像又回到了童年。

儿时的放风筝,大多是自己的长辈或家人编扎[4]的,几根削[5]得很薄[6]的篾,用细纱线扎成各种鸟兽的造型,糊上雪白的纸片,再用彩笔勾勒出面孔与翅膀的图案。通常扎得最多的是"老雕"、"美人儿"[7]、"花蝴蝶"等。

我们家前院就有位叔叔,擅扎风筝,远近闻名。他扎的风筝不只体型好看,色彩艳丽,放飞得高远,还在风筝上绷一叶用蒲苇削成的膜片,经风一吹,发出"嗡嗡"的声响,仿佛[8]是风筝的歌唱,在蓝天下播扬,给开阔的天地增添了无尽的韵味,给驰荡的童心带来几分疯狂。

我们那条胡同[9]的左邻右舍的孩子们放的风筝几乎[10]都是叔叔编扎的。他的风筝不卖钱,谁上门去要,就给谁,他乐意自己贴钱买材料。

后来,这位叔叔去了海外,放风筝也渐与孩子们远离了。不过年年叔叔给家乡写信,总不忘提起儿时的放风筝。香港回归之后,他在家信中说到,他这只被故乡放飞到海外的风筝,尽管飘荡游弋[11],经沐风雨,可那线头儿[12]一直在故乡和//亲人手中牵着,如今飘得太累了,也该要回归到家乡和亲人身边来了。

是的。我想,不光是叔叔,我们每个人都是风筝,在妈妈手中牵着,从小放到大,再从家乡放到祖国最需要的地方去啊[13]!

——节选自李恒瑞《风筝畅想曲》

语音提示

1. 假日 jiàrì
2. 风筝 fēngzheng
3. 系 jì
4. 编扎 biānzā
5. 削 xiāo
6. 薄 báo
7. 人儿 rénr
8. 仿佛 fǎngfú
9. 胡同 hútong
10. 几乎 jīhū
11. 游弋 yóuyì
12. 线头儿 xiàntóur
13. 啊 ya

作品 10 号

爸不懂得怎样表达爱,使我们一家人融洽[1]相处[2]的是我妈。他只是每天上班下班,而妈则把我们做过的错事开列清单,然后由他来责骂我们。

有一次我偷了一块糖果,他要我把它送回去,告诉[3]卖糖的说是我偷来的,说我愿意替他拆箱卸货[4]作为赔偿。但妈妈[5]却明白[6]我只是个孩子[7]。

我在运动场打秋千跌断了腿,在前往医院途中一直抱着我的,是我妈。爸把汽车停在急诊室[8]门口,他们叫他驶开,说那空位[9]是留给紧急车辆停放的。爸听了便叫嚷道:"你以为这是什么[10]车?旅游车?"

在我生日会上,爸总是显得有些不大相称[11]。他只是忙于吹气球,布置餐桌,做杂务。把插着蜡烛的蛋糕推过来让我吹的,是我妈。

我翻阅照相册时,人们总是问:"你爸爸[12]是什么样子的?"天晓得!他老是忙着替别人拍照。妈和我笑容可掬[13]地一起拍的照片[14],多得不可胜数[15]。

我记得妈有一次叫他教[16]我骑自行车。我叫他别放手,但他却说是应该放手的时候[17]了。我摔倒之后,妈跑过来扶我,爸却挥手要她走开。我当时生气极了,决心要给他点儿[18]颜色看。于是我马上爬上自行车,而且自己骑给他看。他只是微笑。

我念大学时,所有的家信都是妈写的。他//除了寄支票外,还寄过一封短柬[19]给我,说因为[20]我不在草坪上踢足球了,所以他的草坪长得很美。

每次我打电话回家,他似乎[21]都想跟我说话,但结果[22]总是说:"我叫你妈来接。"

我结婚[23]时,掉眼泪的是我妈。他只是大声擤[24]了一下鼻子[25],便走出房间。

我从小到大都听他说:"你到哪里去?什么时候回家?汽车有没有汽油?不,不准去。"爸完全不知道怎样表达爱。除非……

会不会是他已经表达了,而我却未能察觉?

——节选自[美]艾尔玛·邦贝克《父亲的爱》

语音提示

1. 融洽 róngqià
2. 相处 xiāngchǔ
3. 告诉 gàosu
4. 卸货 xièhuò
5. 妈妈 māma
6. 明白 míngbai
7. 孩子 háizi
8. 室 shì
9. 空位 kòngwèi
10. 什么 shénme
11. 相称 xiāngchèn
12. 爸爸 bàba
13. 笑容可掬 xiàoróng-kějū
14. 照片 zhàopiàn
15. 不可胜数 bùkě-shèngshǔ
16. 教 jiāo
17. 时候 shíhou
18. 点儿 diǎnr
19. 短柬 duǎnjiǎn
20. 因为 yīn·wèi
21. 似乎 sìhū
22. 结果 jiéguǒ
23. 结婚 jiéhūn
24. 擤 xǐng
25. 鼻子 bízi

作品11号

一个大问题一直盘踞在我脑袋[1]里:

世界杯怎么[2]会有如此巨大的吸引力?除去足球本身的魅力之外,还有什么超乎其上而更伟大的东西[3]?

近来观看世界杯,忽然从中得到了答案:是由于一种无上崇高的精神情感——国家荣誉感!

地球上的人都会有国家的概念,但未必时时都有国家的感情。往往人到异国,思念家乡,心怀故国,这国家概念就变得有血[4]有肉,爱国之情来得非常具体。而现代社会,科技昌达,信息快捷,事事上网,世界真是太小太小,国家的界限似乎[5]也不那么清晰了。再说足球正在快速世界化,平日里各国球员频繁转会[6],往来随意,致使越来越多的国家联赛都具有国际的因素。球员们不论国籍,只效力于自己的俱乐部,他们比赛时的激情中完全没有爱国主义的因子[7]。

然而,到了世界杯大赛,天下大变。各国球员都回国效力,穿上与光荣的国旗同样色彩的服装。在每一场比赛前,还高唱国歌以宣誓对自己祖国的挚爱[8]与忠诚。一种血缘[9]情感开始在全身的血管[10]里燃烧起来,而且立刻热血[11]沸腾。

在历史时代,国家间经常发生对抗,好男儿[12]戎装卫国。国家的荣誉往往需要以自己的生命去//换取。但在和平时代,唯有这种国家之间大规模对抗性的大赛,才可以唤起那种遥远而神圣的情感,那就是:为祖国而战!

——节选自冯骥才《国家荣誉感》

语音提示

1. 脑袋 nǎodai　　2. 怎么 zěnme　　3. 东西 dōngxi
4. 血 xuè　　　　 5. 似乎 sìhū　　　6. 转会 zhuǎnhuì
7. 因子 yīnzǐ　　　8. 挚爱 zhì'ài　　　9. 血缘 xuèyuán
10. 血管 xuèguǎn　 11. 热血 rèxuè　　12. 男儿 nán'ér

作品 12 号

夕阳落山不久,西方的天空,还燃烧着一片橘红色的晚霞。大海,也被这霞光染成了红色,而且比天空的景色更要壮观。因为[1]它是活动的,每当一排排波浪涌起的时候[2],那映照在浪峰上的霞光,又红又亮,简直就像一片片熊熊燃烧着的火焰,闪烁着,消失了。而后面的一排,又闪烁着,滚动着,涌了过来。

天空的霞光渐渐地淡下去了,深红的颜色变成了绯红[3],绯红又变为[4]浅红。最后,当这一切红光都消失了的时候,那突然显得高而远了的天空,则呈现出一片肃穆的神色。最早出现的启明星,在这蓝色的天幕上闪烁起来了。它是那么大,那么亮,整个广漠的天幕上只有它在那里放射着令人注目的光辉,活像一盏悬挂在高空的明灯。

夜色加浓,苍空中的"明灯"越来越多了。而城市各处的真的灯火也次第亮了起来,尤其是围绕[5]在海港周围山坡上的那一片灯光,从半空倒映在乌蓝的海面上,随着波浪,晃动着,闪烁着,像一串流动着的珍珠,和那一片片密布在苍穹[6]里的星斗[7]互相辉映,煞[8]是好看。

在这幽美的夜色中,我踏着软绵绵的沙滩,沿着海边,慢慢地向前走去。海水,轻轻地抚摸着细软的沙滩,发出温柔的//刷刷声。晚来的海风,清新而又凉爽。我的心里,有着说不出的兴奋[9]和愉快。

夜风轻飘飘地吹拂[10]着,空气中飘荡着一种大海和田禾相混合[11]的香味儿,柔软的沙滩上还残留着白天太阳炙晒[12]的余温。那些在各个工作岗位上劳动了一天的人们,三三两两地来到这软绵绵的沙滩上,他们浴着凉爽的海风,望着那缀满了星星的夜空,尽情地说笑,尽情地休憩[13]。

——节选自峻青《海滨仲夏夜》

语音提示

1. 因为 yīn·wèi
2. 时候 shíhou
3. 绯红 fēihóng
4. 为 wéi
5. 围绕 wéirào
6. 苍穹 cāngqióng
7. 星斗 xīngdǒu
8. 煞 shà
9. 兴奋 xīngfèn
10. 吹拂 chuīfú
11. 混合 hùnhé
12. 炙晒 zhìshài
13. 休憩 xiūqì

作品13号

生命在海洋里诞生绝不是偶然的,海洋的物理和化学性质,使它成为孕育原始生命的摇篮。

我们知道,水是生物的重要组成部分,许多动物组织的含水量在百分之八十以上,而一些海洋生物的含水量高达百分之九十五。水是新陈代谢的重要媒介,没有它,体内的一系列生理和生物化学反应就无法进行,生命也就停止。因此,在短时期内动物缺水要比缺少食物更加危险。水对今天的生命是如此重要,它对脆弱的原始生命,更是举足轻重了。生命在海洋里诞生,就不会有缺水之忧。

水是一种良好的溶剂。海洋中含有许多生命所必需的无机盐,如氯[1]化钠、氯化钾、碳酸盐、磷酸盐,还有溶解氧,原始生命可以毫不费力地从中吸取它所需要的元素。

水具有很高的热容量,加之海洋浩大,任凭夏季烈日曝晒[2],冬季寒风扫荡,它的温度变化却比较[3]小。因此,巨大的海洋就像是天然的"温箱",是孕育原始生命的温床。

阳光虽然为[4]生命所必需,但是阳光中的紫外线却有扼杀原始生命的危险。水能有效地吸收紫外线,因而又为原始生命提供了天然的"屏障[5]"。

这一切都是原始生命得以产生和发展的必要条件。//

——节选自童裳亮《海洋与生命》

语音提示

1. 氯 lù
2. 曝晒 pùshài
3. 比较 bǐjiào
4. 为 wéi
5. 屏障 píngzhàng

作品14号

读小学的时候[1],我的外祖母去世了。外祖母生前最疼爱我,我无法排除自己的忧伤,每天在学校的操场上一圈儿[2]又一圈儿地跑着,跑得累倒在地上,扑在草坪上痛哭。

那哀痛的日子[3],断断续续地持续了很久,爸爸[4]妈妈[5]也不知道如何安慰我。他们知道与其[6]骗我说外祖母睡着[7]了,还不如对我说实话:外祖母永远不会回来了。

"什么[8]是永远不会回来呢?"我问着。

"所有时间里的事物,都永远不会回来。你的昨天过去,它就永远变成昨天,你不能再回到昨天。爸爸以前也和你一样小,现在也不能回到你这么[9]小的童年了;有一天你会长大,你会像外祖母一样老;有一天你度过了你的时间,就永远不会回来了。"爸爸说。

爸爸等于给我一个谜语,这谜语比课本上的"日历挂在墙壁,一天撕去一页,使我心里着急[10]"和"一寸光阴一寸金,寸金难买寸光阴"还让我感到可怕;也比作文本上的"光阴似[11]箭,日月如梭"更让我觉得有一种说不出的滋味。

时间过得那么飞快,使我的小心眼儿[12]里不只是着急,还有悲伤。有一天我放学回家,看到太阳快落山了,就下决心说:"我要比太阳更快地回家。"我狂奔回去,站在庭院前喘气的时候,看到太阳//还露[13]着半边脸,我高兴地跳跃[14]起来,那一天我跑赢了太阳。

以后我就时常做那样的游戏,有时和太阳赛跑,有时和西北风比快,有时一个暑假[15]才能做完的作业,我十天就做完了;那时我三年级,常常把哥哥五年级的作业拿来做。每一次比赛胜过时间,我就快乐[16]得不知道怎么[17]形容。

如果将来我有什么要教[18]给我的孩子,我会告诉[19]他:假若[20]你一直和时间比赛,你就可以成功!

——节选自(台湾)林清玄《和时间赛跑》

语音提示

1. 时候 shíhou
2. 一圈儿 yìquānr
3. 日子 rìzi
4. 爸爸 bàba
5. 妈妈 māma
6. 与其 yǔqí
7. 睡着 shuìzháo
8. 什么 shénme
9. 这么 zhème
10. 着急 zháojí
11. 似 sì
12. 心眼儿 xīnyǎnr
13. 露 lù
14. 跳跃 tiàoyuè
15. 暑假 shǔjià
16. 快乐 kuàilè
17. 怎么 zěnme
18. 教 jiāo
19. 告诉 gàosu
20. 假若 jiǎruò

作品 15 号

三十年代初,胡适在北京大学任教授。讲课时他常常对白话文大加称赞[1],引起一些只喜欢文言文而不喜欢白话文的学生[2]的不满。

一次,胡适正讲得得意的时候[3],一位姓魏的学生突然站了起来,生气地问:"胡先生,难道说白话文就毫无缺点吗?"胡适微笑着回答说:"没有。"那位学生更加激动了:"肯定有!白话文废话太多,打电报用字多,花钱多。"胡适的目光顿时变亮了,轻声地解释说:"不一定吧!前几天有位朋友[4]给我打来电报,请我去政府部门工作,我决定不去,就回电拒绝了。复电是用白话写的,看来也很省字。请同学们根据我这个意思[5],用文言文写一个回电,看看究竟是白话文省字,还是文言文省字?"胡教授刚说完,同学们立刻认真地写了起来。

十五分钟过去,胡适让同学举手,报告用字的数目,然后挑了一份用字最少的文言电报稿,电文是这样写的:

"才疏学浅,恐难胜任,不堪从命。"白话文的意思是:学问不深,恐怕很难担任这个工作,不能服从安排。

胡适说,这份写得确实不错,仅用了十二个字。但我的白话电报却只用了五个字:

"干不了,谢谢[6]!"

胡适又解释说:"干不了"就有才疏学浅、恐难胜任的意思;"谢谢"既//对朋友的介绍表示感谢,又有拒绝的意思。所以,废话多不多,并不看它是文言文还是白话文,只要注意选用字词,白话文是可以比文言文更省字的。

——节选自陈灼主编《实用汉语中级教程》(上)中《胡适的白话电报》

语音提示

1. 称赞 chēngzàn 2. 学生 xuésheng 3. 时候 shíhou
4. 朋友 péngyou 5. 意思 yìsi 6. 谢谢 xièxie

作品16号

很久以前,在一个漆黑的秋天的夜晚,我泛舟在西伯利亚一条阴森森的河上。船到一个转弯处,只见前面黑黢黢[1]的山峰下面一星火光蓦地[2]一闪。

火光又明又亮,好像就在眼前……

"好啦,谢天谢地!"我高兴地说,"马上[3]就到过夜的地方[4]啦!"

船夫扭头朝身后的火光望了一眼,又不以为然地划起桨来。

"远着呢!"

我不相信他的话,因为火光冲破朦胧[5]的夜色,明明在那儿闪烁[6]。不过船夫是对的,事实上,火光的确[7]还远着呢。

这些黑夜的火光的特点是:驱散黑暗,闪闪发亮,近在眼前,令人神往。乍一看,再划几下就到了……其实却还远着呢!……

我们在漆黑如墨的河上又划了很久。一个个峡谷和悬崖,迎面驶来,又向后移去,仿佛[8]消失在茫茫的远方,而火光却依然停在前头,闪闪发亮,令人神往——依然是这么近,又依然是那么远……

现在,无论是这条被悬崖峭壁[9]的阴影笼罩的漆黑的河流,还是那一星明亮的火光,都经常浮现在我的脑际,在这以前和在这以后,曾有许多火光,似乎[10]近在咫尺[11],不止使我一人心驰神往。可是生活之河却仍然在那阴森森的两岸之间流着,而火光也依旧非常遥远。因此,必须加劲划桨……

然而,火光啊12……毕竟……毕竟就//在前头13!……

——节选自[俄]柯罗连科《火光》,张铁夫译

语音提示

1. 黑黢黢 hēiqūqū　　2. 蓦地 mòdì　　3. 马上 mǎshàng
4. 地方 dìfang　　5. 朦胧 ménglóng　　6. 闪烁 shǎnshuò
7. 的确 díquè　　8. 仿佛 fǎngfú　　9. 峭壁 qiàobì
10. 似乎 sìhū　　11. 咫尺 zhíchǐ　　12. 啊 nga
13. 前头 qiántou

作品 17 号

对于一个在北平住惯的人,像我,冬天要是不刮风,便觉[1]是奇迹[2];济南[3]的冬天是没有风声的。对于一个刚由伦敦回来的人,像我,冬天要能看得见日光,便觉得是怪事;济南的冬天是响晴的。自然,在热带的地方[4],日光永远是那么[5]毒,响亮的天气,反有点儿[6]叫人害怕。可是,在北方的冬天,而能有温晴的天气,济南真得[7]算个宝地。

设若单单是有阳光,那也算不了出奇。请闭上眼睛[8]想:一个老城,有山有水,全在天底下晒着阳光,暖和[9]安适地睡着,只等春风来把它们唤醒,这是不是理想的境界?小山把济南围了个圈儿[10],只有北边缺着点口儿[11]。这一圈小山在冬天特别可爱,好像是把济南放在一个小摇篮里,它们安静不动地低声地说:"你们放心吧,这儿[12]准保暖和。"真的,济南的人们在冬天是面上含笑的。他们一看那些小山,心中便觉得有了着落[13],有了依靠。他们由天上看到山上,便不知不觉地想起:明天也许就是春天了吧?这样的温暖,今天夜里山草也许就绿起来了吧?就是这点儿幻想不能一时实现,他们也并不着急[14],因为[15]这样慈善的冬天,干什么[16]还希望别的呢!

最妙的是下点儿小雪呀。看吧,山上的矮松越发的青黑,树尖儿[17]上顶//着一髻儿[18]白花,好像日本看护[19]妇。山尖儿全白了,给蓝天镶[20]上一道银边。山坡上,有的地方雪厚点儿,有的地方草色还露[21]着;这样,一道儿白,一道儿暗黄,给山们穿上一件带水纹儿[22]的

花衣;看着看着,这件花衣好像被风儿[23]吹动,叫你希望看见一点儿更美的山的肌肤。等到快日落的时候[24],微黄的阳光斜射在山腰上,那点儿薄[25]雪好像忽然害羞,微微露[26]出点儿粉色。就是下小雪吧,济南是受不住大雪的,那些小山太秀气[27]。

——节选自老舍《济南的冬天》

语音提示

1. 觉得 juéde
2. 奇迹 qíjì
3. 济南 Jǐ'nán
4. 地方 dìfang
5. 那么 nàme
6. 有点儿 yǒudiǎnr
7. 得 děi
8. 眼睛 yǎnjing
9. 暖和 nuǎnhuo
10. 圈儿 quānr
11. 口儿 kǒur
12. 这儿 zhèr
13. 着落 zhuóluò
14. 着急 zháojí
15. 因为 yīn·wèi
16. 什么 shénme
17. 尖儿 jiānr
18. 髻儿 jìr
19. 看护 kānhù
20. 镶 xiāng
21. 露 lù
22. 水纹儿 shuǐwénr
23. 风儿 fēng'ér
24. 时候 shíhou
25. 薄 báo
26. 露 lù
27. 秀气 xiùqi

作品 18 号

纯朴的家乡村边有一条河,曲[1]曲弯弯,河中架一弯石桥,弓样的小桥横跨两岸。

每天,不管是鸡鸣晓月,日丽中天,还是月华泻地,小桥都印下串串足迹[2],洒落串串汗珠。那是乡亲[3]为了追求多棱[4]的希望,兑现[5]美好的遐想[6]。弯弯小桥,不时荡过轻吟低唱,不时露[7]出舒心的笑容。

因而,我稚小[8]的心灵,曾将心声献给小桥:你是一弯银色的新月,给人间普照光辉;你是一把闪亮的镰刀,割刈[9]着欢笑的花果;你是一根晃悠悠的扁担[10],挑起[11]了彩色的明天!哦,小桥走进我的梦中。

我在飘泊[12]他乡的岁月,心中总涌动[13]着故乡的河水,梦中总看到弓样的小桥。当我访南疆探北国,眼帘闯进座座雄伟的长桥时,我的梦变得更丰满了,增添了赤橙黄绿青蓝紫。

三十多年过去,我带着满头霜花回到故乡,第一紧要的便是去看望小桥。

啊！小桥呢？它躲起来了？河中一道长虹，浴着朝霞熠熠[14]闪光。哦，雄浑的大桥敞开胸怀，汽车的呼啸、摩托的笛音、自行车的丁零，合奏着进行交响乐；南来的钢筋、花布，北往的柑橙、家禽，绘出交流欢悦图……

啊！蜕变[15]的桥，传递了家乡进步的消息[16]，透露了家乡富裕的声音。时代的春风，美好的追求，我蓦地[17]记起儿时唱//给小桥的歌，哦，明艳艳的太阳照耀了，芳香甜蜜的花果捧来了，五彩斑斓[18]的岁月拉开了！

我心中涌动的河水，激荡起甜美的浪花。我仰望一碧蓝天，心底轻声呼喊：家乡的桥啊[19]，我梦中的桥！

——节选自郑莹《家乡的桥》

语音提示

1. 曲 qū 　　　2. 足迹 zújì 　　3. 乡亲 xiāngqīn
4. 棱 léng 　　 5. 兑现 duìxiàn 　6. 遐想 xiáxiǎng
7. 露 lù 　　　8. 稚小 zhìxiǎo 　9. 割刈 gēyì
10. 扁担 biǎndan 　11. 挑起 tiāoqǐ 　12. 飘泊 piāobó
13. 涌动 yǒngdòng 　14. 熠熠 yìyì 　15. 蜕变 tuìbiàn
16. 消息 xiāoxi 　17. 蓦地 mòdì 　18. 斑斓 bānlán
19. 啊 wa

作品 19 号

三百多年前，建筑设计师莱伊恩受命设计了英国温泽市政府大厅。他运用工程力学的知识[1]，依据自己多年的实践，巧妙地设计了只用一根柱子支撑[2]的大厅天花板。一年以后，市政府权威人士进行工程验收时，却说只用一根柱子支撑天花板太危险，要求莱伊恩再多加几根柱子。

莱伊恩自信只要一根坚固的柱子足以保证大厅安全，他的"固执"惹恼[3]了市政官员，险些被送上法庭。他非常苦恼，坚持自己原先的主张吧，市政官员肯定会另找人修改设计；不坚持吧，又有悖[4]自己为人[5]的准则。矛盾了很长一段时间，莱伊恩终于想出了一条妙计，他在大厅里增加了四根柱子,不过这些柱子并未与天花板接触,只不过是装装样子[6]。

三百多年过去了,这个秘密[7]始终没有被人发现。直到前两年,市政府准备修缮[8]大厅的天花板,才发现莱伊恩当年的"弄虚作假"。消息[9]传出后,世界各国的建筑专家和游客云集,当地政府对此也不加掩饰[10],在新世纪到来之际,特意将大厅作为一个旅游景点对外开放,旨[11]在引导人们崇尚[12]和相信科学。

作为一名建筑师,莱伊恩并不是最出色的。但作为一个人,他无疑非常伟大,这种//伟大表现在他始终恪守[13]着自己的原则,给高贵的心灵一个美丽的住所:哪怕是遭遇到最大的阻力,也要想办法抵达胜利。

——节选自游宇明《坚守你的高贵》

语音提示

1. 知识 zhīshi 2. 支撑 zhīchēng 3. 惹恼 rě'nǎo
4. 悖 bèi 5. 为人 wéirén 6. 样子 yàngzi
7. 秘密 mìmì 8. 修缮 xiūshàn 9. 消息 xiāoxi
10. 掩饰 yǎnshì 11. 旨 zhǐ 12. 崇尚 chóngshàng
13. 恪守 kèshǒu

作品 20 号

自从传言有人在萨文河畔[1]散步时无意发现了金子[2]后,这里便常有来自四面八方的淘金者。他们都想成为富翁,于是寻遍了整个河床,还在河床上挖出很多大坑,希望借助它们找到更多的金子。的确[3],有一些人找到了,但另外一些人因[4]一无所得而只好扫兴归去。

也有不甘心落空的,便驻扎[5]在这里,继续寻找。彼得·弗雷特就是其中一员。他在河床附近买了一块没人要的土地,一个人默默[6]地工作。他为了找金子,已把所有的钱都押在这块土地上。他埋头苦干了几个月,直到土地全变成了坑坑洼洼,他失望了——他翻遍了整块土地,但连一丁点儿[7]金子都没看见。

六个月后,他连买面包的钱都没有了。于是他准备离开这儿[8]到别处去谋生。

就在他即将⁹离去的前一个晚上¹⁰,天下起了倾盆¹¹大雨,并且一下就是三天三夜。雨终于停了,彼得走出小木屋,发现眼前的土地看上去好像和以前不一样:坑坑洼洼已被大水冲刷平整,松软的土地上长出一层绿茸茸的小草。

"这里没找到金子,"彼得忽有所悟地说,"但这土地很肥沃,我可以用来种花,并且拿到镇上去卖给那些富人¹²,他们一定会买些花装扮他们华丽的客//厅。如果真是这样的话,那么¹³我一定会赚许多钱,有朝一日我也会成为富人……"

于是他留了下来。彼得花了不少精力培育花苗,不久田地里长满了美丽娇艳的各色鲜花。

五年以后,彼得终于实现了他的梦想——成了一个富翁。"我是惟一的一个找到真金的人!"他时常不无骄傲地告诉¹⁴人,"别人在这儿找不到金子后便远远地离开,而我的'金子'是在这块土地里,只有诚实的人用勤劳才能采集到。"

——节选自陶猛译《金子》

语音提示

1. 河畔 hépàn　　　2. 金子 jīnzi　　　3. 的确 díquè
4. 因为 yīn·wèi　　5. 驻扎 zhùzhā　　6. 默默 mòmò
7. 一丁点儿 yìdīngdiǎnr　　　　　　8. 这儿 zhèr
9. 即将 jíjiāng　10. 晚上 wǎnshang　11. 倾盆 qīngpén
12. 富人 fùrén　　13. 那么 nàme　　14. 告诉 gàosu

作品21号

我在加拿大学习期间遇到过两次募捐,那情景至今使我难以忘怀。

一天,我在渥太华¹的街上被两个男孩子²拦住去路。他们十来岁,穿得整整齐齐,每人头上戴着个做工精巧、色彩鲜艳的纸帽,上面写着"为帮助患小儿麻痹³的伙伴募捐"。其中的一个,不由分说⁴就坐在小凳上给我擦起皮鞋来,另一个则彬彬有礼地发问:"小姐,您是哪国人?喜欢渥太华吗?""小姐,在你们国家有没有小孩儿⁵患小儿麻痹?谁给他们医疗费?"一连串的问题,使我这个有生以来头一次在众目睽睽[6]之下让别人擦鞋的异乡人,从近乎狼狈的窘态[7]中解脱出来。我们像朋友[8]一样聊起天儿[9]来……

几个月之后,也是在街上。一些十字路口处或车站坐着几位老人。他们满头银发[10],身穿各种老式军装,上面布满了大大小小形形色色的徽章、奖章,每人手捧一大束鲜花,有水仙、石竹、玫瑰及叫不出名字[11]的,一色[12]雪白。匆匆过往的行人纷纷止步,把钱投进这些老人身旁的白色木箱内,然后向他们微微鞠躬,从他们手中接过一朵花。我看了一会儿[13],有人投一两元,有人投几百元,还有人掏出支票填好后投进木箱。那些老军人毫不注意人们捐多少钱,一直不//停地向人们低声道谢。同行[14]的朋友告诉我,这是为纪念二次大战中参战的勇士,募捐救济残废军人和烈士遗孀[15],每年一次;认捐的人可谓踊跃[16],而且秩序井然,气氛[17]庄严。有些地方[18],人们还耐心地排着队。我想,这是因为他们都知道:正是这些老人们的流血[19]牺牲换来了包括他们信仰自由在内的许许多多。

我两次把那微不足道的一点儿[20]钱捧给他们,只想对他们说声"谢谢[21]"。

——节选自青白《捐诚》

语音提示

1. 渥太华 Wòtàihuá　　2. 孩子 háizi　　3. 麻痹 mábì
4. 不由分说 bùyóu-fēnshuō　　5. 小孩儿 xiǎoháir
6. 睽睽 kuíkuí　　7. 窘态 jiǒngtài　　8. 朋友 péngyou
9. 天儿 tiānr　　10. 银发 yínfà　　11. 名字 míngzi
12. 一色 yísè　　13. 一会儿 yíhuìr　　14. 同行 tóngxíng
15. 遗孀 yíshuāng　　16. 踊跃 yǒngyuè　　17. 气氛 qìfēn
18. 地方 dìfang　　19. 流血 liúxuè　　20. 一点儿 yìdiǎnr
21. 谢谢 xièxie

作品 22 号

没有一片绿叶,没有一缕[1]炊烟,没有一粒泥土,没有一丝花香,只有水的世界,云的海洋。

一阵台风袭[2]过,一只孤单的小鸟无家可归,落到被卷到洋里的木板上,乘[3]流而下,姗姗[4]而来,近了,近了!……

忽然,小鸟张开翅膀[5],在人们头顶盘旋[6]了几圈儿,"噗啦[7]"一声落到了船上。许是累了,还是发现了"新大陆"?水手撵[8]它它不走,抓它,它乖乖地落在掌心。可爱的小鸟和善良的水手结成[9]了朋友[10]。

瞧,它多美丽,娇巧的小嘴,啄[11]理着绿色的羽毛,鸭子样的扁脚,呈现出春草的鹅黄。水手们把它带到舱里,给它"搭铺[12]",让它在船上安家落户,每天,把分到的一塑料筒淡水匀给它喝,把从祖国带来的鲜美的鱼肉分给它吃,天长日久,小鸟和水手的感情日趋笃厚[13]。清晨,当第一束阳光射进舷窗[14]时,它便敞开美丽的歌喉,唱啊[15]唱,嘤嘤[16]有韵,宛如春水淙淙[17]。人类给它以生命,它毫不悭吝[18]地把自己的艺术青春奉献给了哺育[19]它的人。可能都是这样?艺术家们的青春只会献给尊敬他们的人。

小鸟给远航生活蒙上了一层浪漫色调[20]。返航时,人们爱不释手,恋恋不舍地想把它带到异乡。可小鸟憔悴[21]了,给水,不喝!喂肉,不吃!油亮的羽毛失去了光泽。是啊[22],我//们有自己的祖国,小鸟也有它的归宿,人和动物都是一样啊[23],哪儿[24]也不如故乡好!

慈爱的水手们决定放开它,让它回到大海的摇篮去,回到蓝色的故乡去。离别前,这个大自然的朋友与水手们留影纪念。它站在许多人的头上,肩上,掌上,胳膊[25]上,与喂养过它的人们[26],一起融进那蓝色的画面……

——节选自王文杰《可爱的小鸟》

语音提示

1. 一缕 yìlǚ
2. 袭 xí
3. 乘 chéng
4. 姗姗 shānshān
5. 翅膀 chìbǎng
6. 盘旋 pánxuán
7. 噗啦 pūlā
8. 撵 niǎn
9. 结成 jiéchéng
10. 朋友 péngyou
11. 啄 zhuó
12. 搭铺 dāpù
13. 笃厚 dǔhòu
14. 舷窗 xiánchuāng
15. 啊 nga
16. 嘤嘤 yīngyīng
17. 淙淙 cóngcóng
18. 悭吝 qiānlìn
19. 哺育 bǔyù
20. 色调 sèdiào
21. 憔悴 qiáocuì

22. 啊 ra	23. 啊 nga	24. 哪儿 nǎr
25. 胳膊 gēbo	26. 人们 rénmen

作品 23 号

纽约的冬天常有大风雪,扑面的雪花不但令人难以睁开眼睛[1],甚至呼吸都会吸入冰冷的雪花。有时前一天晚上还是一片晴朗,第二天拉开窗帘,却已经积雪盈尺,连门都推不开了。

遇到这样的情况,公司、商店常会停止上班,学校也通过广播,宣布停课。但令人不解的是,惟有公立小学,仍然开放。只见黄色的校车,艰难地在路边接孩子,老师则一大早就口中喷着热气,铲去车子前后的积雪,小心翼翼地开车去学校。

据统计,十年来纽约的公立小学只因为[2]超级暴风雪停过七次课。这是多么令人惊讶[3]的事。犯得着[4]在大人都无须上班的时候[5]让孩子去学校吗?小学的老师也太倒霉了吧?

于是,每逢大雪而小学不停课时,都有家长打电话去骂。妙的是,每个打电话的人,反应全一样——先是怒气冲冲地责问,然后满口道歉,最后笑容满面地挂上电话。原因是,学校告诉家长:

在纽约有许多百万富翁,但也有不少贫困的家庭。后者白天开不起暖气,供[6]不起午餐,孩子的营养全靠学校里免费的中饭,甚至可以多拿些回家当晚餐。学校停课一天,穷孩子就受一天冻,挨[7]一天饿,所以老师们宁愿[8]自己苦一点儿,也不能停课。//

或许有家长会说:何不让富裕的孩子在家里,让贫穷的孩子去学校享受暖气和营养午餐呢?

学校的答复是:我们不愿让那些穷苦的孩子感到他们是在接受救济,因为施舍[9]的最高原则是保持受施者的尊严。

——节选自(台湾)刘墉《课不能停》

语音提示

1. 眼睛 yǎnjing	2. 因为 yīn·wèi	3. 惊讶 jīngyà
4. 犯得着 fàndezháo	5. 时候 shíhou	6. 供 gōng
7. 挨 ái	8. 宁愿 nìngyuàn	9. 施舍 shīshě

作品 24 号

十年,在历史上不过是一瞬间[1]。只要稍加注意,人们就会发现:在这一瞬间里,各种事物都悄悄经历了自己的千变万化。

这次重新访日,我处处感到亲切和熟悉,也在许多方面发觉了日本的变化。就拿奈良[2]的一个角落[3]来说吧,我重游了为之[4]感受很深的唐招提寺,在寺内各处匆匆走了一遍,庭院依旧,但意想不到看到了一些新的东西[5]。其中之一,就是近几年从中国移植来的"友谊[6]之莲"。

在存放鉴真遗像的那个院子里,几株中国莲昂然挺立,翠绿的宽大荷叶正迎风而舞,显得十分愉快。开花的季节已过,荷花朵朵已变为莲蓬累累[7]。莲子[8]的颜色正在由青转紫,看来已经成熟[9]了。

我禁不住[10]想:"因"已转化为"果"。

中国的莲花开在日本,日本的樱花开在中国,这不是偶然。我希望这样一种盛况延续不衰。可能有人不欣赏花,但决不会有人欣赏落在自己面前的炮弹。

在这些日子[11]里,我看到了不少多年不见的老朋友[12],又结识[13]了一些新朋友。大家喜欢涉及的话题之一,就是古长安和古奈良。那还用得[14]着问吗,朋友们缅怀[15]过去,正是瞩望[16]未来。瞩目于未来的人们必将获得[17]未来。

我不例外,也希望一个美好的未来。

为//了中日人民之间的友谊,我将不浪费今后生命的每一瞬间。

——节选自严文井《莲花和樱花》

语音提示

1. 一瞬间 yíshùnjiān 2. 奈良 Nàiliáng 3. 角落 jiǎoluò
4. 为之 wèizhī 5. 东西 dōngxi 6. 友谊 yǒuyì
7. 累累 léiléi 8. 莲子 liánzǐ 9. 成熟 chéngshú
10. 禁不住 jīnbúzhù 11. 日子 rìzi 12. 朋友 péngyou
13. 结识 jiéshí 14. 用得着 yòngdezháo
15. 缅怀 miǎnhuái 16. 瞩望 zhǔwàng 17. 获得 huòdé

作品 25 号

梅雨潭闪闪的绿色招引着我们,我们开始追捉她那离合的神光了。揪[1]着草,攀着乱石,小心探身下去,又鞠躬过了一个石穹门[2],便到了汪汪一碧的潭边了。

瀑布[3]在襟袖[4]之间,但我的心中已没有瀑布了。我的心随潭水的绿而摇荡。那醉人的绿呀!仿佛[5]一张极大极大的荷叶铺着,满是奇异的绿呀。我想张开两臂抱住她,但这是怎样一个妄想啊[6]。

站在水边,望到那面,居然觉着[7]有些远呢!这平铺[8]着、厚积着的绿,着实[9]可爱。她松松地皱缬[10]着,像少妇拖着的裙幅;她滑滑地明亮着,像涂了"明油"一般,有鸡蛋清那样软,那样嫩;她又不杂些尘滓[11],宛然[12]一块温润的碧玉,只清清的一色——但你却看不透她!

我曾见过北京什刹海[13]拂地[14]的绿杨,脱不了鹅黄的底子,似乎[15]太淡了。我又曾见过杭州虎跑[16]寺近旁高峻而深密的"绿壁",丛叠[17]着无穷的碧草与绿叶的,那又似乎太浓了。其余呢,西湖的波太明了,秦淮河的也太暗了。可爱的,我将什么来比拟[18]你呢?我怎么[19]比拟得出呢?大约潭是很深的,故能蕴蓄[20]着这样奇异的绿;仿佛蔚蓝[21]的天融了一块在里面似的[22],这才这般的鲜润啊[23]。

那醉人的绿呀!我若能裁你以为带,我将赠给那轻盈[24]的//舞女,她必能临风飘举了。我若能挹[25]你以为眼,我将赠给那善歌的盲妹,她必明眸[26]善睐[27]了。我舍不得你,我怎舍得你呢?我用手拍着你,抚摩[28]着你,如同一个十二三岁的小姑娘[29]。我又掬[30]你入口,便是吻着她了。我送你一个名字[31],我从此叫你"女儿绿",好吗?

第二次到仙岩的时候,我不禁[32]惊诧[33]于梅雨潭的绿了。

——节选自朱自清《绿》

语音提示

1. 揪 jiū
2. 石穹门 shíqióngmén
3. 瀑布 pùbù
4. 襟袖 jīnxiù
5. 仿佛 fǎngfú
6. 啊 nga
7. 觉着 juézhe
8. 铺 pū
9. 着实 zhuóshí
10. 皱缬 zhòuxié
11. 尘滓 chénzǐ
12. 宛然 wǎnrán
13. 什刹海 Shíchàhǎi

14. 拂地 fúdì	15. 似乎 sìhū	16. 虎跑 hǔpáo
17. 丛叠 cóngdié	18. 比拟 bǐnǐ	19. 怎么 zěnme
20. 蕴蓄 yùnxù	21. 蔚蓝 wèilán	22. 似的 shìde
23. 啊 na	24. 轻盈 qīngyíng	25. 挹 yì
26. 明眸 míngmóu	27. 善睐 shànlài	28. 抚摩 fǔmó
29. 姑娘 gūniang	30. 掬 jū	31. 名字 míngzi
32. 不禁 bùjīn	33. 惊诧 jīngchà	

作品 26 号

我们家的后园有半亩空地¹,母亲说:"让它荒着怪可惜的,你们那么²爱吃花生,就开辟出来种花生吧。"我们姐弟几个都很高兴,买种³,翻地,播种⁴,浇水,没过几个月,居然收获了。

母亲说:"今晚我们过一个收获节,请你们父亲也来尝尝⁵我们的新花生,好不好?"我们都说好。母亲把花生做成了好几样食品,还吩咐就在后园的茅亭里过这个节。

晚上⁶天色不太好,可是父亲也来了,实在很难得⁷。

父亲说:"你们爱吃花生吗?"

我们争着答应:"爱!"

"谁能把花生的好处说出来?"

姐姐⁸说:"花生的味美。"

哥哥⁹说:"花生可以榨油。"

我说:"花生的价钱便宜¹⁰,谁都可以买来吃,都喜欢¹¹吃。这就是它的好处。"

父亲说:"花生的好处很多,有一样最可贵:它的果实埋在地里,不像桃子¹²、石榴¹³、苹果那样,把鲜红嫩绿的果实高高地挂在枝头¹⁴上,使人一见就生爱慕之心。你们看它矮矮地长在地上,等到成熟¹⁵了,也不能立刻分辨¹⁶出来它有没有果实,必须挖出来才知道。"

我们都说是,母亲也点点头。

父亲接下去说:"所以你们要像花生,它虽然不好看,可是很有用,不是外表好看而没有实用的东西¹⁷。"

我说:"那么,人要做有用的人,不要做只讲体面,而对别人没有

好处的人了。"//

父亲说:"对。这是我对你们的希望。"

我们谈到夜深才散。花生做的食品都吃完了,父亲的话却深深地印在我的心上。

——节选自许地山《落花生》

语音提示

1. 空地 kòngdì   2. 那么 nàme   3. 买种 mǎizhǒng
4. 播种 bōzhǒng   5. 尝尝 chángchang   6. 晚上 wǎnshang
7. 难得 nándé   8. 姐姐 jiějie   9. 哥哥 gēge
10. 便宜 piányi   11. 喜欢 xǐhuan   12. 桃子 táozi
13. 石榴 shíliu   14. 枝头 zhītóu   15. 成熟 chéngshú
16. 分辨 fēnbiàn   17. 东西 dōngxi

作品 27 号

我打猎归来,沿着花园的林阴路走着。狗跑在我前边。

突然,狗放慢脚步,蹑足潜行[1],好像嗅[2]到了前边有什么[3]野物。

我顺着林阴路望去,看见了一只嘴边还带黄色、头上生着柔毛的小麻雀。风猛烈地吹打着林阴路上的白桦[4]树,麻雀从巢[5]里跌落下来,呆呆地伏在地上,孤立无援地张开两只羽毛还未丰满的小翅膀[6]。

我的狗慢慢向它靠近。忽然,从附近一棵树上飞下一只黑胸脯的老麻雀,像一颗石子[7]似的[8]落到狗的跟前。老麻雀全身倒竖着羽毛,惊恐万状,发出绝望、凄惨[9]的叫声,接着向露出牙齿、大张着的狗嘴扑去。

老麻雀是猛扑下来救护幼雀的。它用身体掩护[10]着自己的幼儿……但它整个小小的身体因恐怖而战栗[11]着,它小小的声音也变得粗暴嘶哑[12],它在牺牲自己!

在它看来,狗该是多么庞大[13]的怪物啊[14]!然而,它还是不能站在自己高高的、安全的树枝上……一种比它的理智更强烈的力量,使它从那儿[15]扑下身来。

我的狗站住了,向后退了退……看来,它也感到了这种力量。

我赶紧唤住惊慌失措的狗,然后我怀着崇敬的心情,走开了。

是啊[16],请不要见笑。我崇敬那只小小的、英勇的鸟儿[17],我崇敬它那种爱的冲动和力量。

爱,我想,比//死和死的恐惧更强大。只有依靠它,依靠这种爱,生命才能维持下去,发展下去。

——节选自[俄]屠格涅夫《麻雀》,巴金译

语音提示

1. 蹑足潜行 nièzú-qiánxíng   2. 嗅 xiù
3. 什么 shénme   4. 桦 huà   5. 巢 cháo
6. 翅膀 chìbǎng   7. 石子 shízǐr   8. 似的 shìde
9. 凄惨 qīcǎn   10. 掩护 yǎnhù   11. 战栗 zhànlì
12. 嘶哑 sīyǎ   13. 庞大 pángdà   14. 啊 wa
15. 那儿 nàr   16. 啊 ra   17. 鸟儿 niǎor

作品28号

那年我六岁。离我家仅一箭之遥的小山坡旁,有一个早已被废弃的采石场,双亲从来不准我去那儿,其实那儿[1]风景十分迷人。

一个夏季的下午,我随着一群小伙伴偷偷上那儿去了。就在我们穿越了一条孤寂的小路后,他们却把我一个人留在原地,然后奔[2]向"更危险的地带"了。

等他们走后,我惊慌失措[3]地发现,再也找不到要回家的那条孤寂的小道了。像只无头的苍蝇[4],我到处乱钻,衣裤上挂满了芒刺。太阳已经落山,而此时此刻,家里一定开始吃晚餐了,双亲正盼着我回家……想着想着,我不由得背靠着一棵树,伤心地呜呜大哭起来……

突然,不远处传来了声声柳笛。我像找到了救星,急忙循[5]声走去。一条小道边的树桩上坐着一位吹笛人,手里还正削[6]着什么[7]。走近细看,他不就是被大家称为"乡巴佬儿"的卡廷吗?

"你好,小家伙儿[8],"卡廷说,"看天气多美,你是出来散步的吧?"
我怯生生[9]地点点头,答道:"我要回家了。"

"请耐心等上几分钟,"卡廷说,"瞧,我正在削一支柳笛,差不多

就要做好了,完工后就送给你吧!"

卡廷边削边不时把尚未成形的柳笛放在嘴里试吹一下。没过多久,一支柳笛便递到我手中。我俩在一阵阵清脆悦耳的笛音//中,踏上了归途……

当时,我心中只充满感激,而今天,当我自己也成了祖父时,却突然领悟到他用心之良苦!那天当他听到我的哭声时,便判定我一定迷了路,但他并不想在孩子面前扮演"救星"的角色[10],于是吹响柳笛以便让我能发现他,并跟着他走出困境!就这样,卡廷先生[11]以乡下人[12]的纯朴,保护了一个小男孩儿[13]强烈的自尊。

——节选自唐若水译《迷途笛音》

语音提示

1. 那儿 nàr　　2. 奔 bēn　　3. 惊慌失措 jīnghuāng-shīcuò
4. 苍蝇 cāngying　　5. 循 xún
6. 削 xiāo　　7. 什么 shénme
8. 小家伙儿 xiǎojiāhuor　　9. 怯生生 qièshēngshēng
10. 角色 juésè　　11. 先生 xiānsheng
12. 乡下 xiāngxia　　13. 男孩儿 nánháir

作品 29 号

在浩瀚无垠[1]的沙漠里,有一片美丽的绿洲,绿洲里藏着一颗闪光的珍珠。这颗珍珠就是敦煌[2]莫高窟[3]。它坐落在我国甘肃省敦煌市三危山和鸣沙山的怀抱中。

鸣沙山东麓[4]是平均高度为十七米的崖壁。在一千六百多米长的崖壁上,凿[5]有大小洞窟七百余个,形成了规模宏伟的石窟群。其中四百九十二个洞窟中,共有彩色塑像两千一百余尊,各种壁画共四万五千多平方米。莫高窟是我国古代无数艺术匠师留给人类的珍贵文化遗产。

莫高窟的彩塑,每一尊都是一件精美的艺术品。最大的有九层楼那么高,最小的还不如一个手掌大。这些彩塑个性鲜明,神态各异。有慈眉善目的菩萨[6],有威风凛凛[7]的天王,还有强壮勇猛的力士……

莫高窟壁画的内容丰富多彩,有的是描绘古代劳动人民打猎、捕鱼、耕田、收割的情景,有的是描绘人们奏乐、舞蹈、演杂技的场面,还有的是描绘大自然的美丽风光。其中最引人注目的是飞天。壁画上的飞天,有的臂挎[8]花篮,采摘鲜花;有的反弹[9]琵琶[10],轻拨银弦[11];有的倒悬[12]身子,自天而降;有的彩带飘拂[13],漫天遨游;有的舒展着双臂,翩翩起舞。看着这些精美动人的壁画,就像走进了//灿烂辉煌的艺术殿堂。

莫高窟里还有一个面积不大的洞窟——藏经洞。洞里曾藏有我国古代的各种经卷[14]、文书、帛画[15]、刺绣、铜像等共六万多件。由于清朝政府腐败无能,大量珍贵的文物被外国强盗掠走。仅存的部分经卷,现在陈列于北京故宫等处。

莫高窟是举世闻名的艺术宝库。这里的每一尊彩塑、每一幅壁画、每一件文物,都是中国古代人民智慧的结晶。

——节选自小学《语文》第六册中《莫高窟》

语音提示

1. 浩瀚无垠 hàohàn–wúyín
2. 敦煌 Dūnhuáng
3. 窟 kū
4. 麓 lù
5. 凿 záo
6. 菩萨 púsà
7. 威风凛凛 wēifēng–lǐnlǐn
8. 挎 kuà
9. 弹 tán
10. 琵琶 pí·pá
11. 弦 xián
12. 倒悬 dàoxuán
13. 飘拂 piāofú
14. 经卷 jīngjuàn
15. 帛画 bóhuà

作品 30 号

其实你在很久以前并不喜欢牡丹[1],因为它总被人作为富贵膜拜[2]。后来你目睹[3]了一次牡丹的落花,你相信所有的人都会为[4]之感动:一阵清风徐来,娇艳鲜嫩的盛期牡丹忽然整朵整朵地坠落[5],铺撒[6]一地绚丽[7]的花瓣。那花瓣落地时依然鲜艳夺目,如同一只奉上祭坛的大鸟脱落的羽毛,低吟[8]着壮烈的悲歌离去。

牡丹没有花谢花败之时,要么烁[9]于枝头[10],要么归于泥土,它跨越委顿[11]和衰老,由青春而死亡,由美丽而消遁[12]。它虽美却不吝惜[13]生命,即使告别也要展示给人最后一次的惊心动魄。

所以在这阴冷的四月里,奇迹[14]不会发生。任凭游人扫兴[15]和诅咒[16],牡丹依然安之若素[17]。它不苟且[18],不俯就,不妥协[19],不媚俗[20],甘愿自己冷落自己。它遵循自己的花期自己的规律,它有权利为自己选择每年一度的盛大节日。它为什么不拒绝寒冷?

天南海北的看花人,依然络绎不绝[21]地涌入洛阳城。人们不会因牡丹的拒绝而拒绝它的美。如果它再被贬谪[22]十次,也许它就会繁衍出十个洛阳牡丹城。

于是你在无言的遗憾中感悟到,富贵与高贵只是一字之差。同人一样,花儿[23]也是有灵性的,更有品位之高低。品位这东西[24]为气为魂为//筋骨为神韵,只可意会。你叹服牡丹卓尔不群[25]之姿,方知品位是多么容易被世人忽略或是漠视[26]的美。

——节选自张抗抗《牡丹的拒绝》

语音提示

1. 牡丹 mǔdān　　2. 膜拜 móbài　　3. 目睹 mùdǔ
4. 为 wèi　　5. 坠落 zhuìluò　　6. 铺撒 pūsǎ
7. 绚丽 xuànlì　　8. 低吟 dīyín　　9. 烁 shuò
10. 枝头 zhītóu　　11. 委顿 wěidùn　　12. 消遁 xiāodùn
13. 吝惜 lìnxī　　14. 奇迹 qíjì　　15. 扫兴 sǎoxìng
16. 诅咒 zǔzhòu　　17. 安之若素 ānzhī-ruòsù
18. 苟且 gǒuqiě　　19. 妥协 tuǒxié　　20. 媚俗 mèisú
21. 络绎不绝 luòyì-bùjué　　22. 贬谪 biǎnzhé
23. 花儿 huār　　24. 东西 dōngxi
25. 卓尔不群 zhuó'ěr-bùqún　　26. 漠视 mòshì

作品31号

森林涵养[1]水源,保持水土,防止水旱灾害的作用非常大。据专家测算,一片十万亩面积的森林,相当于一个两百万立方米的水库,这正如农谚[2]所说的:"山上多栽树,等于修水库。雨多它能吞,雨少它能吐。"

说起森林的功劳,那还多得很。它除了为人类提供木材及许多种生产、生活的原料之外,在维护生态环境方面也是功劳卓著[3]。它用另一种"能吞能吐"的特殊功能孕育了人类。因为⁴地球在形成之初,大气中的二氧化碳含量很高,氧气很少,气温也高,生物是难以生存的。大约在四亿年之前,陆地才产生了森林。森林慢慢将大气中的二氧化碳吸收,同时吐出新鲜氧气,调节气温:这才具备了人类生存的条件,地球上才最终有了人类。

森林,是地球生态系统的主体,是大自然的总调度室,是地球的绿色之肺。森林维护地球生态环境的这种"能吞能吐"的特殊功能是其他任何物体都不能取代的。然而,由于地球上的燃烧物增多,二氧化碳的排放量急剧增加,使得地球生态环境急剧恶化,主要表现为全球气候变暖,水分蒸发加快,改变了气流的循环⁵,使气候变化加剧,从而引发热浪、飓风⁶、暴雨、洪涝及干旱。

为了//使地球的这个"能吞能吐"的绿色之肺恢复健壮,以改善生态环境,抑制⁷全球变暖,减少水旱等自然灾害,我们应该大力造林、护林,使每一座荒山都绿起来。

——节选自《中考语文课外阅读试题精选》中《"能吞能吐"的森林》

语音提示

1. 涵养 hányǎng 2. 农谚 nóngyàn 3. 卓著 zhuózhù
4. 因为 yīn·wèi 5. 循环 xúnhuán 6. 飓风 jùfēng
7. 抑制 yìzhì

作品32号

朋友¹即将²远行。

暮春时节,又邀了几位朋友在家小聚。虽然都是极熟³的朋友,却是终年难得⁴一见,偶尔⁵电话里相遇,也无非是几句寻常⁶话。一锅小米稀饭,一碟大头菜,一盘自家酿制⁷的泡菜⁸,一只巷口买回的烤鸭,简简单单,不像请客,倒⁹像家人团聚。

其实,友情也好,爱情也好,久而久之都会转化为亲情。

说也奇怪,和新朋友会谈文学、谈哲学、谈人生道理等等,和老朋友却只话家常,柴米油盐,细细碎碎,种种琐事¹⁰。很多时候¹¹,心灵的契合¹²已经不需要太多的言语来表达。

朋友新烫了个头,不敢回家见母亲,恐怕惊骇¹³了老人家,却欢天喜地[14]来见我们,老朋友颇能以一种趣味性的眼光欣赏这个改变。

年少[15]的时候,我们差不多都在为别人而活,为苦口婆心的父母活,为循循善诱[16]的师长活,为许多观念、许多传统的约束力而活。年岁逐增,渐渐挣脱[17]外在的限制与束缚[18],开始懂得为自己活,照自己的方式做一些自己喜欢的事,不在乎[19]别人的批评意见,不在乎别人的诋毁[20]流言,只在乎那一份随心所欲的舒坦[21]自然。偶尔,也能够纵容自己放浪一下,并且有一种恶作剧的窃喜。

就让生命顺其自然,水到渠成吧,犹如窗前的//乌桕[22],自生自落之间,自有一份圆融丰满的喜悦。春雨轻轻落着,没有诗,没有酒,有的只是一份相知相属[23]的自在自得。

夜色在笑语中渐渐沉落,朋友起身告辞,没有挽留,没有送别,甚至也没有问归期。

已经过[24]了大喜大悲的岁月,已经过了伤感流泪的年华,知道了聚散[25]原来是这样的自然和顺理成章,懂得这点,便懂得珍惜每一次相聚的温馨[26],离别便也欢喜。

——节选自(台湾)杏林子《朋友和其他》

语音提示

1. 朋友 péngyou
2. 即将 jíjiāng
3. 熟 shú
4. 难得 nándé
5. 偶尔 ǒu'ěr
6. 寻常 xúncháng
7. 酿制 niàngzhì
8. 泡菜 pàocài
9. 倒 dào
10. 琐事 suǒshì
11. 时候 shíhou
12. 契合 qìhé
13. 惊骇 jīnghài
14. 欢天喜地 huāntiān-xǐdì
15. 年少 niánshào
16. 循循善诱 xúnxún-shànyòu
17. 挣脱 zhèngtuō
18. 束缚 shùfù
19. 在乎 zàihu
20. 诋毁 dǐhuǐ
21. 舒坦 shūtan
22. 乌桕 wūjiù
23. 相属 xiāngzhǔ
24. 过 guò
25. 聚散 jùsàn
26. 温馨 wēnxīn

作品 33 号

我们在田野散步:我,我的母亲,我的妻子[1]和儿子[2]。

母亲本不愿出来的。她老了,身体不好,走远一点儿[3]就觉得很累。我说,正因为[4]如此,才应该多走走。母亲信服地点点头,便去拿外套。她现在很听我的话,就像我小时候很听她的话一样。

这南方初春的田野,大块小块的新绿随意地铺[5]着,有的浓,有的淡,树上的嫩芽也密了,田里的冬水也咕咕地起着水泡。这一切都使人想着一样东西[6]——生命。

我和母亲走在前面,我的妻子和儿子走在后面。小家伙突然叫起来:"前面是妈妈和儿子,后面也是妈妈和儿子。"我们都笑了。

后来发生了分歧[7];母亲要走大路,大路平顺;我的儿子要走小路,小路有意思[8]。不过,一切都取决于我。我的母亲老了,她早已习惯听从她强壮的儿子;我的儿子还小,他还习惯听从他高大的父亲;妻子呢,在外面,她总是听我的。一霎时[9]我感到了责任的重大。我想找一个两全的办法,找不出;我想拆散[10]一家人,分成两路,各得其所,终不愿意。我决定委屈[11]儿子,因为我伴同他的时日还长。我说:"走大路。"

但是母亲摸摸孙儿的小脑瓜,变了主意[12]:"还是走小路吧。"她的眼随小路望去:那里有金色的菜花,两行整齐的桑树,//尽头[13]一口水波粼粼[14]的鱼塘。"我走不过去的地方,你就背[15]着我。"母亲对我说。

这样,我们在阳光下,向着那菜花、桑树和鱼塘走去。到了一处,我蹲下来,背起了母亲;妻子也蹲下来,背起了儿子。我和妻子都是慢慢地,稳稳地,走得很仔细,好像我背[16]上的同她背上的加起来,就是整个世界。

——节选自莫怀戚《散步》

语音提示

1. 妻子 qīzi
2. 儿子 érzi
3. 一点儿 yìdiǎnr
4. 因为 yīn·wèi
5. 铺 pū
6. 东西 dōngxi
7. 分歧 fēnqí
8. 意思 yìsi
9. 霎时 shàshí
10. 拆散 chāisàn
11. 委屈 wěiqu
12. 主意 zhǔyi/zhúyi
13. 尽头 jìntóu
14. 粼粼 línlín
15. 背 bēi
16. 背 bèi

作品 34 号

　　地球上是否真的存在"无底洞"？按说地球是圆的，由地壳[1]、地幔[2]和地核三层组成，真正的"无底洞"是不应存在的，我们所看到的各种山洞、裂口、裂缝，甚至火山口也都只是地壳浅部的一种现象。然而中国一些古籍[3]却多次提到海外有个深奥莫测的无底洞。事实上地球上确实有这样一个"无底洞"。

　　它位于希腊亚各斯古城的海滨[4]。由于濒临[5]大海，大涨潮[6]时，汹涌的海水便会排山倒海般地涌入洞中，形成一股湍[7]湍的急流。据测，每天流入洞内的海水量达三万多吨。奇怪的是，如此大量的海水灌入洞中，却从来没有把洞灌满。曾有人怀疑，这个"无底洞"，会不会就像石灰岩地区的漏斗、竖井、落水洞一类的地形。然而从二十世纪三十年代以来，人们就做了多种努力企图寻找它的出口，却都是枉费心机[8]。

　　为了揭开这个秘密，一九五八年美国地理学会派出一支考察队，他们把一种经久不变的带色染料溶解在海水中，观察染料是如何随着海水一起沉下去。接着又察看了附近海面以及岛上的各条河、湖，满怀希望地寻找这种带颜色的水，结果令人失望。难道是海水量太大把有色水稀释[9]得太淡，以致无法发现？//

　　至今谁也不知道为什么[10]这里的海水会没完没了[11]地"漏"下去，这个"无底洞"的出口又在哪里，每天大量的海水究竟都流到哪里去了。

——节选自罗伯特·罗威尔《神秘的"无底洞"》

语音提示

1. 地壳 dìqiào　　2. 地幔 dìmàn　　3. 古籍 gǔjí
4. 海滨 hǎibīn　　5. 濒临 bīnlín　　6. 涨潮 zhǎngcháo
7. 湍 tuān　　8. 枉费心机 wǎngfèi-xīnjī
9. 稀释 xīshì　　10. 为什么 wèishénme
11. 没完没了 méiwán-méiliǎo

作品 35 号

我在俄国见到的景物再没有比托尔斯泰墓更宏伟、更感人的。

完全按照托尔斯泰的愿望,他的坟墓成了世间最美的,给人印象最深刻的坟墓。它只是树林中的一个小小的长方形土丘,上面开满鲜花——没有十字架,没有墓碑,没有墓志铭,连托尔斯泰这个名字也没有。

这位比谁都感到受自己的声名所累[1]的伟人,却像偶尔[2]被发现的流浪汉,不为[3]人知的士兵,不留名姓地被人埋葬了。谁都可以踏进他最后的安息地,围在四周稀疏[4]的木栅栏[5]是不关闭的——保护列夫·托尔斯泰得以安息的没有任何别的东西,惟有人们的敬意;而通常,人们却总是怀着好奇[6],去破坏伟人墓地的宁静。

这里,逼人的朴素禁锢[7]住任何一种观赏的闲情,并且不容许你大声说话。风儿[8]俯临[9],在这座无名者之墓的树木之间飒飒[10]响着,和暖[11]的阳光在坟头[12]嬉戏[13];冬天,白雪温柔地覆盖这片幽暗的圭[14]土地。无论你在夏天或冬天经过这儿[15],你都想像不到,这个小小的、隆起的长方体里安放着一位当代最伟大的人物。

然而,恰恰[16]是这座不留姓名的坟墓,比所有挖空心思[17]用大理石和奢华[18]装饰建造的坟墓更扣人心弦[19]。在今天这个特殊的日子//里,到他的安息地[20]来的成百上千人中间,没有一个有勇气,哪怕仅仅从这幽暗的土丘上摘下一朵花留作纪念。人们重新感到,世界上再没有比托尔斯泰最后留下的、这座纪念碑式的朴素坟墓,更打动人心的了。

——节选自[奥]茨威格《世间最美的坟墓》,张厚仁译

语音提示

1. 累 lěi
2. 偶尔 óu'ěr
3. 为 wéi
4. 稀疏 xīshū
5. 栅栏 zhàlan
6. 好奇 hàoqí
7. 禁锢 jìngù
8. 风儿 fēngr
9. 俯临 fǔlín
10. 飒飒 sàsà
11. 和暖 hénuǎn
12. 坟头 féntóu
13. 嬉戏 xīxì
14. 圭 guī
15. 这儿 zhèr
16. 恰恰 qiàqià
17. 心思 xīnsi
18. 奢华 shēhuá
19. 心弦 xīnxián
20. 安息地 ānxīdì

作品 36 号

我国的建筑,从古代的宫殿到近代的一般住房,绝大部分是对

称[1]的,左边怎么[2]样,右边怎么样。苏州园林可绝不讲究对称,好像故意避免似的[3]。东边有了一个亭子[4]或者一道回廊,西边决不会来一个同样的亭子或者一道同样的回廊。这是为什么[5]?我想,用图画来比方[6],对称的建筑是图案画,不是美术画,而园林是美术画,美术画要求自然之趣,是不讲究对称的。

苏州园林里都有假山和池沼[7]。

假山的堆叠[8],可以说是一项艺术而不仅是技术。或者是重峦叠嶂[9],或者是几座小山配合着竹子[10]花木,全在乎[11]设计者和匠师们[12]生平多阅历,胸中有丘壑[13],才能使游览者攀登的时候[14]忘却苏州城市,只觉得[15]身在山间。

至于池沼,大多引用活水。有些园林池沼宽敞[16]。就把池沼作为全园的中心,其他景物配合着布置。水面假如成河道模样[17],往往安排桥梁。假如安排两座以上的桥梁,那就一座一个样,决不雷同。

池沼或河道的边沿很少砌齐整的石岸,总是高低屈曲[18]任其自然。还在那儿[19]布置几块玲珑[20]的石头[21],或者种些花草。这也是为了取得[22]从各个角度看都成一幅画的效果。池沼里养着金鱼或各色鲤鱼,夏秋季节荷花或睡莲开//放,游览者看"鱼戏莲叶间",又是入画的一景。

——节选自叶圣陶《苏州园林》

语音提示

1. 对称 duìchèn   2. 怎么 zěnme   3. 似的 shìde
4. 亭子 tíngzi   5. 为什么 wèishénme   6. 比方 bǐfang
7. 池沼 chízhǎo   8. 堆叠 duīdié
9. 重峦叠嶂 chóngluán–diézhàng   10. 竹子 zhúzi
11. 在乎 zàihu   12. 匠师们 jiàngshīmen
13. 丘壑 qiūhè   14. 时候 shíhou   15. 觉得 juéde
16. 宽敞 kuānchang   17. 模样 múyàng   18. 屈曲 qūqū
19. 那儿 nàr   20. 玲珑 línglóng   21. 石头 shítou
22. 取得 qǔdé

作品 37 号

一位访美中国女作家,在纽约遇到一位卖花的老太太[1]。老太太穿着[2]破旧,身体虚弱,但脸上的神情却是那样祥和兴奋[3]。女作家挑了一朵花说:"看起来,你很高兴。"老太太面带微笑地说:"是的,一切都这么[4]美好,我为什么[5]不高兴呢?""对烦恼,你倒[6]真能看得开。"女作家又说了一句。没料到,老太太的回答更令女作家大吃一惊:"耶稣在星期五被钉[7]上十字架时,是全世界最糟糕的一天,可三天后就是复活节。所以,当我遇到不幸时,就会等待三天,这样一切就恢复正常了。"

"等待三天",多么富于哲理的话语,多么乐观的生活方式。它把烦恼和痛苦抛下,全力去收获快乐[8]。

沈从文在"文革"期间,陷入了非人的境地。可他毫不在意,他在咸宁时给他的表侄、画家黄永玉写信说:"这里的荷花真好,你若来……"身陷苦难却仍为荷花的盛开欣喜赞叹不已,这是一种趋于澄明[9]的境界,一种旷达洒脱的胸襟[10],一种面临磨难[11]坦荡从容[12]的气度,一种对生活童子[13]般的热爱和对美好事物无限向往的生命情感。

由此可见,影响一个人快乐的,有时并不是困境及磨难,而是一个人的心态。如果把自己浸泡[14]在积极、乐观、向上的心态中,快乐必然会//占据[15]你的每一天。

——节选自《态度创造快乐》

语音提示

1. 太太 tàitai　　2. 穿着 chuānzhuó　　3. 兴奋 xīngfèn
4. 这么 zhème　　5. 为什么 wèishénme　　6. 倒 dào
7. 钉 dìng　　8. 快乐 kuàilè　　9. 澄明 chéngmíng
10. 胸襟 xiōngjīn　　11. 磨难 mónàn　　12. 从容 cóngróng
13. 童子 tóngzǐ　　14. 浸泡 jìnpào　　15. 占据 zhànjù

作品 38 号

泰山极顶看日出,历来被描绘成十分壮观的奇景。有人说:登泰山而看不到日出,就像一出大戏没有戏眼,味儿[1]终究有点寡淡[2]。

我去爬山那天,正赶上个难得[3]的好天,万里长空,云彩丝儿[4]都不见。素常烟雾腾腾的山头[5],显得眉目分明。同伴们都欣喜地说:

"明天早晨准可以看见日出了。"我也是抱着这种想头[6],爬上山去。

一路从山脚往上爬,细看山景,我觉得挂在眼前的不是五岳独尊的泰山,却像一幅规模惊人的青绿山水画,从下面倒[7]展开来。在画卷[8]中最先露[9]出的是山根[10]底那座明朝建筑岱宗坊[11],慢慢地便现出王母池、斗[12]母宫、经石峪[13]。山是一层比一层深,一叠比一叠奇,层层叠叠,不知还会有多深多奇,万山丛中,时而点染着极其工细的人物。王母池旁的吕祖殿里有不少尊明塑,塑着吕洞宾等一些人,姿态神情是那样有生气,你看了,不禁[14]会脱口赞叹说:"活啦。"

画卷继续展开,绿阴森森的柏洞[15]露面[16]不太久,便来到对松山。两面奇峰对峙[17]着,满山峰都是奇形怪状的老松,年纪怕都有上千岁了,颜色竟那么浓,浓得好像要流下来似的[18]。来到这儿[19],你不妨权当一次画里的写意人物,坐在路旁的对松亭里,看看山色,听听流水和松涛。

一时间,我又觉得自己不仅是在看画卷,却又像是在零零乱乱翻着一卷[20]历史稿本。

——节选自杨朔《泰山极顶》

语音提示

1. 味儿 wèir
2. 寡淡 guǎdàn
3. 难得 nándé
4. 云彩丝儿 yúncaisīr
5. 山头 shāntóu
6. 想头 xiǎngtou
7. 倒 dào
8. 画卷 huàjuàn
9. 露 lù
10. 山根 shāngēnr
11. 岱宗坊 Dàizōngfāng
12. 斗 dóu
13. 峪 yù
14. 不禁 bùjīn
15. 柏洞 bǎidòng
16. 露面 lòumiàn
17. 对峙 duìzhì
18. 似的 shìde
19. 这儿 zhèr
20. 卷 juàn

作品 39 号

育才小学校长陶行知[1]在校园看到学生王友用泥块砸自己班上的同学,陶行知当即[2]喝止[3]了他,并令他放学后到校长室去。无疑,陶行知是要好好教育这个"顽皮"的学生[4]。那么他是如何教育的呢?

放学后,陶行知来到校长室,王友已经等在门口准备挨[5]训了。

可一见面,陶行知却掏出一块糖果送给王友,并说:"这是奖给你的,因为[6]你按时来到这里,而我却迟到了。"王友惊疑地接过糖果。

随后,陶行知又掏出一块糖果放到他手里,说:"这第二块糖果也是奖给你的,因为当我不让你再打人时,你立即就住手了,这说明你很尊重我,我应该奖你。"王友更惊疑了,他眼睛睁得大大的。

陶行知又掏出第三块糖果塞[7]到王友手里,说:"我调查过了,你用泥块砸那些男生,是因为他们不守游戏规则,欺负女生;你砸他们,说明你很正直善良,且有批评不良行为的勇气,应该奖励你啊[8]!"王友感动极了,他流着眼泪后悔地喊道:"陶……陶校长,你打我两下吧!我砸的不是坏人,而是自己的同学啊[9]……"

陶行知满意地笑了,他随即掏出第四块糖果递给王友,说:"为[10]你正确地认识错误,我再奖给你一块糖果,只可惜我只有这一块糖果了。我的糖果//没有了,我看我们的谈话也该结束了吧!"说完,就走出了校长室。

——节选自《教师博览·百期精华》中《陶行知的"四块糖果"》

语音提示

1. 陶行知 Táoxíngzhī 2. 当即 dāngjí 3. 喝止 hèzhǐ
4. 学生 xuésheng 5. 挨 ái 6. 因为 yīn·wèi
7. 塞 sāi 8. 啊 ya 9. 啊 ya
10. 为 wèi

作品40号

享受幸福是需要学习的,当它即将[1]来临的时刻需要提醒。人可以自然而然地学会感官的享乐,却无法天生地掌握幸福的韵律。灵魂的快意同器官的舒适像一对孪生[2]兄弟,时而相傍[3]相依,时而南辕北辙[4]。

幸福是一种心灵的震颤[5]。它像会倾听音乐的耳朵一样,需要不断地训练。

简而言之,幸福就是没有痛苦的时刻。它出现的频率并不像我们想像的那样少。人们常常只是在幸福的金马车已经驶过去很远时,才拣起地上的金鬃毛[6]说,原来我见过它。

人们喜爱回味幸福的标本,却忽略它披着露水散发[7]清香的时刻。那时候我们往往步履[8]匆匆,瞻前顾后[9]不知在忙着什么[10]。

世上有预报台风的,有预报蝗灾的,有预报瘟疫[11]的,有预报地震的。没有人预报幸福。

其实幸福和世界万物一样,有它的征兆[12]。

幸福常常是朦胧的,很有节制地向我们喷洒甘霖[13]。你不要总希望轰轰烈烈的幸福,它多半只是悄悄地扑面而来。你也不要企图把水龙头[14]拧[15]得更大,那样它会很快地流失。你需要静静地以平和之心,体验它的真谛[16]。

幸福绝大多数是朴素的。它不会像信号弹似的[17],在很高的天际闪烁[18]红色的光芒。它披着本色的外衣,亲//切温暖地包裹起我们。

幸福不喜欢喧嚣[19]浮华,它常常在暗淡中降临。贫困中相濡以沫[20]的一块糕饼,患难中心心相印的一个眼神,父亲一次粗糙[21]的抚摸[22],女友一张温馨的字条……这都是千金难买的幸福啊[23]。像一粒粒缀[24]在旧绸子上的红宝石,在凄凉中愈发熠熠[25]夺目。

——节选自毕淑敏《提醒幸福》

语音提示

1. 即将 jíjiāng   2. 孪生 luánshēng   3. 傍 bàng
4. 南辕北辙 nányuán-běizhé   5. 震颤 zhènchàn
6. 鬃毛 zōngmáo   7. 散发 sànfā   8. 步履 bùlǚ
9. 瞻前顾后 zhānqián-gùhòu   10. 什么 shénme
11. 瘟疫 wēnyì   12. 征兆 zhēngzhào   13. 甘霖 gānlín
14. 龙头 lóngtóu   15. 拧 nǐng   16. 真谛 zhēndì
17. 似的 shìde   18. 闪烁 shǎnshuò   19. 喧嚣 xuānxiāo
20. 相濡以沫 xiāngrú-yǐmò   21. 粗糙 cūcāo
22. 抚摸 fǔmō   23. 啊 wa   24. 缀 zhuì
25. 熠熠 yìyì

作品41号

在里约热内卢的一个贫民窟[1]里,有一个男孩子[2],他非常喜欢足球,可是又买不起,于是就踢塑料盒,踢汽水瓶,踢从垃圾箱里拣来的椰子壳[3]。他在胡同[4]里踢,在能找到的任何一片空地上踢。

有一天,当他在一处干涸[5]的水塘里猛踢一个猪膀胱[6]时,被一位足球教练看见了。他发现这个[7]男孩儿踢得很像是那么[8]回事,就主动提出要送给他一个足球。小男孩儿得到足球后踢得更卖劲[9]了。不久,他就能准确地把球踢进远处随意摆放的一个水桶里。

圣诞节到了,孩子的妈妈[10]说:"我们没有钱买圣诞礼物送给我们的恩人,就让我们为他祈祷[11]吧。"

小男孩儿[12]跟随妈妈祈祷完毕,向妈妈要了一把铲子便跑了出去。他来到一座别墅[13]前的花园里,开始挖坑。

就在他快要挖好坑的时候,从别墅里走出一个人来,问小孩儿在干什么[14],孩子抬起满是汗珠的脸蛋儿[15],说:"教练,圣诞节到了,我没有礼物送给您,我愿给您的圣诞树挖一个树坑。"

教练把小男孩儿从树坑里拉上来,说,我今天得到了世界上最好的礼物。明天你就到我的训练场去吧。

三年后,这位十七岁的男孩儿在第六届足球锦标赛上独进二十一球,为巴西第一次捧回了金杯。一个原来不//为[16]世人所知的名字——贝利,随之传遍世界。

——节选自刘燕敏《天才的造就》

语音提示

1. 贫民窟 pínmínkū 2. 孩子 háizi 3. 壳 kér
4. 胡同 hú·tòngr 5. 干涸 gānhé 6. 膀胱 pángguāng
7. 这个 zhège 8. 那么 nàme 9. 卖劲 màijìnr
10. 妈妈 māma 11. 祈祷 qídǎo 12. 男孩儿 nánháir
13. 别墅 biéshù 14. 什么 shénme 15. 脸蛋儿 liǎndànr
16. 为 wéi

作品42号

记得我十三岁时,和母亲住在法国东南部的耐斯城。母亲没有丈夫[1],也没有亲戚[2],够清苦的,但她经常能拿出令人吃惊的东西[3],摆在我面前。她从来不吃肉,一再说自己是素食者。然而有一天,我发现母亲正仔细地用一小块碎面包擦那给我煎牛排用的油锅。我明白[4]了她称[5]自己为[6]素食者的真正原因。

我十六岁时,母亲成了耐斯市美蒙旅馆的女经理。这时,她更忙碌了。一天,她瘫在椅子上,脸色苍白,嘴唇发灰。马上找来医生,做出诊断:她摄取了过多的胰岛素。直到这时我才知道母亲多年一直对我隐瞒[7]的疾病[8]——糖尿病。

她的头歪向枕头一边,痛苦地用手抓挠胸口。床架上方,则挂着一枚我一九三二年赢得[9]耐斯市少年乒乓球冠军的银质奖章。

啊,是对我的美好前途的憧憬[10]支撑着她活下去,为了给她那荒唐的梦至少加一点真实的色彩,我只能继续努力,与时间竞争,直至一九三八年我被征入空军。巴黎很快失陷,我辗转[11]调到英国皇家空军。刚到英国就接到了母亲的来信。这些信是由在瑞士的一个朋友[12]秘密地转[13]到伦敦,送到我手中的。

现在我要回家了,胸前佩带着醒目的绿黑两色的解放十字绶带,上面挂着五六枚我终生难忘的勋章,肩上还佩带着军官肩章。到达旅馆时,没有一个人跟我打招呼[14]。原来,我母亲在三年半以前就已经离开人间了。

在她死前的几天中,她写了近二百五十封信,把这些信交给她在瑞士的朋友,请这个朋友定时寄给我。就这样,在母亲死后的三年半的时间里,我一直从她身上吸取着力量和勇气——这使我能够继续战斗到胜利那一天。

——节选自[法]罗曼·加里《我的母亲独一无二》

语音提示

1. 丈夫 zhàngfu　　2. 亲戚 qīnqi　　3. 东西 dōngxi
4. 明白 míngbai　　5. 称 chēng　　6. 为 wéi
7. 隐瞒 yǐnmán　　8. 疾痛 jítòng　　9. 赢得 yíngdé
10. 憧憬 chōngjǐng　11. 辗转 zhánzhuǎn　12. 朋友 péngyou
13. 转 zhuǎn　　14. 招呼 zhāohu

作品43号

生活对于任何人都非易事,我们必须有坚韧不拔的精神。最要紧的,还是我们自己要有信心。我们必须相信,我们对每一件事情[1]都具有天赋[2]的才能,并且,无论付出任何代价,都要把这件事完成。当事情结束的时候[3],你要能问心无愧地说:"我已经尽我所能了。"

有一年的春天,我因病被迫在家里休息[4]数[5]周。我注视着我的女儿们所养的蚕正在结[6]茧,这使我很感兴趣。望着这些蚕执著[7]地、勤奋地工作,我感到我和它们非常相似[8]。像它们一样,我总是耐心地把自己的努力集中在一个目标上。我之所以如此,或许是因为[9]有某种力量在鞭策着我——正如蚕被鞭策着去结茧一般。

近五十年来,我致力于科学研究,而研究,就是对真理的探讨。我有许多美好快乐的记忆。少女时期我在巴黎大学,孤独地过着求学的岁月;在后来献身科学的整个时期,我丈夫[10]和我专心致志,像在梦幻中一般,坐在简陋[11]的书房里艰辛地研究,后来我们就在那里发现了镭。

我永远追求安静的工作和简单的家庭生活。为了实现这个理想,我竭力[12]保持宁静的环境,以免受人事的干扰和盛名的拖累[13]。

我深信,在科学方面我们有对事业而不是//对财富的兴趣。我的惟一奢望[14]是在一个自由国家中,以一个自由学者的身份从事研究工作。

我一直沉醉于世界的优美之中,我所热爱的科学也不断增加它崭新[15]的远景。我认定科学本身就具有伟大的美。

——节选自[波兰]玛丽·居里《我的信念》,剑捷译

语音提示

1. 事情 shìqing
2. 天赋 tiānfù
3. 时候 shíhou
4. 休息 xiūxi
5. 数 shù
6. 结 jié
7. 执著 zhízhuó
8. 相似 xiāngsì
9. 因为 yīn·wèi
10. 丈夫 zhàngfu
11. 简陋 jiǎnlòu
12. 竭力 jiélì
13. 拖累 tuōlěi
14. 奢望 shēwàng
15. 崭新 zhǎnxīn

作品44号

我为什么[1]非要教书[2]不可?是因为[3]我喜欢当教师的时间安排表和生活节奏。七、八、九三个月给我提供了进行回顾、研究、写作

的良机,并将三者有机融合,而善于回顾、研究和总结正是优秀教师素质中不可缺少的成分。

干这行[4]给了我多种多样的"甘泉"去品尝,找优秀的书籍去研读,到"象牙塔"和实际世界里去发现。教学工作给我提供[5]了继续学习的时间保证,以及多种途径、机遇和挑战。

然而,我爱这一行的真正原因,是爱我的学生[6]。学生们在我的眼前成长、变化。当教师意味着亲历"创造"过程的发生——恰似[7]亲手赋予[8]一团泥土以生命,没有什么比目睹它开始呼吸更激动人心的了。

权利我也有了:我有权利去启发诱导,去激发智慧的火花,去问费心思考的问题,去赞扬回答的尝试,去推荐书籍,去指点迷津。还有什么别的权利能与之相比呢?

而且,教书还给我金钱和权利之外的东西,那就是爱心。不仅有对学生的爱,对书籍的爱,对知识的爱,还有教师才能感受到的对"特别"学生的爱。这些学生,有如冥顽不灵[9]的泥块,由于接受了老师的炽爱[10]才勃发了生机。

所以,我爱教书,还因为,在那些勃发生机的"特//别"学生身上,我有时发现自己和他们呼吸相通,忧乐与[11]共。

——节选自[美]彼得·基·贝得勒《我为什么当教师》

语音提示

1. 什么 shénme 2. 教书 jiāoshū 3. 因为 yīn·wèi
4. 行 háng 5. 提供 tígōng 6. 学生 xuésheng
7. 恰似 qiàsì 8. 赋予 fùyǔ
9. 冥顽不灵 míngwán-bùlíng 10. 炽爱 chì'ài
11. 与 yǔ

作品 45 号

中国西部我们通常是指黄河与秦岭相连一线以西,包括西北和西南的十二个省、市、自治区。这块广袤[1]的土地面积为五百四十六万平方公里,占国土总面积的百分之五十七;人口二点八亿,占全国总人口的百分之二十三。

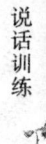

西部是华夏文明的源头[2]。华夏祖先的脚步是顺着水边走的:长江上游出土过元谋人牙齿化石,距今约一百七十万年;黄河中游出土过蓝田人头盖骨,距今约七十万年。这两处古人类都比距今约五十万年的北京猿人资格更老。

西部地区是华夏文明的重要发源地,秦皇汉武以后,东西方文化在这里交汇融合,从而有了丝绸之路的驼铃声声,佛院深寺的暮鼓晨钟。敦煌莫高窟[3]是世界文化史上的一个奇迹[4],它在继承汉晋艺术传统的基础上,形成了自己兼收并蓄的恢宏[5]气度,展现出精美绝伦的艺术形式和博大精深的文化内涵。秦始皇兵马俑[6]、西夏王陵、楼兰古国、布达拉宫、三星堆、大足石刻等历史文化遗产,同样为[7]世界所瞩目[8],成为中华文化重要的象征。

西部地区又是少数民族及其文化的集萃[9]地,几乎[10]包括了我国所有的少数民族。在一些偏远的少数民族地区,仍保留//了一些久远时代的艺术品种,成为珍贵的"活化石",如纳西古乐、戏曲、剪纸、刺绣、岩画等民间艺术和宗教艺术。特色鲜明、丰富多彩,犹如一个巨大的民族民间文化艺术宝库。

我们要充分重视和利用这些得天独厚的资源优势,建立良好的民族民间文化生态环境,为西部大开发做出贡献。

——节选自《中考语文课外阅读试题精选》中《西部文化和西部开发》

语音提示

1. 广袤 guǎngmào　　2. 源头 yuántóu　　3. 莫高窟 Mògāokū
4. 奇迹 qíjì　　5. 恢宏 huīhóng
6. 兵马俑 Bīngmǎyǒng　　　　　　　7. 为 wéi
8. 瞩目 zhǔmù　　9. 集萃 jícuì　　10. 几乎 jīhū

作品 46 号

高兴,这是一种具体的被看得到摸得着的事物所唤起的情绪。它是心理的,更是生理的。它容易来也容易去,谁也不应该对它视而不见失之交臂,谁也不应该总是做那些使自己不高兴也使旁人不高兴的事。让我们[1]说一件最容易做也最令人高兴的事吧,尊重你自己,也尊重别人,这是每一个人的权利,我还要说这是每一个人的义务。

快乐[2],它是一种富有概括性的生存状态、工作状态。它几乎是先验的,它来自生命本身的活力,来自宇宙、地球和人间的吸引,它是世界的丰富、绚丽[3]、阔大、悠久的体现。快乐还是一种力量,是埋在地下的根脉[4]。消灭一个人的快乐比挖掘[5]掉一棵大树的根要难得多。

欢欣,这是一种青春的、诗意的情感。它来自面向着未来伸开双臂奔跑的冲力,它来自一种轻松而又神秘、朦胧而又隐秘的激动,它是激情即将[6]到来的预兆,它又是大雨过后的比下雨还要美妙得多也久远得多的回味……

喜悦,它是一种带有形而上[7]色彩的修养和境界。与其[8]说它是一种情绪,不如说它是一种智慧、一种超拔、一种悲天悯人[9]的宽容和理解,一种饱经沧桑的充实和自信,一种光明的理性,一种坚定//的成熟,一种战胜了烦恼和庸俗的清明澄澈[10]。它是一潭清水,它是一抹朝霞,它是无边的平原,它是沉默的地平线,多一点儿、再多一点儿喜悦吧,它是翅膀,也是归巢。它是一杯美酒,也是一朵永远开不败的莲花。

——节选自王蒙《喜悦》

语音提示

1. 我们 wǒmen   2. 快乐 kuàilè   3. 绚丽 xuànlì
4. 根脉 gēnmài   5. 挖掘 wājué   6. 即将 jíjiāng
7. 形而上 xíng'érshàng   8. 与其 yǔqí
9. 悲天悯人 bēitiān-mǐnrén   10. 澄澈 chéngchè

作品 47 号

在湾仔[1],香港最热闹[2]的地方[3],有一棵榕树,它是最贵的一棵树,不光在香港,在全世界,都[4]是最贵的。

树,活的树,又不卖何言其贵?只因它老,它粗,是香港百年沧桑的活见证,香港人不忍看着它被砍伐,或者被移走,便跟要占用这片山坡的建筑者谈条件:可以在这儿[5]建大楼盖商厦,但一不准砍树,二不准挪⁶树,必须把它原地精心养起来,成为香港闹市中的一景。太古大厦的建设者最后签了合同⁷,占用这个大山坡建豪华商厦的先决条件是同意保护这棵老树。

树长在半山坡上,计划将树下面的成千上万吨山石全部掏空⁸取走,腾出地方来盖楼,把树架在大楼上面,仿佛它原本是长在楼顶上似的⁹。建设者就地造了一个直径十八米、深十米的大花盆,先固定好这棵老树,再在大花盆底下盖楼。光这一项就花了两千三百八十九万港币,堪称¹⁰是最昂贵的保护措施了。

太古大厦落成之后,人们可以乘¹¹滚动扶梯一次到位,来到太古大厦的顶层,出后门,那儿¹²是一片自然景色。一棵大树出现在人们面前,树干¹³有一米半粗,树冠¹⁴直径足有二十多米,独木成林,非常壮观,形成一座以它为中心的小公园,取名叫"榕圃¹⁵"。树前面//插着铜牌,说明缘由。此情此景,如不看铜牌的说明,绝对想不到巨树根底下还有一座宏伟的现代大楼。

——节选自舒乙《香港:最贵的一棵树》

语音提示

1. 湾仔 Wānzǎi　　2. 热闹 rè'nao　　3. 地方 dìfang
4. 都 dōu　　5. 这儿 zhèr　　6. 挪 nuó
7. 合同 hétong　　8. 掏空 tāokōng　　9. 似的 shìde
10. 堪称 kānchēng　　11. 乘 chéng　　12. 那儿 nàr
13. 树干 shùgàn　　14. 树冠 shùguān　　15. 榕圃 róngpǔ

作品 48 号

我们¹的船渐渐²地逼近榕树了。我有机会看清它的真面目³:是一棵大树,有数不清的丫枝⁴,枝上又生根,有许多根一直垂到地上,伸进泥土里。一部分⁵树枝垂到水面,从远处看,就像一棵大树斜躺在水面上一样。

现在正是枝繁叶茂的时节。这棵榕树好像在把它的全部生命力展示给我们看。那么多的绿叶,一簇⁶堆在另一簇的上面,不留一点儿缝隙⁷。翠绿的颜色明亮地在我们的眼前闪耀,似乎⁸每一片树叶上都有一个新的生命在颤动⁹,这美丽的南国的树!

船在树下泊[10]了片刻，岸上很湿，我们没有上去。朋友[11]说这里是"鸟的天堂"，有许多鸟在这棵树上做窝，农民不许人去捉它们。我仿佛[12]听见几只鸟扑翅的声音，但是等到我的眼睛[13]注意地看那里时，我却看不见一只鸟的影子，只有无数的树根立在地上，像许多根木桩。地是湿的，大概涨潮[14]时河水常常冲上岸去。"鸟的天堂"里没有一只鸟，我这样想到。船开了，一个朋友拨着船，缓缓地流到河中间去。

　　第二天，我们划着船到一个朋友的家乡去，就是那个有山有塔的地方[15]。从学校出发，我们又经过那"鸟的天堂"。

　　这一次是在早晨，阳光照在水面上，也照在树梢上。一切都//显得非常光明。我们的船也在树下泊了片刻。

　　起初四周围非常清静。后来忽然起了一声鸟叫。我们把手一拍，便看见一只大鸟飞了起来，接着又看见第二只，第三只。我们继续拍掌，很快地这个树林就变得很热闹[16]了。到处都是鸟声，到处都是鸟影。大的，小的，花的，黑的，有的站在枝上叫，有的飞起来，在扑翅膀。

——节选自巴金《小鸟的天堂》

语音提示

1. 我们 wǒmen　　2. 渐渐 jiànjiàn　　3. 面目 miànmù
4. 丫枝 yāzhī　　5. 部分 bùfen　　6. 簇 cù
7. 缝隙 fèngxì　　8. 似乎 sìhū　　9. 颤动 chàndòng
10. 泊 bó　　11. 朋友 péngyou　　12. 仿佛 fǎngfú
13. 眼睛 yǎnjing　　14. 涨潮 zhǎngcháo　　15. 地方 dìfang
16. 热闹 rè'nao

作品49号

　　有这样一个故事[1]。

　　有人问：世界上什么[2]东西[3]的气力最大？回答纷纭得很，有的说"象"，有的说"狮"，有人开玩笑似的[4]说：是金刚，金刚有多少气力，当然大家全不知道。

　　结果，这一切答案完全不对，世界上气力最大的，是植物的种子[5]。一粒种子所可以显现出来的力,简直是超越一切。

人的头盖骨,结合[6]得非常致密与坚固,生理学家和解剖[7]学者用尽了一切的方法,要把它完整地分出来,都没有这种力气。后来忽然有人发明了一个方法,就是把一些植物的种子放在要剖析[8]的头盖骨里,给它们以温度与湿度,使它发芽。一发芽,这些种子便以可怕的力量,将一切机械力所不能分开的骨骼[9],完整地分开了。植物种子的力量之大,如此如此。

这,也许特殊[10]了一点儿,常人不容易理解。那么,你看见过笋的成长吗?你看见过被压在瓦砾[11]和石块下面的一棵小草的生长吗?它为着向往阳光,为着达成它的生之意志,不管上面的石块如何重,石与石之间如何狭,它必定要曲曲折折[12]地,但是顽强不屈地透到地面上来。它的根往土壤钻,它的芽往地面挺,这是一种不可抗拒的力,阻止它的石块,结果[13]也被它掀翻[14],一粒种子的力量之大,//如此如此。

没有一个人将小草叫做"大力士",但是它的力量之大,的确[15]是世界无比。这种力是一般人看不见的生命力。只要生命存在,这种力就要显现。上面的石块,丝毫不足以阻挡。因为[16]它是一种"长期抗战"的力;有弹性,能屈能伸的力;有韧性,不达目的[17]不止的力。

——节选自夏衍《野草》

语音提示

1. 故事 gùshi
2. 什么 shénme
3. 东西 dōngxi
4. 似的 shìde
5. 种子 zhǒngzi
6. 结合 jiéhé
7. 解剖 jiěpōu
8. 剖析 pōuxī
9. 骨骼 gǔgé
10. 特殊 tèshū
11. 瓦砾 wǎlì
12. 曲曲折折 qūqū-zhézhé
13. 结果 jiéguǒ
14. 掀翻 xiānfān
15. 的确 díquè
16. 因为 yīn·wèi
17. 目的 mùdì

作品 50 号

著名教育家班杰明曾经接到一个青年人的求救电话,并与那个向往成功、渴望指点的青年人约好了见面的时间和地点。

待那个青年如约而至时,班杰明的房门敞开[1]着,眼前的景象却令青年人颇感意外——班杰明的房间里乱七八糟、狼藉[2]一片。

没等青年人开口,班杰明就招呼[3]道:"你看我这房间,太不整洁了,请你在门外等候一分钟,我收拾[4]一下,你再进来吧。"一边说着,班杰明就轻轻地关上了房门。

不到一分钟的时间,班杰明就又打开了房门并热情地把青年人让进客厅。这时,青年人的眼前展现出另一番景象——房间内的一切已变得井然有序,而且有两杯刚刚倒[5]好的红酒,在淡淡的香水气息里还漾[6]着微波[7]。

可是,没等青年人把满腹的有关人生和事业的疑难问题向班杰明讲出来,班杰明就非常客气地说道:"干杯。你可以走了。"

青年人手持酒杯一下子[8]愣住[9]了,既尴尬[10]又非常遗憾地说:"可是,我……我还没向您请教呢……"

"这些……难道还不够吗?"班杰明一边微笑着,一边扫视着自己的房间,轻言细语地说,"你进来又有一分钟了。"

"一分钟……一分钟……"青年人若有所思地说:"我懂了,您让我明白了一分钟的时间可以做许//多事情[11],可以改变许多事情的深刻道理。"

班杰明舒心地笑了。青年人把杯里的红酒一饮而尽,向班杰明连连道谢后,开心地走了。

其实,只要把握好生命的每一分钟,也就把握了理想的人生。

——节选自纪广洋《一分钟》

语音提示

1. 敞开 chǎngkāi　　2. 狼藉 lángjí　　3. 招呼 zhāohu
4. 收拾 shōushi　　5. 倒 dào　　6. 漾 yàng
7. 微波 wēibō　　8. 一下子 yíxiàzi　　9. 愣住 lèngzhù
10. 尴尬 gāngà　　11. 事情 shìqing

作品 51 号

有个塌鼻子[1]的小男孩儿[2],因为[3]两岁时得过脑炎,智力受损,学习起来很吃力。打个比方[4],别人写作文能写二三百字,他却只能写三五行。但即便[5]这样的作文,他同样能写得很动人。

那是一次作文课,题目是《愿望》。他极其认真地想了半天,然后极认真地写,那作文极短。只有三句话:我有两个愿望,第一个是,妈妈[6]天天笑眯眯地看着我说:"你真聪明[7]。"第二个是,老师天天笑眯眯地看着我说:"你一点儿[8]也不笨。"

于是,就是这篇作文,深深地打动了他的老师,那位妈妈式的老师不仅给了他最高分,在班上带感情地朗读了这篇作文,还一笔一画地批道:你很聪明,你的作文写得非常感人,请放心,妈妈肯定会格外喜欢你的,老师肯定会格外喜欢你的,大家肯定会格外喜欢你的。

捧着作文本,他笑了,蹦蹦跳跳地回家了,像只喜鹊[9]。但他并没有把作文本拿给妈妈看,他是在等待,等待着一个美好的时刻。

那个时刻终于到了,是妈妈的生日[10]——一个阳光灿烂[11]的星期天:那天,他起得特别早,把作文本装在一个亲手做的美丽的大信封里,等着妈妈醒来。妈妈刚刚睁眼醒来,他就笑眯眯地走到妈妈跟前说:"妈妈,今天是您的生日,我要//送给您一件礼物。"

果然,看着这篇作文,妈妈甜甜地涌出了两行[12]热泪,一把搂住小男孩儿,搂得很紧很紧。

是的,智力可以受损,但爱永远不会。

——节选自张玉庭《一个美丽的故事》

语音提示

1. 鼻子 bízi   2. 男孩儿 nánháir   3. 因为 yīn·wèi
4. 比方 bǐfang   5. 即便 jíbiàn   6. 妈妈 māma
7. 聪明 cōng·ming 8. 一点儿 yìdiǎnr   9. 喜鹊 xǐquè
10. 生日 shēng·rì 11. 灿烂 cànlàn   12. 行 háng

作品52号

小学的时候[1],有一次我们[2]去海边远足,妈妈[3]没有做便饭,给了我十块钱买午餐。好像走了很久,很久,终于到海边了,大家坐下来便吃饭,荒凉的海边没有商店,我一个人跑到防风林外面去,级任老师要大家把吃剩的饭菜分给我一点儿[4]。有两三个男生留下一点儿给我,还有一个女生,她的米饭拌了酱油,很香。我吃完的时候,她笑眯眯[5]地看着我,短头发[6],脸圆圆的。

她的名字[7]叫翁香玉。

每天放学的时候,她走的是经过我们家的一条小路,带着一位比她小的男孩儿[8],可能是弟弟[9]。小路边是一条清澈[10]见底的小溪,两旁竹阴覆盖,我总是远远地跟在她后面,夏日的午后特别炎热,走到半路她会停下来,拿手帕[11]在溪水里浸湿,为小男孩儿擦脸。我也在后面停下来,把肮脏[12]的手帕弄[13]湿了擦脸,再一路远远跟着她回家。

后来我们家搬到镇上去了,过几年我也上了中学。有一天放学回家,在火车上,看见斜对面一位短头发、圆圆脸的女孩儿,一身素净[14]的白衣黑裙。我想她一定不认识[15]我了。火车很快到站了,我随着人群挤向门口,她也走近了,叫我的名字。这是她第一次和我说话。

她笑眯眯的,和我一起走过月台。以后就没有再见过//她了。

这篇文章收在我出版的《少年心事》这本书里。

书出版后半年,有一天我忽然收到出版社转来的一封信,信封上是陌生[16]的字迹[17],但清楚地写着我的本名。

信里面说她看到了这篇文章心里非常激动,没想到在离开家乡,漂泊[18]异地这么[19]久之后,会看见自己仍然[20]在一个人的记忆里,她自己也深深记得这其中的每一幕,只是没想到越过遥远的时空,竟然另一个人也深深记得。

——节选自苦伶《永远的记忆》

语音提示

1. 时候 shíhou
2. 我们 wǒmen
3. 妈妈 māma
4. 一点儿 yìdiǎnr
5. 笑眯眯 xiàomīmī
6. 头发 tóufa
7. 名字 míngzi
8. 男孩儿 nánháir
9. 弟弟 dìdi
10. 清澈 qīngchè
11. 手帕 shǒupà
12. 肮脏 āngzāng
13. 弄 nòng
14. 素净 sùjing
15. 认识 rènshi
16. 陌生 mòshēng
17. 字迹 zìjì
18. 漂泊 piāobó
19. 这么 zhème
20. 仍然 réngrán

作品53号

在繁华的巴黎大街的路旁,站着一个衣衫褴褛[1]、头发[2]斑白、双目失明的老人。他不像其他乞丐[3]那样伸手向过路行人乞讨,而是在身旁立一块木牌,上面写着:"我什么[4]也看不见!"街上过往的行人很多,看了木牌上的字都无动于衷,有的还淡淡一笑,便姗姗[5]而去了。

这天中午,法国著名诗人让·彼浩勒也经过这里。他看看木牌上的字,问盲老人:"老人家[6],今天上午有人给你钱吗?"

盲老人叹息着回答:"我,我什么也没有得到。"说着,脸上的神情非常悲伤。

让·彼浩勒听了,拿起笔悄悄地在那行字的前面添上了"春天到了,可是"几个字,就匆匆地离开了。

晚上[7],让·彼浩勒又经过这里,问那个盲老人下午的情况。盲老人笑着回答说:"先生,不知为什么,下午给我钱的人多极了!"让·彼浩勒听了,摸着胡子[8]满意地笑了。

"春天到了,可是我什么也看不见!"这富有诗意的语言,产生这么大的作用,就在于它有非常浓厚的感情色彩。是的,春天是美好的,那蓝天白云,那绿树红花,那莺歌燕舞,那流水人家[9],怎么[10]不叫人陶醉呢?但这良辰美景,对于一个双目失明的人来说,只是一片漆黑。当人们[11]想到这个[12]盲老人,一生中竟连万紫千红的春天//都不曾看到,怎能不对他产生同情之心呢?

——节选自小学《语文》第六册中《语言的魅力》

语音提示

1. 褴褛 lánlǚ 2. 头发 tóufa 3. 乞丐 qǐgài
4. 什么 shénme 5. 姗姗 shānshān
6. 老人家 lǎo·ren·jia 7. 晚上 wǎnshang
8. 胡子 húzi 9. 人家 rénjiā 10. 怎么 zěnme
11. 人们 rénmen 12. 这个 zhège

作品54号

有一次,苏东坡的朋友张鹗[1]拿着一张宣纸来求他写一幅字,而且希望他写一点儿[2]关于养生方面的内容。苏东坡思索了一会儿[3],点点头说:"我得到了一个养生长寿古方,药只有四味,今天就赠给你吧。"于是,东坡的狼毫在纸上挥洒起来,上面写着:"一曰[4]无事以当[5]贵,二曰早寝[6]以当富,三曰安步以当车,四曰晚食以当肉。"

这哪里有药?张鹗一脸茫然地问。苏东坡笑着解释说,养生长寿的要诀,全在这四句里面。

所谓"无事以当贵",是指人不要把功名利禄[7]、荣辱过失考虑得太多,如能在情志上潇洒大度,随遇而安,无事以求,这比富贵更能使人终其天年。

"早寝以当富",指吃好穿好、财货充足,并非就能使你长寿。对老年人来说,养成良好的起居习惯,尤其是早睡早起,比获得[8]任何财富更加宝贵。

"安步以当车",指人不要过于讲求安逸[9]、肢体不劳,而应多以步行来替代骑马乘[10]车,多运动才可以强健体魄,通畅气血[11]。

"晚食以当肉",意思是人应该用已饥方食、未饱先止代替对美味佳肴[12]的贪吃无厌。他进一步解释,饿了以后才进食,虽然是粗茶淡饭,但其香甜可口会胜过山珍;如果饱了还要勉强吃,即使美味佳肴摆在眼前也难以//下咽[13]。

苏东坡的四味"长寿药",实际上是强调了情志、睡眠、运动、饮食四个方面对养生长寿的重要性,这种养生观点即使[14]在今天仍然值得借鉴。

——节选自蒲昭和《赠你四味长寿药》

语音提示

1. 鹗 è 2. 一点儿 yìdiǎnr 3. 一会儿 yíhuìr
4. 曰 yuē 5. 当 dàng 6. 寝 qǐn
7. 利禄 lìlù 8. 获得 huòdé 9. 安逸 ānyì
10. 乘 chéng 11. 气血 qìxuè 12. 肴 yáo
13. 下咽 xiàyàn 14. 即使 jíshǐ

作品 55 号

人活着,最要紧的是寻觅[1]到那片代表着生命绿色和人类希望的丛林,然后选一高高的枝头[2]站在那里观览人生,消化痛苦,孕育歌声,愉悦世界!

这可真是一种潇洒的人生态度,这可真是一种心境爽朗的情感风貌。

站在历史的枝头微笑,可以减免许多烦恼。在那里,你可以从众生相[3]所包含的甜酸苦辣、百味人生中寻找你自己;你境遇中的那点儿[4]苦痛,也许相比之下,再也难以占据[5]一席之地;你会较[6]容易地获得[7]从不悦中解脱灵魂的力量,使之不致变得灰色。

人站得高些,不但能有幸早些领略到希望的曙光,还能有幸发现生命的立体的诗篇。每一个人的人生,都是这诗篇中的一个词、一个句子或者一个标点。你可能没有成为一个美丽的词,一个引人注目的句子,一个惊叹号,但你依然是这生命的立体诗篇中的一个音节、一个停顿、一个必不可少的组成部分[8]。这足以使你放弃前嫌,萌生为人类孕育新的歌声的兴致,为世界带来更多的诗意。

最可怕的人生见解,是把多维的生存图景看成平面。因为那平面上刻下的大多是凝固了的历史——过去的遗迹[9];但活着的人们[10],活得却是充满着新生智慧的,由//不断逝去[11]的"现在"组成的未来。人生不能像某些鱼类躺着游,人生也不能像某些兽类爬着走,而应该站着向前行,这才是人类应有的生存姿态。

——节选自[美]本杰明·拉什《站在历史的枝头微笑》

语音提示

1. 寻觅 xúnmì　　2. 枝头 zhītóu

3. 众生相 zhòngshēngxiàng　　4. 点儿 diǎnr

5. 占据 zhànjù　　6. 较 jiào　　7. 获得 huòdé

8. 部分 bùfen　　9. 遗迹 yíjì　　10. 人们 rénmen

11. 逝去 shìqù

作品56号

中国的第一大岛、台湾省的主岛台湾,位于中国大陆架的东南方,地处东海和南海之间,隔[1]着台湾海峡和大陆相望。天气晴朗的时候,站在福建沿海较[2]高的地方[3],就可以隐隐约约地望见岛上的高山和云朵。

台湾岛形状狭长[4],从东到西,最宽处只有一百四十多公里;由南至北,最长的地方约有三百九十多公里。地形像一个纺织用的梭子[5]。

台湾岛上的山脉[6]纵贯南北,中间的中央山脉犹如全岛的脊梁[7]。西部为海拔近四千米的玉山山脉,是中国东部的最高峰。全岛约有三分之一的地方是平地,其余为山地。岛内有缎带般的瀑布[8],蓝宝石似的[9]湖泊[10],四季常青的森林和果园,自然景色十分优美。西南部的阿里山和日月潭,台北市郊的大屯山风景区,都是闻名世界的游览胜地。

台湾岛地处[11]热带和温带之间,四面环海,雨水充足,气温受到海洋的调剂[12],冬暖夏凉,四季如春,这给水稻和果木生长提供了优越的条件。水稻、甘蔗[13]、樟脑是台湾的"三宝"。岛上还盛产鲜果和鱼虾。

台湾岛还是一个闻名世界的"蝴蝶王国"。岛上的蝴蝶共有四百多个品种,其中有不少是世界稀有的珍贵品种。岛上还有不少鸟语花香的蝴//蝶谷,岛上居民利用蝴蝶制作的标本和艺术品,远销许多国家。

——节选自《中国的宝岛——台湾》

语音提示

1. 隔 gé
2. 较 jiào
3. 地方 dìfang
4. 狭长 xiácháng
5. 梭子 suōzi
6. 山脉 shānmài
7. 脊梁 jǐliang
8. 瀑布 pùbù
9. 似的 shìde
10. 湖泊 húpō
11. 地处 dìchǔ
12. 调剂 tiáojì
13. 甘蔗 gānzhe
14. 盛产 shèngchǎn

作品 57 号

对于中国的牛,我有着一种特别尊敬的感情。

留给我印象最深的,要算在田垄[1]上的一次"相遇"。

一群朋友[2]郊游,我领头在狭窄[3]的阡陌[4]上走,怎料迎面来了几头耕牛,狭道容不下人和牛,终有一方要让路。它们[5]还没有[6]走近,我们已经预计斗不过畜牲[7]，恐怕难免踩到田地泥水里，弄[8]得鞋袜又泥又湿了。正踟蹰[9]的时候，带头的一头牛，在离我们不远的地方[10]停下来，抬起头看看[11]，稍迟疑一下，就自动走下田去。一队耕牛，全跟着它离开阡陌，从我们身边经过。

我们都呆[12]了，回过头来，看着深褐色[13]的牛队，在路的尽头[14]消失，忽然觉得[15]自己受了很大的恩惠。

中国的牛，永远沉默地为人做着沉重的工作。在大地上，在晨光或烈日下，它拖着沉重的犁，低头一步又一步，拖出了身后一列又一列松土，好让人们[16]下种[17]。等到满地金黄或农闲时候[18]，它可能还得[19]担当搬运负重的工作；或终日绕[20]着石磨[21]，朝同一方向，走不计程的路。

在它沉默的劳动中，人便得到应得的收成[22]。

那时候，也许，它可以松一肩重担，站在树下，吃几口嫩草。偶尔[23]摇摇尾巴[24]，摆摆耳朵[25]，赶走飞附身上的苍蝇[26]，已经算是它最闲适的生活了。

中国的牛，没有成群奔跑的习//惯，永远沉沉实实的，默默地工作，平心静气。这就是中国的牛！

——节选自小思《中国的牛》

语音提示

1. 田垄 tiánlǒng
2. 朋友 péngyou
3. 狭窄 xiázhǎi
4. 阡陌 qiānmò
5. 它们 tāmen
6. 没有 méi·yǒu
7. 畜牲 chùsheng
8. 弄 nòng
9. 踟蹰 chíchú
10. 地方 dìfang
11. 看看 kànkan
12. 呆 dāi
13. 褐色 hèsè
14. 尽头 jìntóu
15. 觉得 juéde
16. 人们 rénmen
17. 下种 xiàzhǒng
18. 时候 shíhou
19. 得 děi
20. 绕 rào
21. 石磨 shímò
22. 收成 shōucheng
23. 偶尔 ǒu'ěr
24. 尾巴 wěiba
25. 耳朵 ěrduo
26. 苍蝇 cāngying

作品58号

不管我的梦想能否成为事实，说出来总是好玩儿[1]的：

春天,我将要住在杭州。二十年前,旧历的二月初,在西湖我看见了嫩柳与菜花,碧浪与翠竹。由我看到的那点儿[2]春光,已经可以断定,杭州的春天必定会教[3]人整天生活在诗与图画之中。所以,春天我的家应当是在杭州。

夏天,我想青城山应当算作最理想的地方[4]。在那里,我虽然只住过十天,可是它的幽静已拴住了我的心灵。在我所看见过的山水中,只有这里没有使我失望。到处都是绿,目之所及,那片淡而光润的绿色都在轻轻地颤动[5],仿佛[6]要流入空中与心中似的[7]。这个绿色会像音乐,涤[8]清了心中的万虑。

秋天一定要住北平。天堂是什么[9]样子[10],我不知道,但是从我的生活经验去判断,北平之秋便是天堂。论天气,不冷不热。论吃的,苹果、梨、柿子[11]、枣儿[12]、葡萄,每样都有若干种。论花草,菊花种类之多,花式之奇,可以甲天下。西山有红叶可见,北海可以划船——虽然荷花已残,荷叶可还有一片清香。衣食住行,在北平的秋天,是没有[13]一项不使人满意的。

冬天,我还没有打好主意[14],成都或者相当的合适,虽然并不怎样[15]和暖,可是为了水仙,素心腊梅,各色的茶花,仿佛就受一点儿[16]寒//冷,也颇值得去了。昆明的花也多,而且天气比成都好,可是旧书铺[17]与精美而便宜[18]的小吃远不及成都那么多。好吧,就暂这么规定:冬天不住成都便住昆明吧。

在抗战中,我没能发国难[19]财。我想,抗战胜利以后,我必能阔起来。那时候,假若飞机减价,一二百元就能买一架的话,我就自备一架,择黄道吉日慢慢地飞行。

——节选自老舍《住的梦》

语音提示

1. 好玩儿 hǎowánr　　2. 点儿 diǎnr　　3. 教 jiào
4. 地方 dìfang　　5. 颤动 chàndòng　　6. 仿佛 fǎngfú
7. 似的 shìde　　8. 涤 dí　　9. 什么 shénme
10. 样子 yàngzi　　11. 柿子 shìzi　　12. 枣儿 zǎor
13. 没有 méi·yǒu　　14. 主意 zhǔyi/zhúyi　　15. 怎样 zěnyàng
16. 一点儿 yìdiǎnr　　17. 书铺 shūpù　　18. 便宜 piányi

19. 国难 guónàn

作品 59 号

我不由得[1]停住了脚步。

从未见过开得这样盛[2]的藤萝,只见一片辉煌的淡紫色,像一条瀑布[3],从空中垂下,不见其发端[4],也不见其终极,只是深深浅浅的紫,仿佛在流动,在欢笑,在不停地生长。紫色的大条幅上,泛着点点银光,就像迸溅[5]的水花。仔细看时,才知那是每一朵紫花中的最浅淡的部分[6],在和阳光互相挑逗[7]。

这里除了光彩,还有淡淡的芳香。香气似乎[8]也是浅紫色的,梦幻一般轻轻地笼罩[9]着我。忽然记起十多年前,家门外也曾有过一大株紫藤萝,它依傍[10]一株枯槐爬得很高,但花朵从来都稀落,东一穗西一串伶仃[11]地挂在树梢,好像在察言观色,试探什么[12]。后来索性连那稀零的花串也没有了。园中别的紫藤花架也都拆掉,改种了果树。那时的说法[13]是,花和生活腐化有什么必然关系。我曾遗憾地想:这里再看不见藤萝花了。

过了这么[14]多年,藤萝又开花了,而且开得这样盛,这样密,紫色的瀑布遮住了粗壮的盘虬[15]卧龙般的枝干[16],不断地流着,流着,流向人的心底。

花和人都会遇到各种各样的不幸,但是生命的长河是无止境的。我抚摸[17]了一下那小小的紫色的花舱,那里满装了生命的酒酿[18],它张满了帆,在这//闪光的花的河流上航行。它是万花中的一朵,也正是由每一个一朵,组成了万花灿烂[19]的流动的瀑布。

在这浅紫色的光辉和浅紫色的芳香中,我不觉[20]加快了脚步。

——节选自宗璞《紫藤萝瀑布》

语音提示

1. 不由得 bùyóude
2. 盛 shèng
3. 瀑布 pùbù
4. 发端 fāduān
5. 迸溅 bèngjiàn
6. 部分 bùfen
7. 挑逗 tiǎodòu
8. 似乎 sìhū
9. 笼罩 lǒngzhào
10. 依傍 yībàng
11. 伶仃 língdīng
12. 什么 shénme
13. 说法 shuōfa
14. 这么 zhème
15. 盘虬 pánqiú

16. 枝干 zhīgàn　　17. 抚摸 fǔmō　　18. 酒酿 jiǔniàng
19. 灿烂 cànlàn　　20. 不觉 bùjué

作品 60 号

　　在一次名人访问中,被问及上个世纪最重要的发明是什么[1]时,有人说是电脑,有人说是汽车,等等。但新加坡的一位知名人士却说是冷气机。他解释,如果没有[2]冷气,热带地区如东南亚国家,就不可能有很高的生产力,就不可能达到今天的生活水准。他的回答实事求是,有理有据。

　　看了上述报道,我突发奇想:为什么没有记者问:"二十世纪最糟糕的发明是什么?"其实二〇〇二年十月中旬,英国的一家报纸就评出了"人类最糟糕的发明"。获此"殊荣[3]"的,就是人们每天大量使用的塑料袋。

　　诞生于上个世纪三十年代的塑料袋,其家族包括用塑料制成的快餐饭盒、包装纸、餐用杯盘、饮料瓶、酸奶杯、雪糕杯等等。这些废弃物形成的垃圾[4],数量多,体积大,重量轻,不降解[5],给治理工作带来很多技术难题和社会问题。

　　比如,散落[6]在田间、路边及草丛中的塑料餐盒,一旦被牲畜[7]吞食,就会危及健康甚至导致死亡。填埋废弃塑料袋、塑料餐盒的土地,不能生长庄稼[8]和树木,造成土地板结[9],而焚烧[10]处理这些塑料垃圾,则会释放出多种化学有毒气体,其中一种称为[11]二噁英[12]的化合物,毒性极大。

　　此外,在生产塑料袋、塑料餐盒的//过程中使用的氟利昂[13],对人体免疫[14]系统和生态环境造成的破坏也极为严重。

——节选自林光如《最糟糕的发明》

语音提示

1. 什么 shénme　　2. 没有 méi·yǒu　　3. 殊荣 shūróng
4. 垃圾 lājī　　5. 降解 jiàngjiě　　6. 散落 sànluò
7. 牲畜 shēngchù　　8. 庄稼 zhuāngjia　　9. 板结 bǎnjié
10. 焚烧 fénshāo　　11. 称为 chēngwéi
12. 二噁英 èr'èyīng　　13. 氟利昂 fúlì'áng　　14. 免疫 miǎnyì

附录二　普通话水平测试用话题

1. 我的愿望(或理想)
2. 我的学习生活
3. 我尊敬的人
4. 我喜欢的动物(或植物)
5. 童年的记忆
6. 我喜爱的职业
7. 难忘的旅行
8. 我的朋友
9. 我喜爱的文学(或其他)艺术形式
10. 谈谈卫生与健康
11. 我的业余生活
12. 我喜爱的季节(或天气)
13. 学习普通话的体会
14. 谈谈服饰
15. 我的假日生活
16. 我的成长之路
17. 谈谈科技发展与社会生活
18. 我知道的风俗
19. 我和体育
20. 我的家乡(或熟悉的地方)
21. 谈谈美食
22. 我喜欢的节日
23. 我所在的集体(学校、机关、公司)
24. 谈谈社会公德(或职业道德)
25. 谈谈个人修养
26. 我喜欢的明星(或其他知名人士)
27. 我喜爱的书刊
28. 谈谈对环境保护的认识
29. 我向往的地方

30. 购物(消费)的感受

附录三　普通话水平测试样卷(人工拟卷)

(一)读单音节词语

昼	八	迷	先	毡	皮	幕	美	彻	飞
鸣	破	捶	风	豆	蹲	霞	掉	桃	定
宫	铁	翁	念	劳	天	旬	沟	狼	口
靴	娘	嫩	机	蕊	家	跪	绝	趣	全
瓜	穷	屡	知	狂	正	裘	中	恒	社
槐	事	轰	竹	掠	茶	肩	常	概	虫
皇	水	君	人	伙	自	滑	早	绢	足
炒	次	渴	酸	勤	鱼	筛	院	腔	爱
鳖	袖	滨	竖	搏	刷	瞟	帆	彩	愤
司	滕	寸	峦	岸	勒	歪	尔	熊	妥

(二)读多音节词语

取得　阳台　儿童　混淆　衰落　分析　防御　沙丘
管理　此外　便宜　光环　塑料　扭转　加油　队伍
挖潜　女士　科学　手指　策略　抢劫　森林　侨眷
港口　干净　日用　紧张　炽热　群众　快乐　窗户
沉醉　财富　应当　生字　奔跑　晚上　卑劣　包装
洒脱　夹缝儿　模特儿　没准儿　名牌儿　现代化　委员会
轻描淡写

(三)朗读短文:朗读10号作品

(四)命题说话:按照话题《我的愿望(或理想)》说一段话